最強の資産は円である！

増田悦佐
Etsusuke Masuda

株は2020年までに売り払え

ビジネス社

はじめに

この本で最も強調したかったのは、今後わずか10年のうちに市場経済のアメリカ型変種である資本主義は滅亡するということです。市場経済自体は滅びません。国家にとっても、企業にとっても、個人にとっても、アメリカは巨大化願望が誇大妄想に終わらずにひんぱんに実現してしまうおとぎ話のような環境を提供してきました。

国家としては北米大陸の大西洋岸にしがみつくようにして存在していたイギリス領十三植民地が、大陸横断型の経済・軍事両面にわたる覇権国家に成り上がってしまう。企業としては主要産業の首位企業が独占やガリバー型寡占（寡占企業中首位企業の市場シェアだけが突出して大きい状態）になって市場全体に価格支配力をふるう。個人としては才能ある個人が、一代で孫子の代まで贅沢三昧《ぜいたくざんまい》ができるような財を築く。

こうしたおとぎ話の世界の裏には、重厚長大型製造業のやみくもな規模拡大と、軍事力の強大化があり、さらに無権利状態に置かれた先住民諸部族や黒人奴隷がいたのです。しかし、世界経済を主導する産業が製造業からサービス業に変わっていった20世紀半ばごろから、企業規模の拡大も、そのために必要な巨額投資も、期待されていたような競争上の優位や高い収益をもたらさなくなってきました。

サービス業の隆盛は、市場経済の衰退ではなく、製造業に顕著な規模拡大化衝動の衰微、そして企業巨大化のための資金調達の場として異常に膨張していた金融市場の大幅な縮小と、金属資源やエネルギー資源の慢性的な価格下落をもたらすでしょう。

アメリカ型に変質した市場経済としての資本主義に取って代わるのは、小規模企業同士がモノやサービスを取引する、比較的平等性の高い市場経済です。売り手と買い手が同時に同じ場所にいて初めて成り立つ取引の場、つまり、今よりずっと「人間らしい顔をした市場」に支えられた経済の復権です。

日本は、あからさまな独占の成立や、寡占企業群の中で1社が突出することを消費者も嫌い、大手企業も遠慮する傾向が強かった国です。そして、金属・エネルギー資源はほぼ全量を輸入し、軍備も経済力に比べれば小さく保ち、サービス業でも中小零細企業が規模の拡大より、何世代にもわたって持続することを高く評価してきた国です。これらの特徴は、アメリカ型資本主義全盛の世の中ではハンディキャップでしたが、資本主義が崩壊し、本来の市場経済が戻ってくる時代にはむしろ優位性を発揮するというのが、この本で2番目に大きな主張です。

あまりにも大きな変化が、あまりにも唐突にやってくるという話ですから、半信半疑というより「そんなバカな」という印象をお持ちになる方が多いでしょう。しかし、私は不況下の株高、すさまじい金融緩和をものともせず下がり続けるインフレ率、積極投資をする企業より自社株買いで解散価値の前払いをする企業を高く評価する株式市場といった、さまざまな異常事態すべてを納得のいく形で説明できるのは、この本で展開している議論だけだと確信しています。

是非、お読みになった上でご意見、ご感想、ご批判をいただきたく思います。

第2章

政治音痴のトランプは、帝国衰退期にふさわしい大統領

第3章

慢性的過剰投資の中国は、周回遅れの逆走ランナー

第4章 大同団結したヨーロッパは、世界の辺境に逆戻り

終章 最後の砦、金に直結する世界最強の出城が日本円

序章

資本主義は2027年までに崩壊する

現在、1971年のリチャード・ニクソン米大統領による「米ドルの金兌換《だかん》停止」、1973年のOPEC諸国による「原油価格の大幅値上げ」から半世紀ほどがたとうとしています。

この間、世の中の変化のサイクルが、年々速くなっているような気がしますが、そう感じるのは当然といえば当然なのです。

これまで、何度か世界中で主要産業が入れ替わる大転換期がありましたが、今まさにその時期を迎えています。私は2007年から2027年、つまり、これまでの10年、そして、これからの11年というのが、近代市場経済で観察されてきた84年サイクルの節目である21年間の激動期に当たると見ています。

これより前を振り返ると、前回のサイクルが1932年をどん底とする1921年の第一次世界大戦後不況から1941年の日米両国の第二次世界大戦参戦までの21年間だというのは誰もが理解しやすい転換点だと思います。ですが、そのさらに前が1848年を軸とする1837年から1857年までの21年間だったというのは、一般の経済学者や経済史家からすると、おかしいのではないかという批判が出るでしょう。

なぜなら、経済史の定説としては、1873~96年の近代経済史上最長のデフレ期のことを大不況期という人が多いからです。ではなぜ、それが間違っているかを簡単に説明しましょう。この時期はアメリカやドイツのような当時の新興国にとっては、株価も順調に上がり、生産活動も急成長していた大繁栄期だったのです。このころすでに成熟しつつあったイギリスの工業や商業の伸びはやや緩やかになっていたものの、最近の10年、20年に比べれば、はるかに堅実なペースで伸びていました。先進諸国ならどこでも勤労者の実質賃金は上昇を続けていました。

ただ、借金を元手にして商売している金融業は、インフレなら借金の元本返済負担が自動的に目減りしていくだけでも儲かっていたのに、デフレになると借金の返済負担が毎年増加するので不況に陥っていました。また、イギリスではすでに主要産業ではなくなっていた農業の伸び率が、特に低下しました。イギリスの大貴族はほとんどが大地主です。それまで地代収入でものすごい贅沢な暮らしをしていた彼らにとって、これは深刻な不況でした。

というのも、経済活動の中心が農産物から工業製品に移転したので、農民たちから地代をどんなに搾り取っても大した増収にはならない世の中に様変わりしていたためです。先進諸国の金融業者とイギリスの大貴族が嘆くということは、こうした富裕層からおこぼれを頂戴《ちょうだい》していた知識階級のほとんどが嘆くことになります。さらに、当時すでに活動を開始していた反体制派の知識人たちも「不況は革命のチャンス」であると、勇み立ちました。

金融業界、イギリスの貴族、そして知識人の大部分がこの時期を不況と主張したので今でも不況期だったと思っている人は多いのですが、実際には不況ではなかったのです。

それに比べて1848年を中心とする前後21年というのは、まず1837年にアメリカで銀行恐慌が起き、1845年にイギリスで鉄道株バブルが突然崩壊し、終盤の1857年には、まったく同じような形で今度はアメリカで鉄道株バブルが崩壊するという経済危機の連続でした。こちらのほうがほんものの不況期だったのです。

それはダウ平均の推移を見ても明らかです。この株価指数が算出され始めたのは1884年ですが、それ以前からダウ平均の構成銘柄がどんな値動きをしていたかをさかのぼって確認できます。1870年代から90年代は全然問題なく伸び続けているのに、それより前のあたりに深刻な落ち込みがあって、その後の1930年代の落ち込みよりずっと深刻でした。もともと上げ幅、下げ幅が現代より小さかった中でかなり落ち込んだわけです。

製造業からサービス業の世の中に転換していく

では、2007年の国際金融危機勃発以来続き、今後も約10年間続く激動期のあとには、

ダウジョーンズ工業平均株価と84年サイクルの金融危機 1802〜2045年（予測）

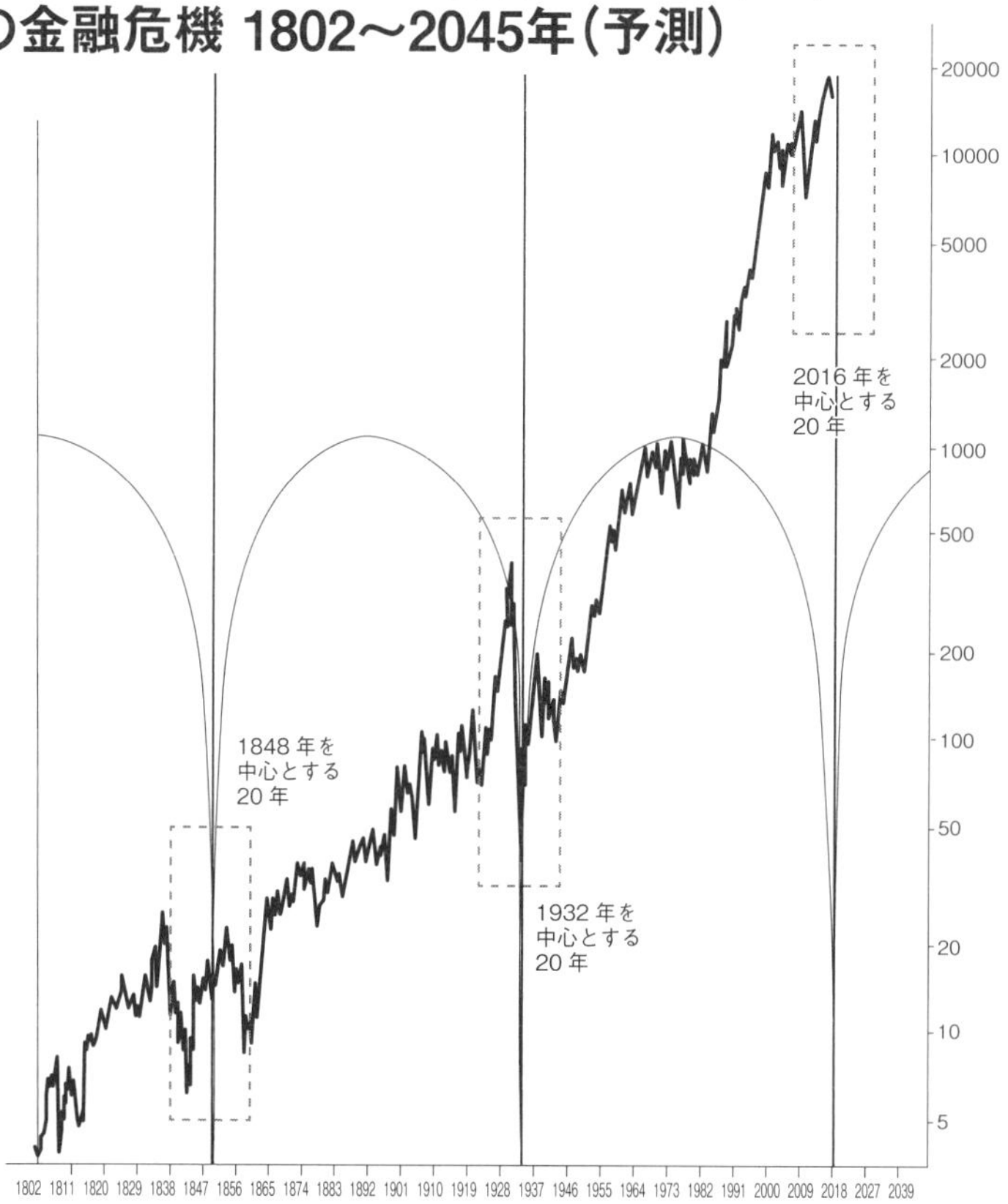

出所：ウェブサイト『Safe Haven』、2016年8月30日のエントリーより引用

1802年以来過去200年以上にわたるダウ平均の動きと、84年（1008カ月）の「ウォール・サイクル」。このサイクルの許容誤差は前後に10年ずつとなっている。

たしかに、84年サイクルの終末近くでは株価の乱高下が激しくなる。来週、来月、来年、そしてあと10年先まで、激動が続くと見ていいだろう。

世界はどう変わっているでしょうか。

現実世界は製造業中心の世界からサービス業中心の世界へと完全に移行しているのに、人間の意識は未だに製造業中心の時代のように見ている現実と意識のギャップが解消されていくと私は確信しています。これは実際の経済統計を見れば、とっくの昔に数字として表れていることです。消費の8割程度がサービスで工業製品は2割に過ぎない時代になってからもう半世紀ぐらい過ぎています。それを人間が実感を伴ってリアルに認識するまでにはけっこう時間がかかっているということなのです。

例えば、産業革命があって、農林漁業生産物中心の社会から工業生産物中心の社会への移行が、だいたい18世紀半ばごろ――1750年ぐらいから何十年か続き、農林漁業生産物の消費に占める比率は1割未満になりました。しかし、人間の意識は「食えなければ生きていけないから、いちばん大事な産業は農林漁業だ」という固定観念から脱却できていませんでした。

それが実際に認知されて、その固定観念が非常に大きな社会変動を引き起こしたのが、1870〜90年代の長期デフレと、それまでの人類の想像を絶する総力戦となった第一次世界大戦でした。第一次世界大戦での英米を中心とする連合国側の勝利によって、さまざまな国の盛衰を決するのは、工業力だという認識が世界各国の庶民にまで浸透したのです。

現代世界でも、経済の実態は完全にサービス主導になっているのに、人間の意識が追いついていないので、さまざまな経済危機が次々に起きているのです。

ここで、第一次世界大戦が終わってからの1世紀がどんな時代だったかを、改めて振り返ってみましょう。

資本と軍事力の強大化に意味があった世の中は終わりに近づいている

人力や畜力ではなく、蒸気機関やガソリンエンジン、電動モーターを動力源とした機械制工業生産では、規模の経済が働くことが多いのです。つまり、生産規模が大きくなればなるほど、1個の商品を製造するコストは下がっていきます。特に、製造業全盛期に花形だった重化学工業でこの傾向は顕著でした。

とにかく大規模な生産設備を持てば、他社より低価格で販売しても利益を確保しながら、他社のシェアを奪うことができる。そのため、製造業各社は、慢性的に過剰な投資傾向に陥りがちでした。

2つの要因が、この重厚長大型製造業が自分のつくり出した過剰設備に埋没してしまうことを防いでいました。

1つが、投資バブルの崩壊によって起こる生産設備のスリム化です。市場経済と機械制工業生産の双方が先進国に定着して以来、こうしたスリム化が周期的に起こり、これが近代資本主義経済に特有の好況と不況からなる景気循環をもたらしていたのです。

もう1つは、戦争を想定した軍備拡大競争であり、ときおり本当に戦争が起きていたことです。通常の経済行動では、一定の目的達成のためにかける時間、労力、資本は少なければ少ないほどいいとされています。

しかし、軍備拡大競争は、コスト最小化という経済合理性を後退させてしまいます。「敵は我々より強大な軍事力をすでに蓄積している」、あるいは「すぐにも蓄積する」などという、権力者や軍需産業と軍人による我田引水の宣伝扇動が、そうさせているからです。敵の脅威がなくならない限り、どんなに強大な軍事力も過剰ではないというわけです。あらゆる時代を通じてこうした軍事力の肥大化は、軍人階級に属する人々が自分の立場を有利にするために唱え続けてきた理屈でした。

不幸にも、近代機械制工業生産は、侵略主義的な国家の支配者の強大な軍事力の構築という夢を、地球上の全人類を何十回も絶滅させられるほどの威力を持つ核兵器の備蓄というところまで肥大化させた形で、実現させてしまったのです。

製造業主導経済の中で規模の経済を追い求める傾向と、多大な人命と資産を奪う大規模な戦争の続発は、偶然同じ時期に起きたわけではありません。どちらも「巨大化こそ力なり」の発想が支配的だという、論理的にも密接な関係を持っているのです。

こうした資本と軍事力の巨大化を追い求める「資本主義」は、アメリカが覇権国となった第一次世界大戦以降に完成した経済・社会思想です。世界経済の覇権国がイギリスだったころには、まだその萌芽にとどまっていました。イギリス経済の最盛期でさえ、主要産業で独占が形成されるとか、寡占化（特定の産業の中で、一握りの巨大企業の市場シェアが非常に高くなること）といった問題はあまり起きていません。

アメリカとは、当時最先端の科学技術開発力と経済力を持っていたイギリス領十三植民地が、ほとんど近代兵器を持たない先住民の土地や命を奪い、はるかに劣悪な軍事力しか持たないフランスやスペインの植民地も奪って、巨大化していった国です。その経緯もあって、国家も主要産業の大手企業も、富裕層も自分たちの蓄積した富をさらに巨大化させるのは、実行可能だし、倫理的にも正しいという異常な信念が浸透していた国です。

さて、現代に話を戻すと、似たような話として、工業生産中心の時代からサービス生産中心の時代に移ったという経済的な事実そのものは、もう1980年代ごろにはほぼ完了していた変化です。しかし、それが人間の認識の中に入り込んでくるのが、ちょうど1990年代末から2000年代初めにかけてのITバブルの崩壊の時期でした。あの時期にすでに見え始めていたのは、あまりに知識産業が発展しすぎると、人間の出る幕のない社会になってしまうという一昔前ならSF的な恐怖が、かなり現実味を帯びてきたという事実でした。

そういうことが人間の認識の中に芽生えてきたのが、2000年代初めのITバブル崩壊のときから、2007~08年の国際金融危機の時代までで、これらの決着がつくのがたぶん2020年代半ばごろになるでしょう。

アメリカの株高は「閉店セール」

リーマンショックといわれる国際金融危機以降、世界的に好況感なき株価回復が続いています。特に、近代機械制工業生産時代の覇権国家であるアメリカでは、非常に不思議な現象が起こっています。

株式市場が2009年3月の底打ち以来、8年以上にわたる大ブル(強気)相場が続いているものの、実態経済は設備稼働率が慢性的に低下しています。また、低賃金の不定期労働ばかり増えたため、失業率こそ低下していますが、典型的な勤労世帯の年収はもう20年近く横ばいが続いているのです。庶民の感覚としては「自分たちの懐具合はこんなに悪いのに、なんで株価ばかり上がるんだ」というのが本音だと思います。

自己増殖を続けるアメリカの資本は、今や自国内に適切な投資機会が存在しないという事実に苦しみながら、株高によって資金はますます潤沢になるという一見贅沢な悩みを抱えています。

実は、アメリカの株式市場は今「閉店セール」に入っています。どういうことかというと、大企業がこれまで蓄積してきた内部留保だけでなく、借金をしてまで増配や自社株買いなどを行っているのです。こうした株主へのバラマキによる実体なき株高が２００９年以来のアメリカ株ブル相場最大の特徴なのです。

今世界を覆っている閉塞感《へいそく》は、金融政策や財政出動で企業活動を刺激したからといって、打ち破れるものではありません。そもそも、世界的な過剰投資で設備が余っている状態なのに投資を刺激したところで、それは何も生むことはなく、ますます閉塞感を高めるだけなのです。

アメリカの大企業は例外なく、すでに蓄積してきた自己資本の使い道に困り、株主に解散価値の前払いをし始めている状態です。これは、個々の企業にとっては規模縮小への道です。だから、この増配や自社株買いを「閉店セール」にたとえているのです。もちろん、これは株主還元なので、機関投資家であれ、個人投資家であれ、投資家にとっては大満足な状況です。ところが、これによって将来起こりうる事態、つまり、世界経済が縮小均衡に入り、国際金融市場が危機に陥るリスクには目をつぶったままの「好況」なのです。

これまで製造業で回っていた世の中が現在、サービス、情報産業に移行する経済の転換点はとっくの昔に過ぎ去っているのに、未だに株式市場の参加者やエコノミストたちが製造業全盛期の思考様式を脱却できないことが問題の核心です。サービスや情報産業が世界経済を主導していく中で、経済の顔つき自体もかなり変わってきました。

この変化の中ではっきりしているのは、広い意味でのサービス業の中でどんな部門が花形になろうと、製造業ほど規模の経済が顕著ではないため、巨額の設備投資も、莫大な資本も必要としなくなることです。その結果、過剰設備への衝動も、軍備拡大競争への衝動も、製造業主導経済の時代に比べれば、はるかに穏やかなものになるでしょう。

国家でいえば軍備を他国より肥大化させればさせるほど安全だし、個別企業でいえば同業他社より設備を巨大化させればさせるほど有利だ、という固定観念を持っている人たちから見れば、これはもう「世も末、末期症状だ」でしょう。しかし、経済・軍事両面での覇権国以外の国々、各産業での中小零細企業にとっては、ずっと望ましい方向への変化です。この「覇権型」発想をする人たちにとっての末期症状も、2020年代半ばころにはご臨終を迎えることになるでしょう。

3つのサイクルがぴったり重なるのが2020年

なぜ2020年代半ばかというと、2020年が超長期、長期、短期の3つのサイクルがすべて大底に達する特異な年だからです。

いちばん長いものからいうと、冒頭でお話しした84年サイクルの2007〜27年の不況期の終末に近い時期に当たる。それがいちばん重要なサイクルです。

その次に大きいのが、アメリカで政治・社会的な暴力活動が50年ごとにピークを迎えるというサイクルがあります。最初が1720年前後で、独立革命戦争勃発直前の1770年、1820年、そして南北戦争直後の1870年、第一次世界大戦直後の1920年、アメリカとしては珍しく若い人たちのベトナム反戦・反体制運動が盛り上がった1970年と続いて起こったので、次のピークが2020年と推測されるわけです。

最後は少し小さい話ですが、オリンピックサイクルです。

オリンピックが開催される年からその直後の1～2年は、必ず開催国で不況になっています。これもまた延々と続いていることで、しかも単なるジンクスではありません。

そもそも、どういう国がオリンピックをやるかというと、まず経済大国がやる。もう1つは新興国がやるわけです。どちらにしても、「こんなに経済的に豊かな国なんだ」、あるいは「こんなに豊かになりつつあるんだ」ということを世界に見せびらかすために、財政的にどうしても背伸びをしてしまう。

もともと国民が熱中してきたもの、例えばアメリカであればバスケットボールや野球、イギリスであればサッカー、日本であれば野球や相撲などは、公的資金に頼らずほとんど民営です。オリンピックはスポーツ競技全部揃っているものの、そのうちのほとんどは自国民にとって大しておもしろくないものです。

当然、こうしたあらゆるスポーツで使われる競技場を整備するのにお金がたくさんかかります。莫大な公共投資によって一時的に潤うけれども、その後、全然使い道がないのです。そのため、オリンピック用の施設のかなりの部分は立ち腐れ状態になることが必ず起こっています。

これら3つのサイクルが、同時期にすべてがピタリと一致することが今まであったかどうかを調べてみると、まったくありません。そもそも、最初の近代オリンピックが１８９６年にギリシャで始まるので、それ以前はオリンピックサイクルは存在しません。また、アメリカで政治的、社会的暴力サイクルが始まったのが、そろそろ植民地から独立しようという機運が少しずつ出てきた１７２０年ごろなので、それ以前には存在していなかったサイクルです。

近代市場経済とともに始まった84年サイクルも、１５１２年を中心とする１５０３～23年から始まっています。84年サイクルとオリンピックの４年サイクルがぴったりと合致する可能性が出てくるのは、19世紀末からです。ということは、84年サイクルで候補となるのは１９２１～41年だけになり、１９３２年のロサンゼルスも、１９３６年のベルリンも、そして１９４０年に開催されるはずだった東京も、かなり悲惨な経済状態に転落していました。ただ、アメリカ独自の政治暴力の50年サイクルとはニアミスにとどまっていました。

だから、２０２０年に開催される東京オリンピック前後の数年間は、世界史上初めて３つのサイクルが合致します。そこで相当深刻な不況になるのではないかと予想されます。そこに向けて、今までは工業生産と軍備中心の経済で羽振りの良かった国々がどんどん没落していくということです。日本も例外ではありませんが、製造業では重厚長大型からの脱却が進み、これまで軽軍備ですませていたこともあり、被害は比較的軽微にとどまると思います。

金融の時代は終わり、情緒産業が世の中をけん引していく

では、今後サービス業主導の経済で花形産業となるのは、いったいどの部門でしょうか。1970年代初頭に一世を風靡《ふうび》した未来学者たちは、期待をこめて知識産業の時代になると予測をしていました。製造業主導時代の後半には、大型機械を造る重厚長大産業から、軽薄短小で付加価値の高いソフトコンテンツが主役の製造業への花形産業の移行が起きていました。

今はAI（人工知能）でできることがあまりにも高度化しているので、知識産業自体もほとんど人手をかける必要のない産業に育ちつつあります。しかし、人間をほとんど雇用しなくていい産業は、どんなに経済に果たす役割が大きく重要でも、主導産業にはなりません。経済を導く産業になるには、そこで働く人々の消費が大きなシェアを占めなければならないからです。しかし、知識産業で必要とし続ける人材は、ごく少数の高給取りと、あまり高い知的能力も要求されないけど賃金給与も低いという人たちに分断されています。つまり、知識産業は有力ではないといえます。

このままいくと、アメリカを中心に形成された寡占投資銀行が牛耳る金融業が、花形産業になるのではないかと心配される方もいるでしょう。幅広いサービス産業のほとんどが低賃金のまま置かれて、金融業のほかに、弁護士、公認会計士、企業コンサルタントといった専門サービスだけが高給取りとして君臨していく……。それは杞憂《きゆう》に過ぎません。

金融業とその周辺業務がこんなにもてはやされるのは、製造業主導の経済では投資が異常に重視されているからです。しかし、サービス業主導の経済に転換していけば、設備投資の重要性も低下し、金融業の地位も下がっていくでしょう。

これから、食べ物、衣類、住宅といったモノづくりだけでなく、その管理もほとんどオートメーション、ITですんでしまう世界になります。それでも人間が稼いでいける道は何かといったら、これはおそらく「情緒産業」だろうと推測できます。

日本ではカウンターカルチャーとか、サブカルチャー的なものが、欧米のような知的エリートの特権的な趣味としてではなく、広範な大衆の支持を受けて独自に発展してきました。漫画やアニメはその典型でしょう。今後、情緒産業が導く世の中になったとき、真っ先にスポットライトが当たるのは、まさに日本だといえます。

そのため、2020年という時期に、3つのサイクルによる直接的な被害が最も大きいのはオリンピック開催国である日本となる可能性は高いけれども、その後の日本経済の発展に関してはまったく心配していません。

覇権主義の時代の次に訪れるのは、感化力の時代

まず、２０２０年以降の世界がどういう世の中になるかというと、経済覇権や軍事覇権などが意味をなさない世の中になります。軍事力が強大だとか、企業規模が大きいとかが、ほとんど優位性を持たない世の中になるのです。覇権の代わりに何が国力の指標になるかというと、私は感化力だと考えています。

覇権と感化力はどこがいちばん違うかというと、覇権は一方通行の概念です。強い国が弱い国にあれをしろ、これをしろと命令するための力。それに対して、感化力は一方通行ではなく双方向通行です。感化する力であり、感化される力でもあるわけです。日本は、世界中からいろんなものに感化される力においては突出しています。

卑近な例からいうと、料理のバラエティです。東京や大阪では、世界中のさまざまな民族料理、お国料理と呼ばれるものが、その国から来た人たちが集まる場所だけにあるとか、

ものすごく高いお金を払わないと食べられないのではなく、ごくふつうにサラリーマンやＯＬでもお昼に食べられます。これは、日本の大都市圏以外では、世界中を探しても見当たらない現象です。また、かなり珍しい民族音楽や民族舞踊、民族楽器でも、演奏できる日本人が必ずといっていいほどいます。これもまた世界的にものすごく珍しいことなのです。

その一方で、江戸時代から連綿と続いている都々逸《どどいつ》とか、常磐津《ときわづ》とか、清元《きよもと》といった文化の担い手が、別に文化遺産として継承しなさいと、政府にいわれて義務的にやっているわけではないのです。

こうした情緒産業が導いていく世の中になると「日本は強いよ」という話を、これからしていこうと思っています。

第1章

裏目裏目に出ているからこそ、アベノミクスは日本興隆の足を引っ張っていない

日銀の黒田東彦《はるひこ》総裁が、就任以来ずっと語っているのが「日本経済はデフレだからダメである。だから、少なくとも年率2％を上回るインフレにしなければ、経済は回復しない」ということです。だから、「最初の、そしていちばん重要な目標はインフレ率2％の達成だ」といい続けているわけです。

しかし、その目標に近づく気配すらありません。消費税を5％から8％に増税したときだけ、駆け込み需要によって一時的にインフレになりましたが、増税効果が一巡すると、ゼロから若干のマイナスというインフレ率に逆戻りしています。

つまり、最大かつ、最重点目標と断言していたことが全然達成されていないのです。

所得が増えていないのだから、消費が増えるはずがない

そのため、最近は安倍首相からも疎《うと》んじられているそうですが、それでも本人は自分がコントロールしているからこそ、日本経済がよくなっていると信じているようです。経済・金融の政策担当者として「いちばんの重点だ」と力説していることが実現できていないので、その悪影響や副作用などは出てきようがないという状態です。これは興味深い事実です。

本人は自分がいちばん大きな公約として掲げたことが何もできていないにもかかわらず、「俺が一生懸命インフレにするといっているから、国民も企業もそれを信じて少しずつ雇用も改善したし、特に非正規雇用なんかは人を募集しても集まらないぐらい景気がよくなっている。どうだ」と見得を切っているわけです。

でも、それは今まで正規職員にやらせていて、かなりのお金がかかっていた仕事を非正規に割安でやらせるからにすぎません。企業は一生懸命非正規で人集めをしているけれども、正規と非正規の間では1時間当たりの給与水準がかなり違っています。

だから、国民全体の勤労所得は少しも増えていません。勤労所得が増えていないのに「景気がよくなった、よくなった」といわれても、ふつうの個人世帯は自分の財布を見て、ものを買うわけですから、あいかわらず節約志向が強く、ちょっとでも高いものは買わないという状況が続いています。割安なものを買う、値下げをしたら買うというスタンスをずっと続けているわけで、インフレになって景気がよくなる、という話は何一つ実現していないのです。

その辺の事情をよく表しているグラフがあって、それは図表1―1、1―2を見ていただくとわかりやすいでしょう。

図表1-1

個人家計消費支出と消費者物価の前年同月比変化率

2010年1月〜2013年7月

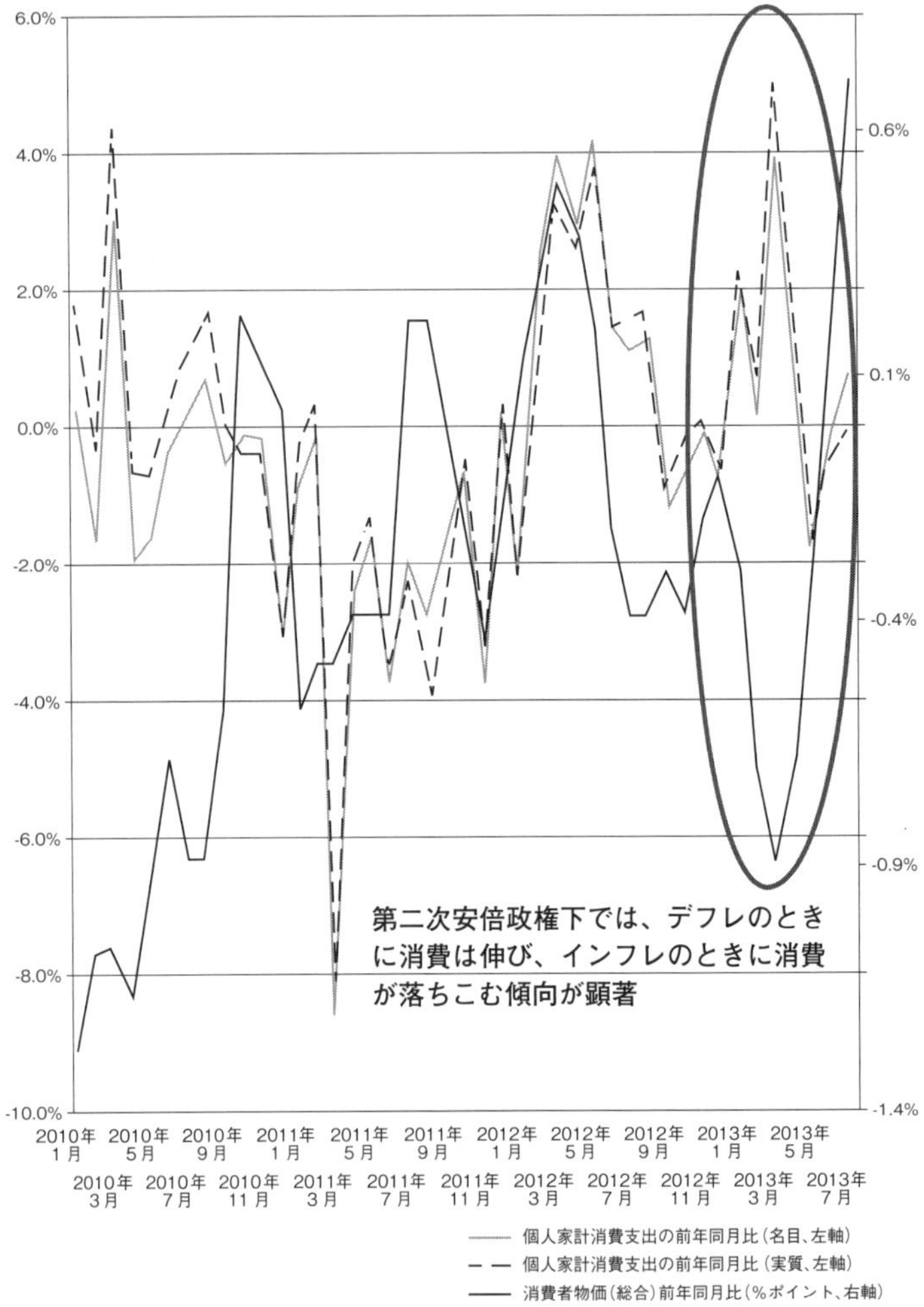

出所：総務省統計局『家計消費支出』、『消費者物価指数』データより作成

図表1―1は第二次安倍内閣発足当初の2013年7月までのグラフですが、すでにインフレ政策のむなしさが表れています。つまり、日本国民は政府・日銀の政策意図とは反対に、インフレ率が高まると消費を引き締め、デフレになると財布のひもを緩めていました。この傾向はつい最近まで変わっていなかったのです。

実勢としてはそもそも名目所得の伸びは低いままだから、インフレになるとその分だけ実質所得が減るので、消費者は財布のひもを引き締めて、それで家計支出が減っていきます。インフレが弱まったり、デフレになったりすると、逆に少し財布のひもを緩めるようになっていく。つまり、黒田さんのいっていることと正反対の現象が、延々と起こっているのです。

その次の図表1―2は、上段の勤労者世帯の平均消費性向がポイントです。可処分所得のうち、どのぐらいを消費に使っているかというと、2013年暮れから2014年春にかけて、駆け込み需要で一度伸びました。2016年秋から2017年にかけて、また上がってきました。消費性向が上がるとはどういうことかというと、給与所得が全然伸びていないのに、ものを少し多めに買っているということです。

「またしても消費税が上がりそうだ、上がってから買うと割高になるから、今のうちに買っておこう」という理由も少しは影響しているでしょうが、いつまで待っても名目賃金が

図表1-2

勤労世帯は、給与の回復をあきらめて消費を拡大?

1.勤労者世帯の平均消費性向

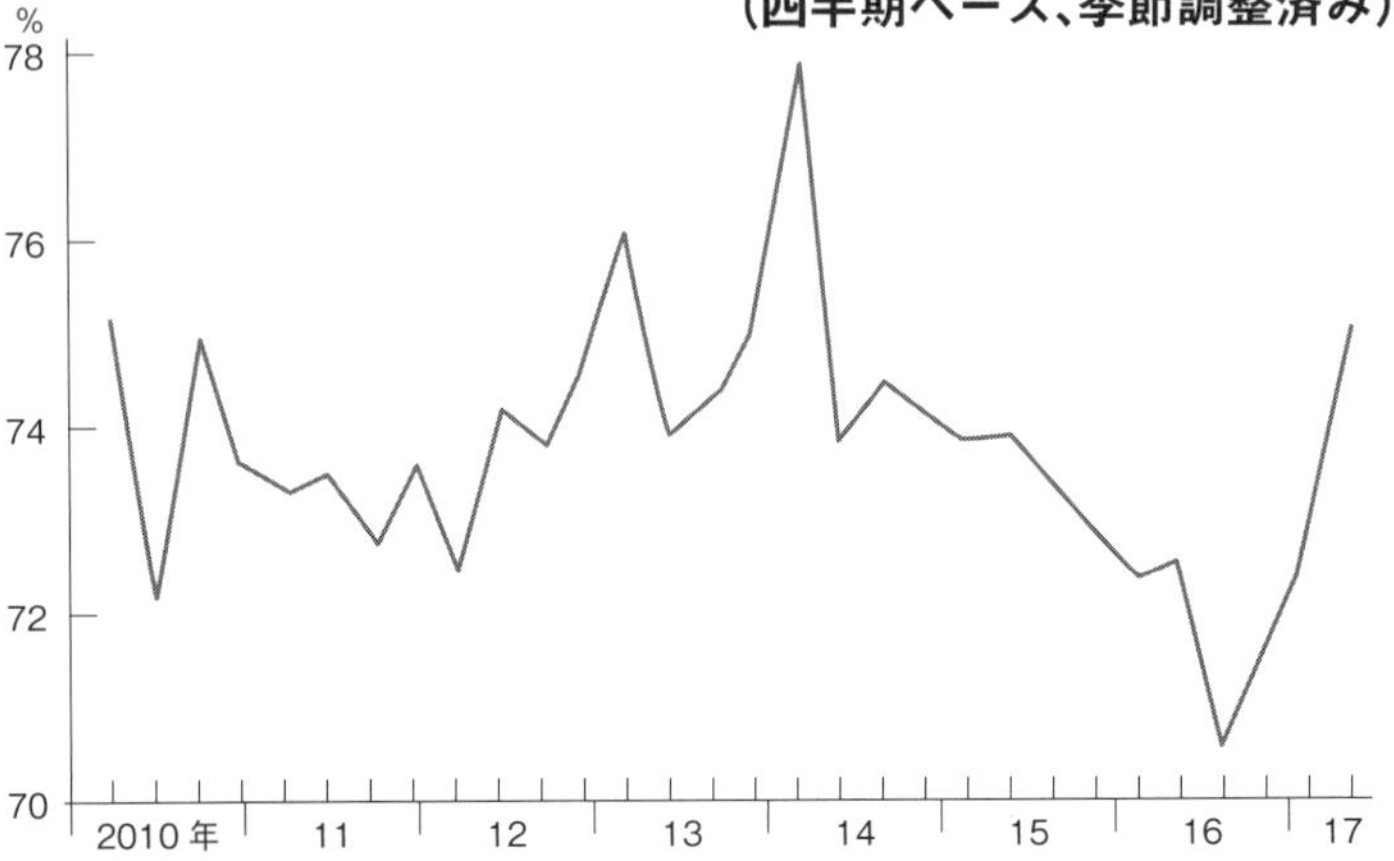

2.現金給与総額の伸び

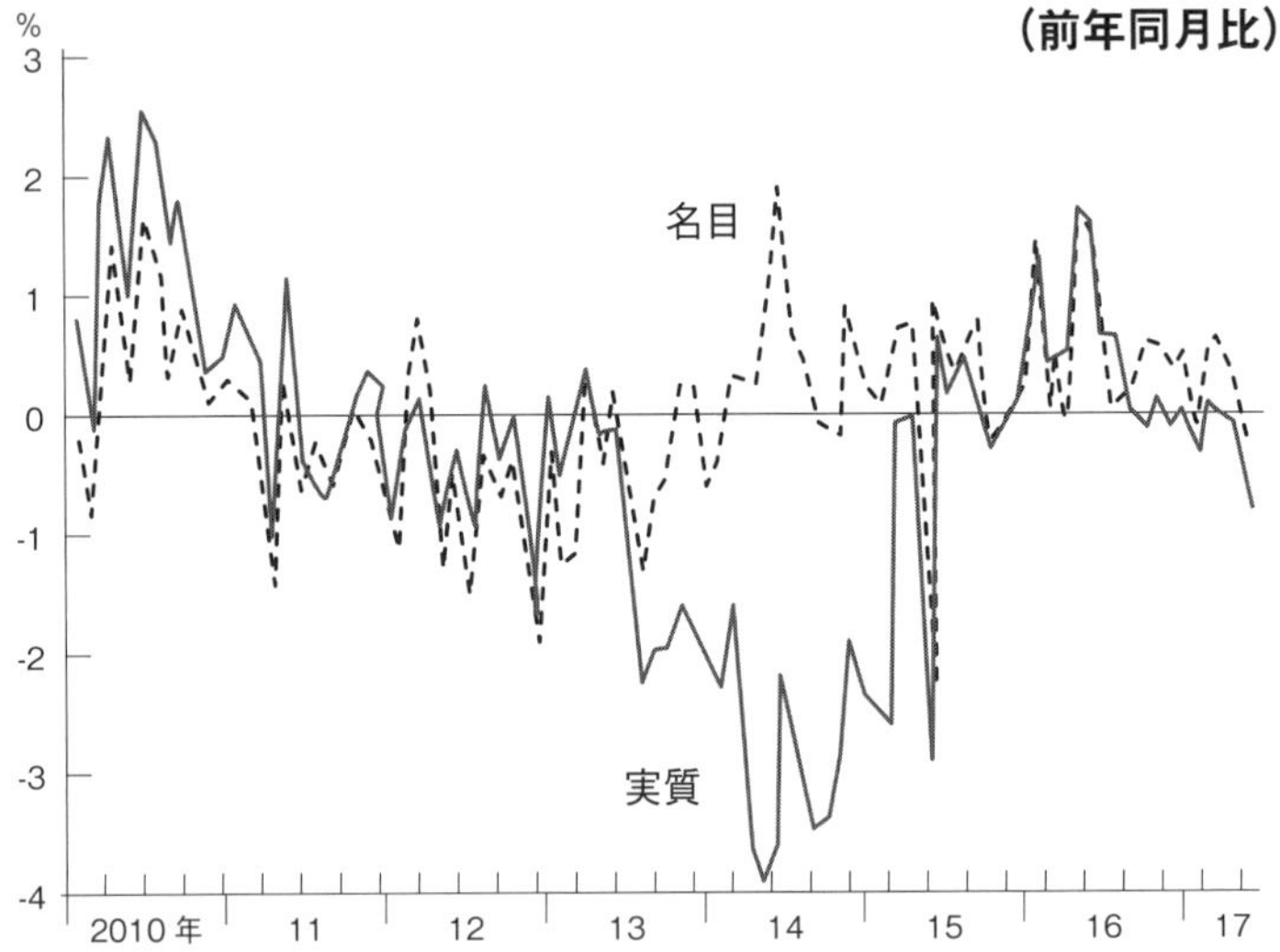

出所:日本経済新聞、2017年9月20日付記事より引用

上がらないから、仕方なく今までの貯金を取り崩してもいいからという、いわばあきらめの心境で少しものを買っているのかもしれません。あるいは、「政府・日銀はインフレ率を上げる、上げるといい続けているけど、ちっとも上がらなかった。だから、名目所得が横ばいでも、実質賃金はほとんど目減りしないだろうから、少し財布のひもを緩めても大丈夫だ」と思い始めたのかもしれません。

決して景気がいいから金離れがよくなった、という話ではまったくないのです。それは、下段の現金給与総額の伸びに如実に表れています。

つまり、2014年の消費税増税前後に名目所得が一時伸びたけれど、実はものすごく実質所得が減少していました。その時期が丸2年ぐらい続いていたのに比べて、その後、ほんの少し名目所得が伸びた時期が、2～3カ月もしくは、半年で終わったりしています。そのため、日本の給与所得は消費増税のときのマイナスを未だにとり返していないのです。こんな世の中で景気がよくなるわけがないという、単純な話なのです。

円安になっても景気がよくならない当たり前の理由

もう1つ問題なのが、円安にすれば輸出が伸びるから、それで景気は回復するという主張です。

円安にすれば輸出が伸びるということ自体、必ずしもそうとはいえないのです。それに加えて、円安で輸出がどんなに伸びたところで、日本の国民経済の構造はそもそも輸出の構成比が低い上に、エネルギーや貴金属などの資源、食品などの輸入依存率は高くなっています。ですから、円安は輸出産業以外のほとんどすべての産業や、一般庶民にとってマイナスなのです。

さらに、円安は輸出産業にとってさえ、必ずしも有利ではない理由をご説明しましょう。輸出産業各社もいろんな国から原材料や機械装置を購入しています。だから、円安によってこうした原材料や機械装置が割高になるので、決して得なわけではないのです。それを表しているのが図表1―3で、これもまた2013年7月までしか図になっていませんが、その後も同じような傾向が続いています。円相場の推移と輸出数量指数、つまり日本経済全体としてどれぐらいの量を海外に輸出しているのかを対比したグラフです。

円安とは、円以外の通貨で日本製品を買う人たちに対して安売りをすることです。ご自分で商売をされている方ならおわかりでしょうが、円安が輸出にプラスになるのは、輸出数量指数が円安のペース以上に上がらなくてはいけません。安売りして儲かるのは、値段を下げた以上に販売個数を拡大できたときだけですから。このグラフは薄い灰色の線（ド

図表1-3

円安はまったく貿易収支改善に寄与していない

米ドルの対円レートと日本の輸出数量指標推移(月次)
2008年1月～2013年7月

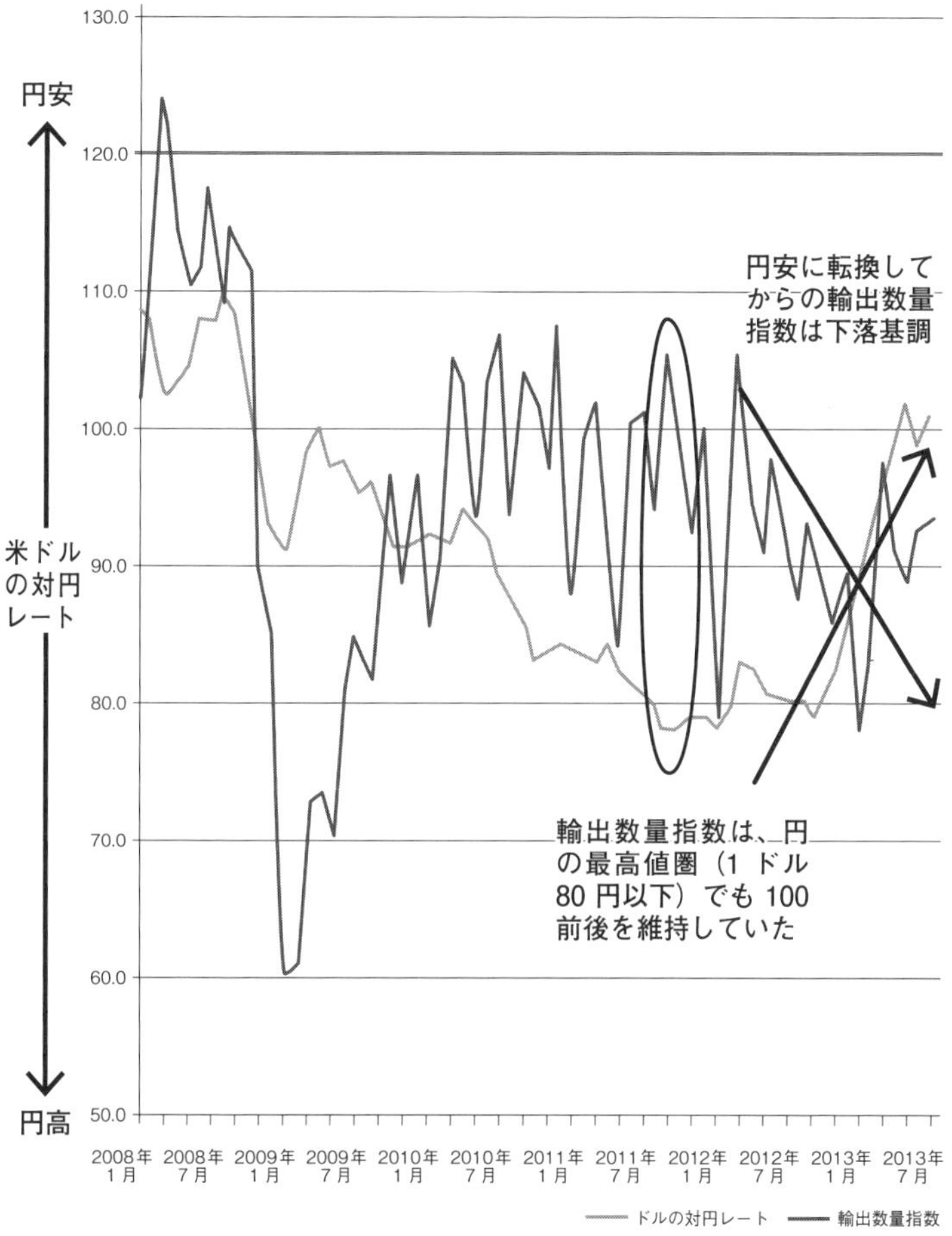

出所：オランダ政府中央計画局経済政策分析課『輸出数量指数、為替レートデータベース』より作成

ルの対円レート）が縦軸の上に行けば行くほど円安になるように目盛られています。円高の最盛期は2011〜12年ぐらいまでで、実はこのころの輸出数量は、小刻みな変動はあってもだいたい安定していたのです。

ところが、その後、アベノミクスで円安にするといい始めてから円安方向に為替レートの線は上がっていますが、輸出数量は下がっているため、今までより安くしたのに、少ない数量しか輸出できないので、輸出産業は少しも外貨を稼いでいません。

円が安くなったから海外で得た収益は、円に換算すると増えているだけのことです。つまり、円安による為替差益は出ているけれども、円安によって輸出が伸びることはまったくなかったのです。

輸出量は増えていないが、為替の差益だけで一見儲かっているということは何を意味しているのでしょうか。円ベースでは輸出産業は少し底打ちして改善に転じているように見えるけれど、ドルベースで見ると、まったく改善していないという厳然たる事実です。

それがいちばんよくわかるのが図表1―4の上段です。このグラフを見ていただくと、米ドルベースの日本の名目GDPは、2015年の時点でなんと1990年代初めの水準まで下がっているのです。

こんなに下がったことが何を意味しているかを示すのが下段のグラフで、1人当たりG

図表1-4

米ドルベースの日本の名目GDP、1960～2015年

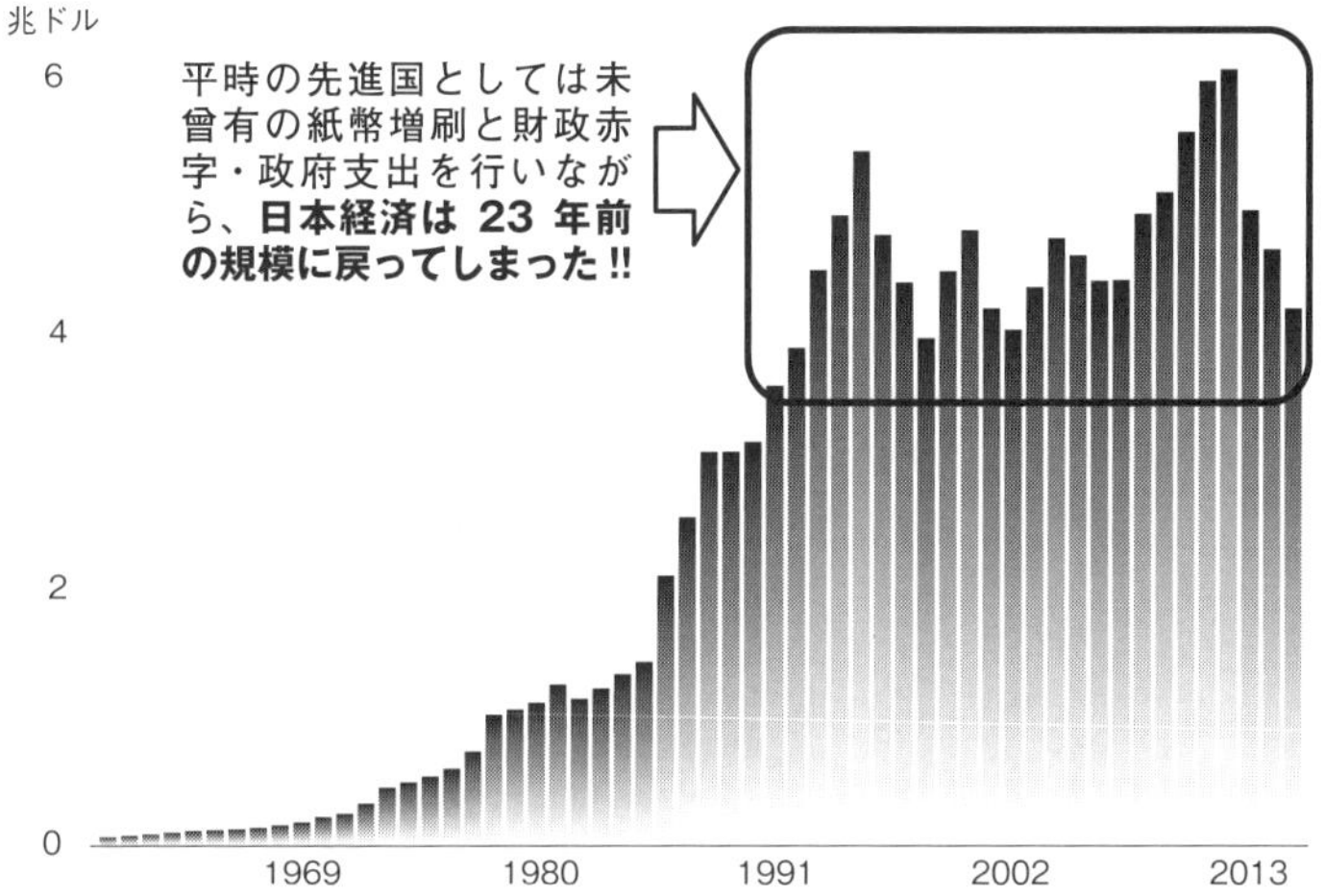

原資料Trading Economics, 世界銀行グループ

日本政府債務の対GDPシェアとGDPの対世界シェア、1980～2011年

1994年には日本のGDPの対世界シェアは18%だった！

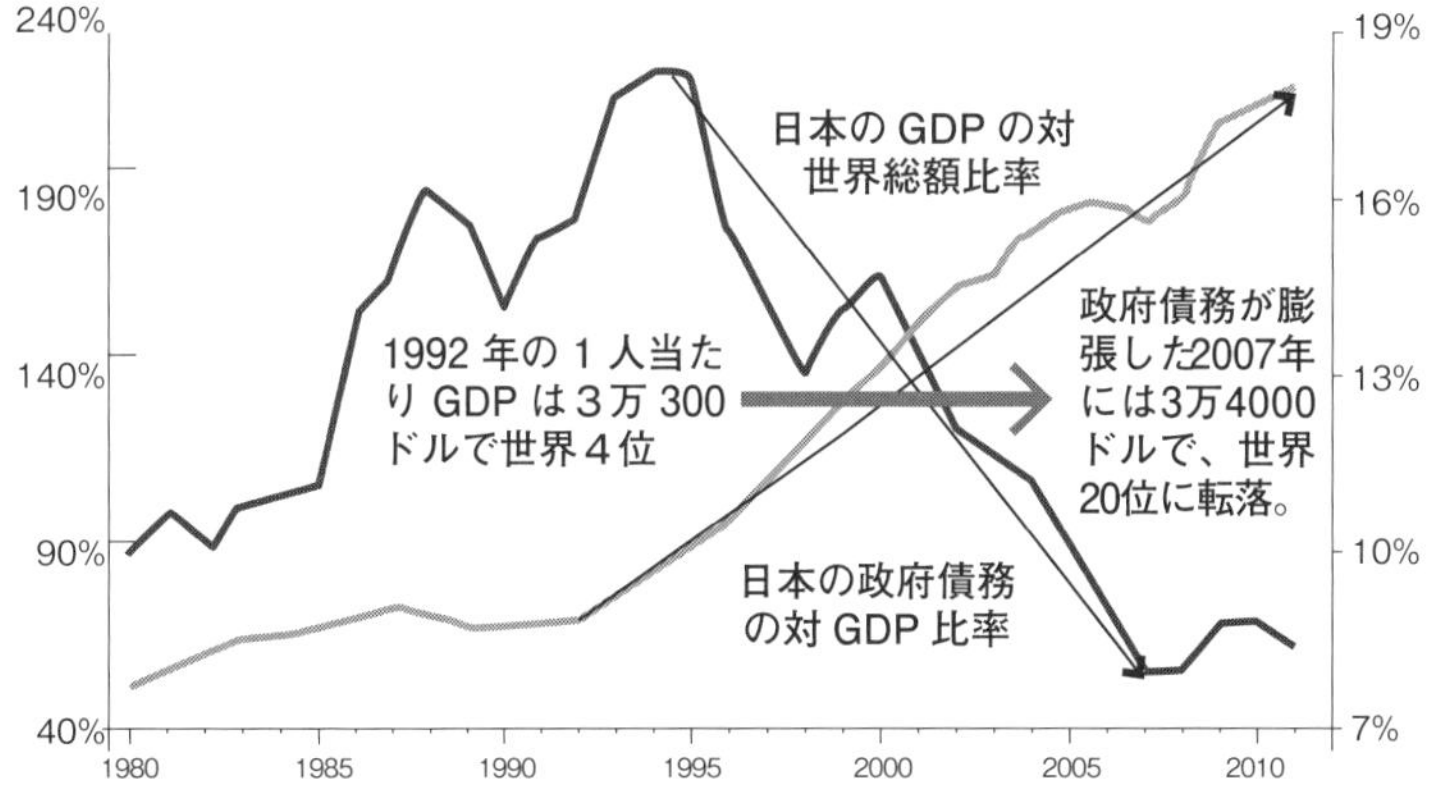

出所：（上）ウェブサイト『Contra Corner』、2016年7月20日
（下）『Aux Infos Du Nain』、2013年5月26日のエントリーより作成

ＤＰでいうと、１９９２年の時点では３万３００ドルの世界第4位という堂々たる順位でした。ところが、政府債務が膨張して円が安くなり、庶民にとってマイナスの影響がいろいろ起こった結果どうなったか。円で見ると少し回復したように見えるけれども、米ドルベースで見ると、日本人１人当たりＧＤＰは３万４０００ドルと、約20年かけて１９９２年よりほんの少しよくなっただけです。約１割よくなっている程度ですが、国際的な序列で見ると4位だったものが20位に転落しているのです。

こんなデタラメなことをやっていれば、「本当に景気がよくなった」という実感を国民が持てるはずがないのです。

インフレにしなければ景気がよくならないという主張自体が間違っている

異次元緩和、量的・質的緩和と称して黒田日銀は、ものすごいペースで日銀券をばらまいて、金融業界から主として日本国債、最近だとＥＴＦやＲＥＩＴ、あとは外国債や外国株とかまで買いあさってきたのです。直接日本株を買ってはいないけど、ＥＴＦを通じて買っています。

今や日本国債の総発行済残高に対して45%が日銀1行で持っているという状態になっています。これだけジャブジャブのお金をどんどん金融市場に放出したら、ふつうインフレが起こるだろうと、それを期待していました。でも、実際にそうなっているのかというと、貨幣の流通速度がどんどん下がっただけでした。貨幣の流通速度とは、いちばん標準的なマネーサプライの指標とされている現預金プラス譲渡性預金（M2と呼ばれています）でGDPを割った数値です。これは、現実に市場の中に存在しているマネーサプライが1年に何回転しているかを示しています。

戦後復興期の日本経済は、マネーサプライが年間2回転するぐらいのペースから始まりました。具体的には1957年のことです。その後、全体の平均値1・3ぐらいまで下がってきたのが1962年でした。その水準からずっと日本の流通速度は延々下がり続けて、直近の数字である0・56倍というのは、日本中に流通している現預金と譲渡性預金、つまり、要求次第でいつでも使えますよというお金がGDPの倍近くあるということです。

1年に半分ぐらいしか回転していないのは何を意味するかというと、日本国民全体がインフレの怖さを非常によくわかっていて、政府や日銀がどんなにジャブジャブ大量に金を供給しても、供給された金をたんす預金にしたり、ほとんど金利のつかない普通預金、当座預金にしたりして自衛を図っているわけです。だからこそ、延々と貨幣の流通速度が下がっただけで、どんなにジャブジャブ現預金を金融市場でばらまいても全然インフレにならないのです。

そもそも、なぜインフレにしなければ、景気はよくならないと主張する人が多いのかが、どう考えても不思議です。というのも、インフレとは、お金の貸し手が損をして借り手が得をするという状態です。我々庶民はお金を借りるのは手元に自分の資金を持っていないときだけなので、庶民はみんな借り手で、大金持ちが貸し手だろうと思い込みがちです。

そこにつけこんで、「インフレは貧乏人に得で、金持ちには損ですよ」といった大嘘をつく経済学者が日本にはいます。でも、実際に庶民がお金を借りられるのは、例えば、住宅ローンや自動車ローンといったしっかりした担保があって、しかも借りられるお金の総額は買った住宅や自動車の評価額以下のときだけです。それ以上は絶対借りられませんし、ローン返済が滞れば担保の住宅や自動車を差し押さえられて、売却されてしまいます。つまり、実際の所有権はお金を貸した銀行やローン会社にあるわけです。庶民にとっては、自分が持っている資産の評価額と借りているお金の差額は常に資産のほうが大きい状態で、全体として貯蓄などの形で貸しているお金のほうがローンなどで借りているお金より多いのです。

そういう世の中で、誰が自己資本をはるかに超えるお金を借りられるかというと、これは国や地方自治体、一流企業や大手金融機関といった強者だけです。ちなみに、日銀の自己資本に対する総資産の比率は直近で120倍に高まっています。

だから、インフレというのは強者を助けて弱者をいじめる、逆ロビン・フッドなのです。最近の経済学者がインフレというのは庶民にとってつらく、大金持ちや大企業にとっては有利なものですといわなくなったのはなぜなのか。これを私は延々と考えていました。結論としては、日本の一流といわれる大学で経済学を教える教授の8～9割が、アメリカの一流大学の大学院で勉強してきたのが最大の理由ではないかと思います。

というのは、世界の知的エリートの多くにいえることですが、日本の場合は特に、知的エリートの選抜基準は、高校入試や大学入試で、すでに正解の決まっている問題に模範解答になるべく近いものが書けるかどうかが問われています。そういう人たちは、模範解答のある問題に対してはピシッと答えが出せます。ところが、模範解答がない現実世界の問題に直面したとき、自分の判断でオリジナルの考えを提示できないと思うのです。

日本で一流大学を優秀な成績で卒業して、アメリカの大学院で経済学を学ぶ人たちは、自分の頭で物事を判断する経験がない人が多いわけです。だから、アメリカの学者の書いた論文の建前だけを受けとめて、その建前が真実だと信じ込んでいるのではないでしょうか。

アメリカの大学院で経済学を学んだ学者の多くは真実を語らない

実は、アメリカの経済学界は今、本当に悲惨なことになっています。これは、アメリカの大学教育全体がそうなのですが、特に経済学者は、国や軍、あるいは有力産業の団体から研究助成金をどのぐらい引っ張ってこられるかで評価されるのです。

だから、例えば、経済学者ではありませんが、日亜化学工業という企業で青色発光ダイオードを発明し、ノーベル物理学賞を受賞した中村修二さんは、アメリカ国籍をとって今アメリカの大学で教えています。その理由は米軍の助成金はアメリカ国民しかとれないからです。

とにかくアメリカでは、研究助成金を引っ張ってくればくるほど、世間の評価が高くなって、自分のテニュア（大学などの教職員の終身雇用資格）も安定します。そこで経済学者の場合も、国の助成金をとるために国が経済にどんどん介入したほうがいいという論文を書くし、大企業や大手金融機関の助成金をとるために、インフレの世の中はいいですよという論文を進んで書くのです。

アメリカではこんな嘘をつかなきゃ助成金を引っ張ってこられないし、テニュアは確保できません。ですから、良心的な人ほどやりたくないけど、仕方がないからやっているのだと思います。

現在、国家戦略特別区域諮問会議に連なっているような学者は、全面的にアメリカ賛美です。アメリカがやっていることは何もかも正しくて、日本は少しでも早くアメリカに近づかなければいけないと主張しています。その点は竹中平蔵とまったく同じような精神構造の人間です。

こういう学者が過去に何をいっていたかというと、たとえば「司法試験合格者を量産するために、法科大学院を乱造せよ」と主張していました。「日本の経済が停滞しているのは、いろんなところで国が企業のやることを規制し過ぎるからだ」というわけです。「規制が経済の活力を削いでいるから、企業にはやりたい放題やらせて、もしそれで弊害が出たら、消費者が企業を訴えることができるようにすればいい。そのためにはアメリカに比べてずっと少ない弁護士の人数を増やす必要がある」という「理論」です。

「消費者が訴えて勝ったら、ものすごい金額の賠償金をとれるようにすれば、企業はでたらめなことはできなくなる。だから、事前規制より事後救済だ」と主張していたのです。「事後救済のためには弁護士が多くなきゃいけない。日本の弁護士の数はあまりにも少ないから、これを3倍増とか、5倍増とかにするんだ」と息巻いて、法科大学院を日本中の大学につくらせたのです。でも、今それがどうなっているかというと、ご存じのようにどんどんつぶれているわけです。

そもそもアメリカに弁護士の数が多いのは、消費者の事後救済を主眼に置いているからでは全然ないのです。もちろん、たまに集団訴訟などで、消費者を食いものにした悪徳企業が証拠を残すようなバカをやったために勝訴すると、弁護士当人は自分の代ばかりか、孫子の代まで贅沢三昧ができるほどの手数料がとれるぐらい巨額の補償金になります。ただ、それは事後補償というより、消費者全員に宝くじの券を1枚ずつ渡しておいて、「もしこのくじが当たれば一生安楽に暮らせるよ」という気休めに過ぎません。

アメリカはすさまじい利権政治の国

たいていの場合、アメリカの大企業はどんなに悪辣《あくらつ》でも、悪辣なことをやったという証拠は残さないし、もみ消すこともできるし、やりたい放題にやっている。けれども、たまに庶民が勝つこともあるし、そうすると珍しいからあちこちで大ニュースになるというそもそもゆがんだ世界です。なぜそこまでゆがんだ世界になっているかというと、アメリカでは大企業や産業団体のような利権集団が政治家を動かすことが、正当で合法的な政治活動と認められているからなのです。

私が留学していたアメリカのジョンズ・ホプキンスという大学は、メリーランド州ボルチモアの郊外にあります。アメリカに留学する前は、自由で平等でいいたいこともいえる国という印象だったのが、私が行ったボルチモアは、そうではなかったのに驚きました。

当時のボルチモアは、とんでもない悪徳市長が支配しているボス政治の市で、公園に行くと、ベンチすべてに市長何の何がしということが書きこんであったのです。こんなひどい悪徳政治をやっているところだったのかと本当に驚いたものです。あとになってみると、ボルチモアだけではなくほとんどの地方自治体、そして連邦議員や大統領までもが、有力産業の大企業と結託して彼らの都合のいいように行政や立法を取り仕切っている腐り果てた国だとわかりましたが。そのアメリカが理想的な社会だと思い込んでいるような連中が、アメリカに留学した人たち、特に経済学者に多いのです。

そういう人たちは、実に変なことをいいます。例えば、今話題の「キャッシュレス・ソサエティへの移行」です。「世界中どこでもクレジットカードで決済できるようになって、いつまでも現金を持っているような国は未開で野蛮な国だけになる」といった主張です。「だから、未だに大金の決済を現金でやっている日本は、効率が悪くなって落ちぶれる」というバカなことを平然というわけです。

彼らのいいぐさがまたふるっていて「そもそも巨額の現金を持ち歩いて現金決済するようなやつは、やくざかマフィアといった連中ばかりだ」と。アメリカという国は実際そうなっていて、庶民はだいたい200ドル前後ぐらいまでしか現金で決済しません。それより大きな金額、日本でいえば10万円でも現金を持ち歩くのは危ない。ですから、多額の現金を平然と持ち歩いていられるのは、マフィアか麻薬組織ぐらいのものだということになっているのです。

それは、アメリカという国の社会不安がひどくて、一般庶民は現金すら持ち歩けないかわいそうな社会になっていること、そして、もう一方ではクレジットカード会社がビッグデータを支配していることを表しているわけです。国民の大半がどういうものを買ったかが瞬時に把握される。このことがいかに怖いかが、アメリカ帰りの経済学者は全然わかっていないのです。

アメリカのクレジットカード会社の手もとに集まっているビッグデータの現在価値は、すさまじい金額になっています。それを支配することで、消費動向などがすべてわかり、かなり精細に個人個人の趣味にいたるまで管理しているのです。そういうことを怖いと思わない神経になっているのです。

例えば、アマゾンが販売している本のリストをネット上でのぞいてみると、「この本に興味を持つ人はこういう本もああいう本も買っている」というおしつけがましいポップアップが出てきます。初めのうちは純然たる親切でやっていたことかもしれませんが、今ではもう特定の話題について、なるべく多数派の見解にさや寄せしようとする意図が見え透いています。これは立派な思想統制です。

こういう現実を平然と「そのほうが便利でいいじゃないか」と許容する人から見れば、日本みたいに、不動産取引などで未だに何千万円というお金を現金で決済している国は、不便な野蛮国ということになるのでしょう。でも、別に武装しているわけでもないふつうの人間同士が何千万円もの現金の受け渡しをできる日本は、本当に平和で豊かです。しかも、得体のしれない金融機関やネット販売の巨大寡占業者に情報を把握される危険のないすばらしい国なのです。

でも、そういうことさえわからない人たちが、今、国の主要なポジションにいるわけです。マイナンバーなどで個人の情報を集約することは、効率的に税金がとれるから国や税務署にとっては非常に都合がいいけれど、個人情報が筒抜けになってしまう。ましてや運転免許証のように、日本中の税務署が顔写真の入ったマイナンバーで、特定の人間を顔識別できることがどんなに怖いことかがわかっていないのです。

マイナンバーをとったら、マイナンバーカードという写真つきのカードをつくらなければばいけないと思っている人が実に多いのです。これは、自分の番号さえわかっていれば、別に何も問題はありません。カードをつくると税務署に顔写真つきの資料が残ってしまうことになるのに、それをまったく怖がらない。怖がらないというか、そういうことが怖いことだと知らされていないのです。

近ごろ、この国ではこういう不思議なことがいろいろ起こっています。こうしたことのほとんどをアメリカに行っていた連中が、ごくごく表面的なことだけを教え込まれて持ち帰ってきて、「アメリカに比べると、日本はこんなに遅れているから」というだけの理由で導入を推し進めて、日本全体をどんどん悪くしているのが実情なのです。

日本でアメリカかぶれなのは知的エリートだけ

日本も「能力があるやつがどんどん儲けられる国のほうがいいじゃないか」という主張が平然とまかり通るような国になってしまいました。

でも今のところそういう主張をしているのは知的エリートだけで、幸いなことに、日本の庶民ははるかに健全な世界観を持っている。しかも、そういう新自由主義的、拝金主義的になっている日本の知的エリートは、世界でいちばんバカではないかと思うほど知的能力が退化しています。日本の知的エリートの能力は、大衆よりはるかに低いでしょう。

というのも、一度でも植民地にされたことのある国では、知的エリートでも、自分たちが植民地支配されていた時期にヨーロッパの宗主国にどんな悪辣なことをされてきたかを、親なり、おじいさん、おばあさんなりから聞いていて、その恐ろしさを知っている人たちが数多くいます。

その一方で、欧米の知的エリートというのは、宗主国として植民地の現地人を搾取する側だったので、どんなに悪辣なことをやってきても、一応建前では自由で平等で平和でみたいなきれいごとがいえるのです。そういう悪辣なり悪知恵が働く連中のことを欧米では知的エリートというのです。でも、日本は幸か不幸か植民地にされていた時代が、せいぜい戦後のたった5~6年ぐらいでした。

だから、日本の知的エリートは欧米の知識人がいうことを建前どおりに受け取って、「ああ、ヨーロッパやアメリカはなんてすばらしい国々ばかりなんだろう」と思い込んでいるのです。それでも、日本の大衆はずっと賢いから、そんなバカなことはないと本能的に知っているわけです。

日本国債が絶対に破綻しないこれだけの理由

地方自治体を含めた政府債券の発行残高がＧＤＰの２・５倍という莫大な金額になっているることを心配する人が多いのは、当然でしょう。日本国債を中心とする公共部門の負債残高だけで、ＧＤＰに対してほぼ２５０％になっています。

それに非金融企業、個人家計、金融業の債務残高を全部合わせると、もう直近の数字で５３０％になっています。「借金を返すだけのために、日本国民全員が５・３年間飲まず食わずのただ働きをしなければいけない。こんなバカげた借金がいつまでも続けられるはずはないから、いつか日本経済は破綻する」という人が多いのも無理はない感じがします。

でも、これはみかけほど深刻な問題ではありません。例えば、１９８０〜２０１６年の日本の政府の総債務額から日本政府の資産を差し引いたものが純債務になるわけですが、日本資産がＧＤＰの約１年分あるので、純債務はＧＤＰの１年半分ぐらいです。世界中で日本ぐらい総債務と純債務の金額の大きさが違う、つまり、政府資産がこんなに大きな比重を占めている国はたぶんほかにはないでしょう。

ＧＤＰの約１・５倍という政府純債務は、先進諸国と比べても特に過重というほどの大きさではありません。しかも、安倍政権になってから、日銀がジャブジャブの金融緩和、量的緩和をやって、どんどん国債を買い占めて、その結果、日銀1行で国債の流通残高の45%まで買い占めています。

ところで、日本には政府債務の負担をあっさり軽減する裏技があります。

日銀が日本政府に対して、当行の持っている国債はすべて放棄しますと一言いって、帳簿上から国債の残高を全部消してゼロにするのです。そうすれば、日本は債務がすさまじく大きな国だからもうやっていけないという話は、きれいさっぱり解消すると私は思います。

同じことがほかの国でもできるかというと、たぶんできないでしょう。なぜなら、ほかの国では、政府がこれだけ債務を拡大させると、その拡大した債務になんとか食い込んで甘い汁を吸おうという連中が必ず出てきて、彼らの既得権益になってしまいます。政府債務が、特定の利益集団の利益の源泉になっていることについて、「それは道徳的にけしからん。だから、こういうやつらは一挙につぶせばいいんだ」というのは正論です。

けれど、経済とはそういうことも含めて、ありとあらゆる人たちが生産したものを、ありとあらゆる人たちが消費して成り立っている世界です。そのため、既得権益集団の利権を突然消してしまうと、その人たちの消費が突然ゼロにはならないものの、極端にしぼんでしまう悪影響があるわけです。

ところが、日本という国はそういう悪影響がほとんどなくてすむ国です。図表1―5をご覧ください。日本の国家債務の対GDP比率は、2015年の数字で233%と、イタリアの147%よりはるかに大きい。ギリシャがその中間で180%ぐらい。とにかく日本は断トツで、「こんなに大きな国家債務を背負っていたら、どうにもならない」という議論になります。いつか借金を返せなくなって、間違いなく国家が破綻すると思い込んでいる人が多いわけです。

でも、その下の国家歳出の対GDP比率というのを見ていただくと、わずか40・1%で、これはG7諸国の中でイギリスの次に少なく、国家債務がはるかに小さくて、まだGDPの94%にしかなっていないカナダよりも小さいのです。

これが何を意味しているかといえば、ジャブジャブの量的緩和でばらまいた札束が、誰かが利権集団となって甘い汁を吸うことなく、たなざらしのまま残っているということです。日本という国は、こういうとんでもなく愚鈍といえば愚鈍な、小心といえば小心な、しかし、誠実といえば誠実な人ばかりが集まって成り立っているのです。

ただし、この国家債務の金額は大きいけれども、実際にそれを役立てているかというと、いい意味でも悪い意味でも役立てている人がほとんどいないのが実情です。この債務を全

図表1-5

日本の巨額国家債務は、歳出が大きすぎるためではない

国家債務の対GDP比率

2008~15年

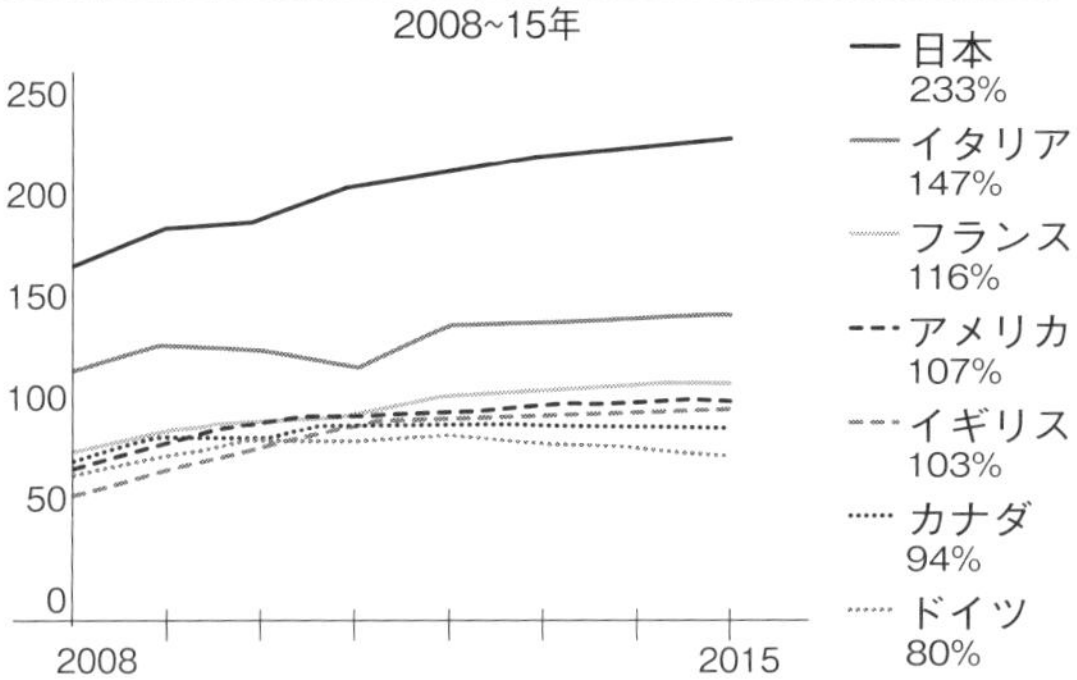

国家歳出の対GDP比率

2015年

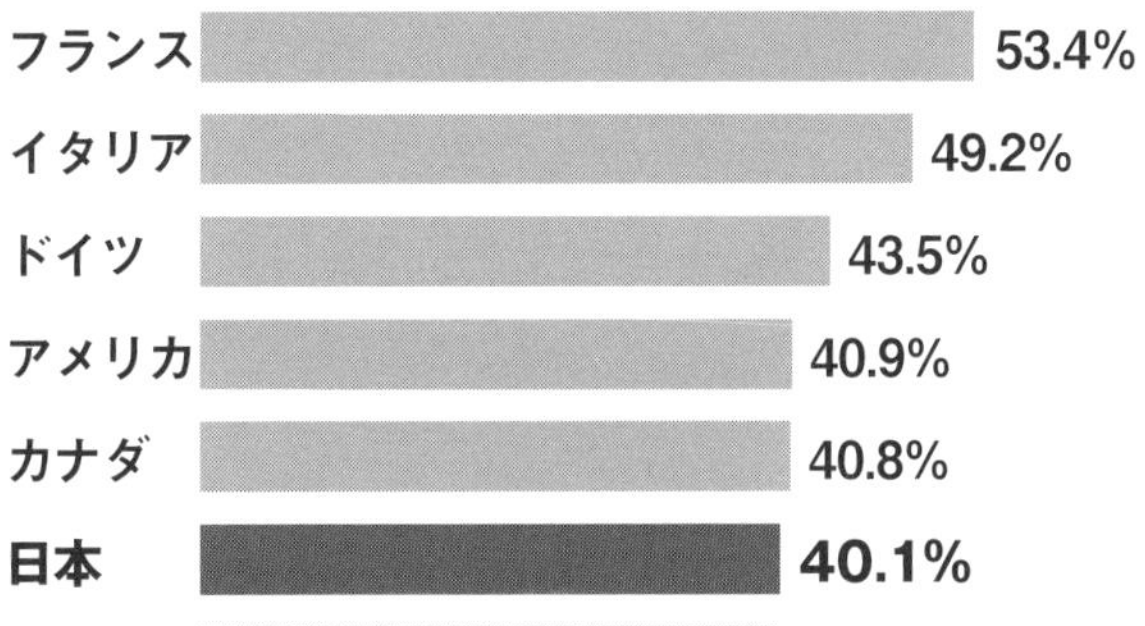

原資料:国家債務はOECD、国家歳出はIMFのデータをウォールストリート・ジャーナルが作図
出所:ウェブサイト『The Automatic Earth』、2016年10月3日のエントリーよりタイトルなどを変えて引用

ふつう、国家債務の肥大化は毎年の歳出が大きすぎるために生ずる。
だが、日本の場合、まだ国家債務がGDPより少ないカナダより、
歳出がGDPに占めるシェアは小さいのだ。

部消したところで、経済にほとんど実害はないということになるのです。

日本の官僚は小心だから間違いが起こらない

それを象徴するような数字が、図表1―6と1―7に見事に現れています。これがまたすばらしい話なのですが、図表1―6には官民ファンドがものすごい金額をいい加減な査定で、20年、30年という長期で信用貸ししている実態が出ています。破綻したら、全部消えてなくなってしまうものが多いのです。

こんなことばっかりやっていて大丈夫か、あまりにもずさんじゃないかと思うのですが、政府はこれらに約2兆円の金を出しますよといっています。保証枠だけで1兆8000億円で、そのほかに直接出資が3000億円。これだけの金を出すといっているのに、実際に応募して、出資あるいは保証という枠をとりつけた企業なり、グループなりは、全部足しても1兆円ぐらいにしかなっていないのです。

ただ、こうした資金をとりつけた連中が、いかにも悲惨なことになっているのが図表1―7でわかります。ほぼ全損というのがズラッと並んでいるわけですから、まさに死屍《しし》累々です。これは官僚が誠実かつ勤勉に「使える資金は全部使おう」と実行していたら、とん

図表1-6

官民ファンドは相乗りで長期出資・保証をしているが…

2013年以降の主な官民ファンドの投資枠と実際の投資額

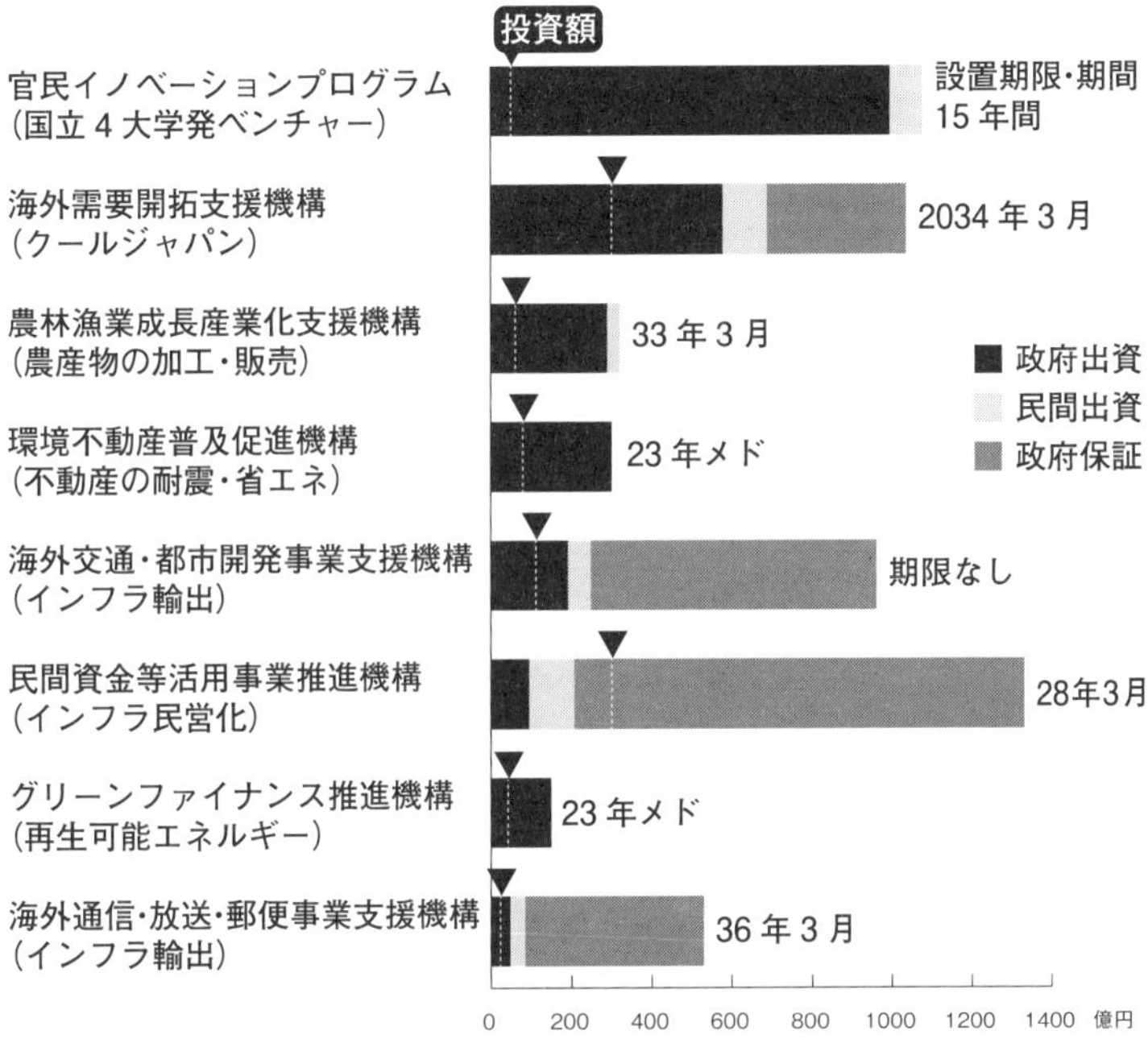

出所：日本経済新聞、2017年8月26日付記事より

でもないことになっていたでしょう。

実は、日本経済全体には約500兆円の規模があって、そのうち1兆円、これが全損したところで大したことではないのです。2兆円になっても大したことはないといえばいえる。ただ、こういうことを野放図にやってしまうと、いつかは500兆円のうちの数％が、政府出資や保証枠の中で消えてしまったみたいな話になって実害が出てくるわけです。でも、幸いなことにそうはなっていない。そうならない最大の理由は、日本の官僚機構は本当に小心な連中の集まりだということでしょう。

例えば、この政府出資枠や政府保証枠の割り振りを裁量できる立場にある官僚が、複数でグルになって、とんでもなくひどいプロポーザルをした企業ばかり選んで、「おまえのところに金を出してやるから、そのうち2、3割をキックバックで俺に寄こせ」といって、あちこちに分散させた預金口座に払い込ませる。すぐに高跳びして、とり立てたお金を海外で回収し、一生安楽に暮らすというようなことがいくらでもできると思います。でも、日本の官僚はそういうことを絶対といえるほどしないのです。

出資を受け、全損になっている企業も、それなりにきちんと事業としてやっているのでしょう。ただ全然儲かっていないだけで、官僚に対するキックバックを使い過ぎたから、

図表1-7

官僚がさっさと遣ってしまわなかったのは、不幸中のさいわい

使える資金は2兆円以上、まだ約1兆円の投資が可能

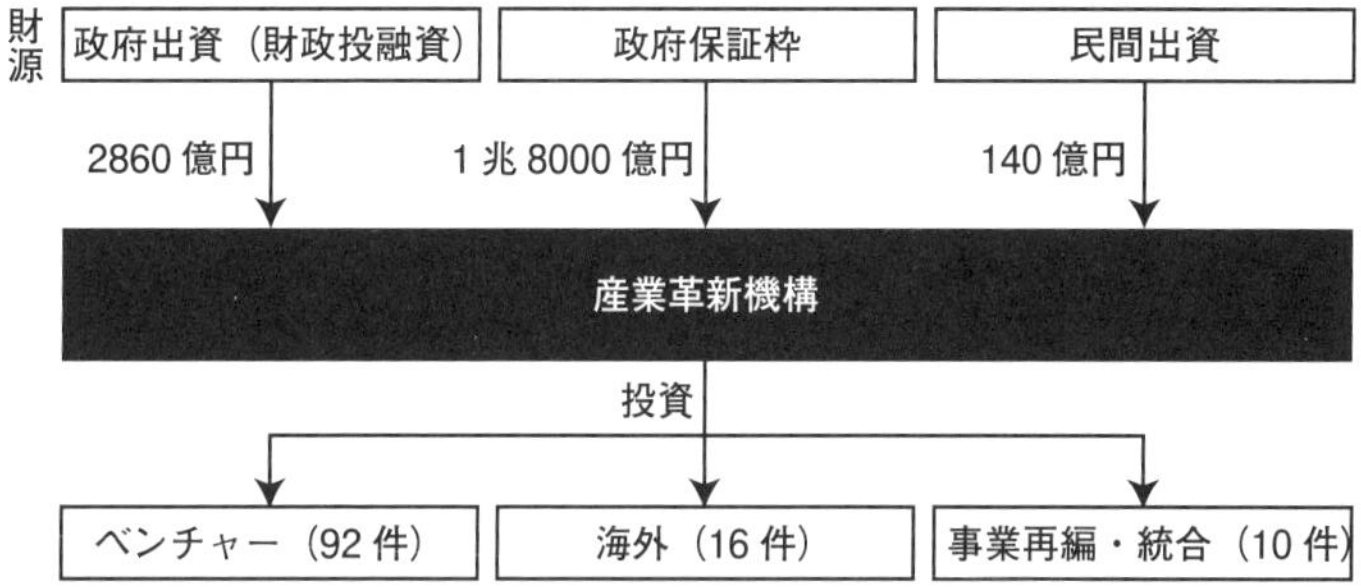

日経 独自調査

革新機構の VB 投資は「ほぼ全損」が多い
（エグジットずみの案件で、一部売却除く。
出資額や回収状況は日本経済新聞の取材に基づく。単位億円、▲は損失）

出資先（業種）	出資額	回収状況
GENUSION（フラッシュメモリー）	23	経営破綻
ファルマエイト（創薬）	5.5	経営破綻
エナックス（リチウムイオン電池）	35	▲30 程度
Mido Holdings（ネットワーク仮想化）	25 弱	ほぼ全損
All Nippon Entertainment Works（海外向けの映画の企画・開発）	22	ほぼ全損
Miselu（ソーシャル楽器）	19	ほぼ全損
スマートインサイト（ビッグデータ技術）	15	ほぼ全損
PRISM Pharma（創薬）	10 程度	ほぼ全損
ライフサイエンス知財ファンド	10	ほぼ全損
K -engine（住宅会社向け IT サービス）	20	▲10 以上
スフェラーパワー（太陽電池）	11.5	▲10 程度
アクアセラビューティクス（創薬）	9	▲7
グロザス（コンテンツ海外発信）	6 程度	ほぼ全損
ロイヤルゲート（決済基盤技術）	6	ほぼ全損
アルプス・グリーンデバイス（電子部品）	50 程度	損失発生
ゼファー（小型風力発電）	17	損失発生
日興テキスタイル（天然繊維）	10 程度	損失発生
リプレックス（写真ウェブサービス）	7	損失発生
アグラ（データ統合ツール）	6 程度	損失発生
中村超硬（高硬度材料の精密加工）	12.5	0.5
リファインバース（タイルカーペット再生）	5	4 程度
JEOL RESONANCE（核磁気共鳴装置）	15	15
出版デジタル機構（電子出版）	50	50 程度

出所：日本経済新聞、2017 年 8 月 6 日付記事より

企業が存続できなくなったわけではないのです。こんな隙《すき》だらけの制度なので、ずるがしこい官僚の1人や2人いてもいいのに、まったくないのが日本のいいところといえば、いいところだと思います。

その意味で、どんなに金融緩和でお金をばらまいても、それが金融市場に溜まっているままで、庶民は「インフレが怖いから」と財布のひもを締めて使わないし、企業は企業で一応まっとうな仕事をやりたいと思っていて、初めから官僚とグルになって利権として応募するというのはめったにないわけです。これがラテンアメリカやアメリカ合衆国であれば、利権獲得のために応募する連中が大半を占めるでしょう。

だから、日本は債務がどんなに大きくなっても、日銀が国債の債権放棄をしますといえば、その一言できれいに片がついて、ほとんどなんのマイナスも副作用もないのです。ただ、債権放棄というのは、かつての徳政令みたいで体裁が悪いから嫌だという意見もあります。それなら、政府がゼロ金利で返済期限なしの永久債という形で発行した国債と、日銀が持っている分だけを取りかえてもらうだけでもいいのです。

金利ゼロで返済期限なしの永久債にしたら、実質的に帳消しと同じことですが、債権放棄ということばほどショッキングではありません。そういうことで、日本が抱えている最大の経済問題といわれる国家債務の大きさは、私はほとんどなんの苦労もコストもかけずに解決できる話だと思っています。

国民にとってわかりづらいアベノミクス批判

いわゆる知識人の中でも反体制的な考えを持っている人たちは、アベノミクスについてもう初めから「絶対ダメだ。失敗するに決まっている」として、しかも「失敗するだけでなく、仮に成功でもしたら、そのほうがもっと弊害は大きい」と主張し続けてきました。結局のところ、いくら「ダメだ、ダメだ」といったところで、国民全体に共感が得られているようすはありません。

ところが、森友・加計問題では、国民の多くが憤激したわけです。アベノミクスといわれる経済政策とこの問題のどこに差があるかというと、アベノミクスを当初から批判していた人たち、これは私もその1人なので自戒を込めて反省しているのですが、主張がまず論理的に間違っていたと思うのです。

どう間違っていたかというと、そもそも「アベノミクスでインフレにできる」わけがなかったのです。反アベノミクス派は、「実際にインフレが起きてしまえば、穏やかなインフレを維持できるなどは幻想で、世の中が悲惨なことになる」と主張し続けていますが、この政策でインフレにできないのであれば、特に実害はないのです。その意味で、アベノミクスを犬にたとえれば、いろいろ吠《ほ》えはするけど、実際に噛《か》みついたりしないお行儀のいい犬みたいなもので、放っておけばいいのです。

インフレ目標自体が間違っているという批判と、この政策ではインフレにできないという批判は論理的な整合性がありません。これは、批判する知識人の論点が相互に矛盾していて、経済のことをあまりよく知らない国民にとっては、「いったいなぜ文句をいっているのか、わからない」という疑問は当然の反応だと思うのです。

その点、森友・加計問題というのは、非常にわかりやすかった。安倍さんの友だちだと国のお金で儲けることができるんだという話だったので、国民は憤激したわけです。

つまり、アベノミクスはただ1つの重要なポイントを除けば、国民にとってそんなに実害はないのです。ただ1つのポイントは何かというと、先述のように、ドルベースで日本国民の所得水準がものすごい下がり方をしている点です。

日本は特に、金属資源もエネルギー資源もほとんど全量輸入し、カロリーベースで食料の5~6割ぐらい輸入しています。このことを考えれば、円安になると国民全体が貧乏になるのは当然です。その点だけはやっぱり間違っているし、しかも間違っていることが実現しているのです。

これは明白にアベノミクスの失点です。ただ、そもそも、安倍政権と黒田日銀は円安誘導をしていないのです。これは意外と知られていないのですが、安倍政権発足の際、海外の投資家は日本株を買いあさると同時に、「自分たちが買っている、買っている」と騒ぎ立てました。かなり上がったところで間抜けな日本の機関投資家に買わせて、自分たちは売り抜けて儲けるつもりだったのです。

円安株高は外国人投資家のおかげ

次の総選挙で自民党が圧勝すると予想された2012年6月ごろ、海外の投資家は急激に日本株を買い始めました。ただ、近々発足するであろう安倍政権は「円安によって輸出振興で経済を回復させる」と主張していたので、「せっかく日本株を買って日本株が値上がりしても、買ったときは円高ドル安だったものが、日本株を売り抜けるときに円安ドル高になってしまったら、株の値上がり益が消し飛んでしまったり、逆にマイナスになったりするかもしれない」という懸念を同時に抱いていました。

そこで海外の機関投資家が始めたのが、円キャリートレードというものでした。実際に、自分が持っている米ドルを円に換金せずに、ドルはドルのままずっと持ち続けて、日本なり外資系なりの金融機関から円を借り、借りた円で日本株を買ったわけです。借りた円で日本株を買うということは、日本株を売り抜けたときの円の価値で買えることを意味します。つまり、円が80円だったころに米ドルを円に換えて日本株を買うと、円が１２０円になった場合、米ドルに対して円の価値は3分の2になってしまうので、その分だけ利益が目減りします。でも、円を借りて日本株を買っておいて、売り抜けるときにそのまま円で返せば、下がった時点のレートで返せるので為替差損を出さずに株の値上がり益だけをとれる、というトレードをしたのです。

このトレードを一生懸命推奨したのは、ほぼ間違いなくゴールドマン・サックスです。それがわかるのは、ゴールドマン・サックスの株価と日経平均を、２００７~15年の期間で比べたチャートです。日経平均の上げ下げとゴールドマン・サックス株の上げ下げがぴったり同じなのです。

これは、要するにゴールドマン・サックスが外資系機関投資家に、「今キャリートレードで日本株を買っておけば、為替の変動に関係なく、日本株の値上がり益はそっくり儲かりますよ」というトレードを勧めました。その結果としてガイジン投資家が日本株を買い、そのための円を借りたので円安になったのです。

ゴールドマン・サックスが２０１２年ごろから日本株買いを強力に推奨し始めた理由が、

図表1—8でわかります。

ゴールドマン・サックスの運営するBRICSファンド（当初は、ブラジル、ロシア、インド、中国の4カ国、のちに南アフリカを加え5カ国）の時価総額推移です。立ち上げたのがたしか2005年か2006年ごろです。それが、2008〜09年にかけての国際金融危機のときに、先進諸国の経済が全滅したにもかかわらず、なんとか中国だけが儲かっている状態を現出しました。それにより、すごい値上がり益が出て、順調にファンドとしても拡大していました。当時は中国だけ威勢がよく見えたので、ものすごい金額が集まったのです。

その後、ユーロ圏のソブリン危機のころに、再びBRICS株に資金を投資したので資産総額は増えたものの中国経済の失速で完全にこけてしまいました。2012〜13年ごろにはもう立ち上げた当時と同額ぐらいまで資産規模が激減し、誰も見向きもしないファンドになって、ひそかに解散しました。これは危ないと思ったゴールドマン・サックスが、BRICSファンドの代わりに儲かる話はないかというので目をつけたのが、安倍内閣の円安誘導による輸出産業の活況、それに付随した株高というシナリオだったのです。

ゴールドマン・サックスは、ファンド立ち上げ直前までBRICS株を目いっぱい買い込んでおきます。実際にBRICSファンドを立ち上げたときに、そのファンドを機関投

図表1-8

激減するBRICS諸国への投資、2007年2月～2015年10月

―ゴールドマン・サックスが運用するBRICSファンドの資産総額

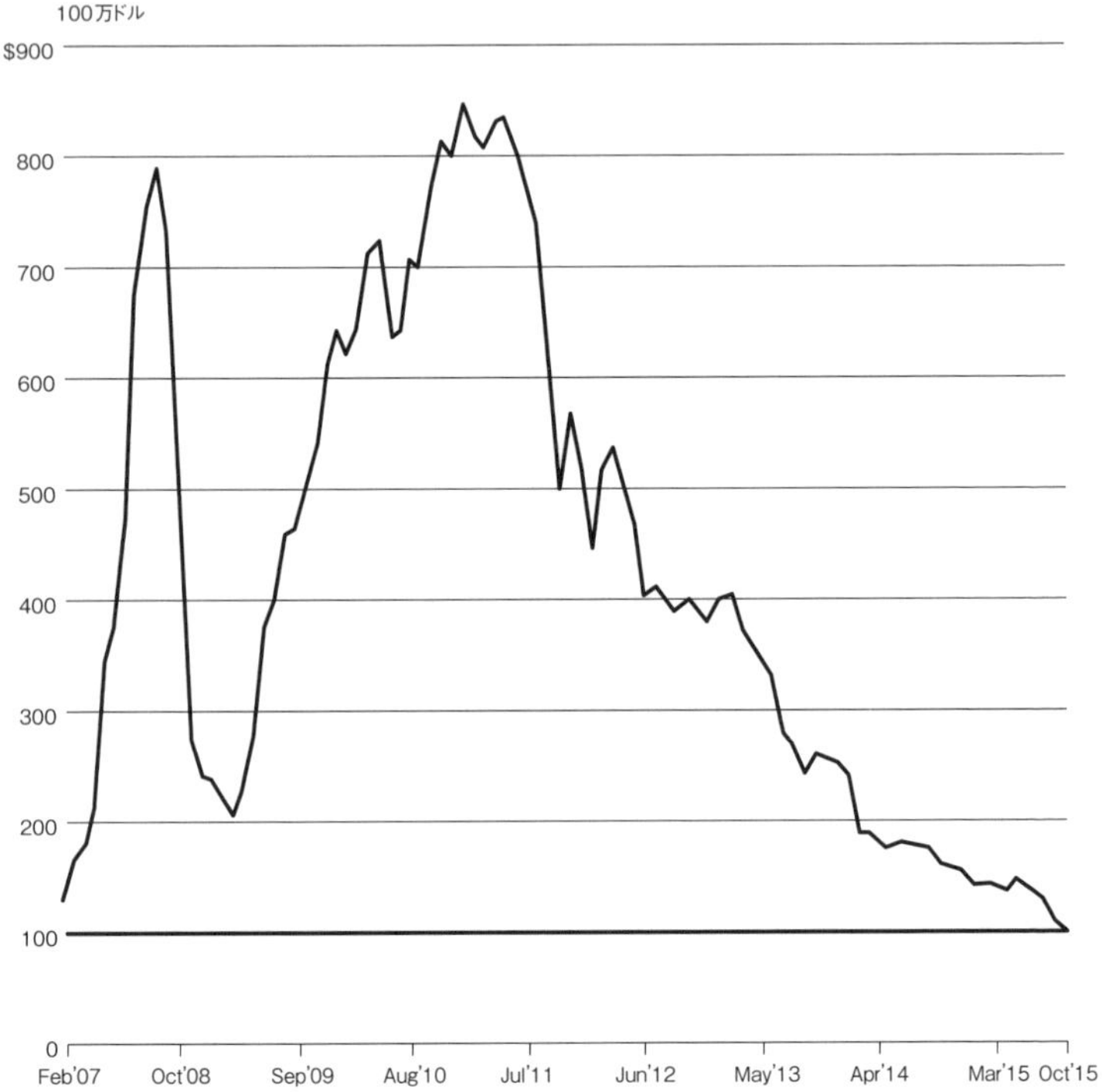

出所：ウェブサイト『Zero Hedge』2015年11月8日のエントリーより

資家に売っています。ゴールドマン・サックス自体は、ボロ儲けしたからそれでいいようなものです。でも、さすがに客に損をさせたままでは評判が悪くなるし、客になんとか儲けさせて信頼を回復したい。そこへちょうどうまい時期に、アベノミクスで株価が上がるという話が出たので、飛びついたわけです。

政府や日銀は円安に誘導していなかった

円安になると輸出産業の収益がよくなって日本株が上がるとか、円高になると輸出産業の収益が下がるから日本株が下がるという話は、論理的な見通しだけでなく、投資家が実際に株式市場で売り買いして初めて出てくるわけです。

ところが、この間の日経平均と円高、円安との動きを見ると、円高になれば必ず日経平均が下がり、円安になれば必ず日経平均が上がるという形で、時期的にもなんのギャップもなくぴったり即応した動きをしています。

それは何かというと、そもそも政府が輸出産業を振興したいから円安にしているのではなく、機関投資家が日本株を買うときに円を借りて買う。その借りた分だけ市場に出回っている円の量が増えます。量が増えれば価格が下がる、ということで円安になるのです。

逆に、機関投資家が日本株を売り抜けると、その時点で今まで借りていた日本円を返します。日本円を返すということは、その分だけ日本円の流通量が下がるから価格が上がるという仕組みになっています。ですから、決して政府が誘導して円安にして株価を上げたとか、それがうまくいかないと輸出産業が悪くなる、というまわりくどい思考経路をへての話ではないのです。

図表1―9の投資主体別日本株売買動向を見ると、外国人機関投資家が大量に買ったときにはきれいに日経平均は上がり、売ったときに日経平均が下がることがわかります。特に、2013年には、外国人機関投資家だけで年間15兆円も日本株を買っていますから、この時期に安倍内閣、あるいは黒田日銀が円安誘導をしたために日経平均が急騰したという話はまったくの嘘です。外国人投資家が借りた円で日本株を買ったから日本株は上がったし、円は下がったにすぎないのです。

もう1つ、重要なポイントがあります、日本の個人投資家は、基本的にバブル崩壊以降一貫して、日本株については売りで臨んでいます。たまにほんの少し買うこともあるけれども、またずっと売り続けているのです。

日本の機関投資家は非常に愚鈍なので、外国人投資家が買って上がりきったところで高

図表1-9

日経平均月足、2007年～2016年*

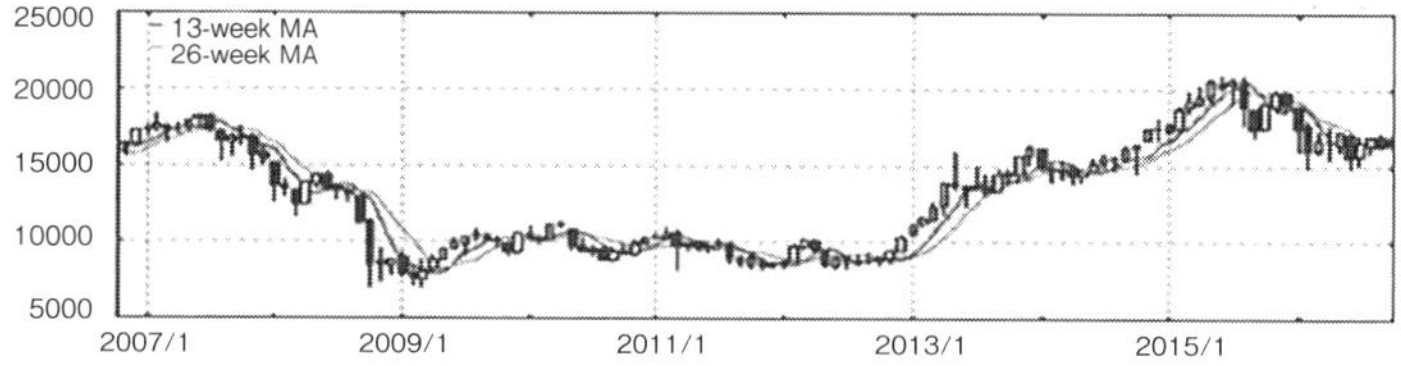

投資主体別日本株売買動向、2007年～2016年*

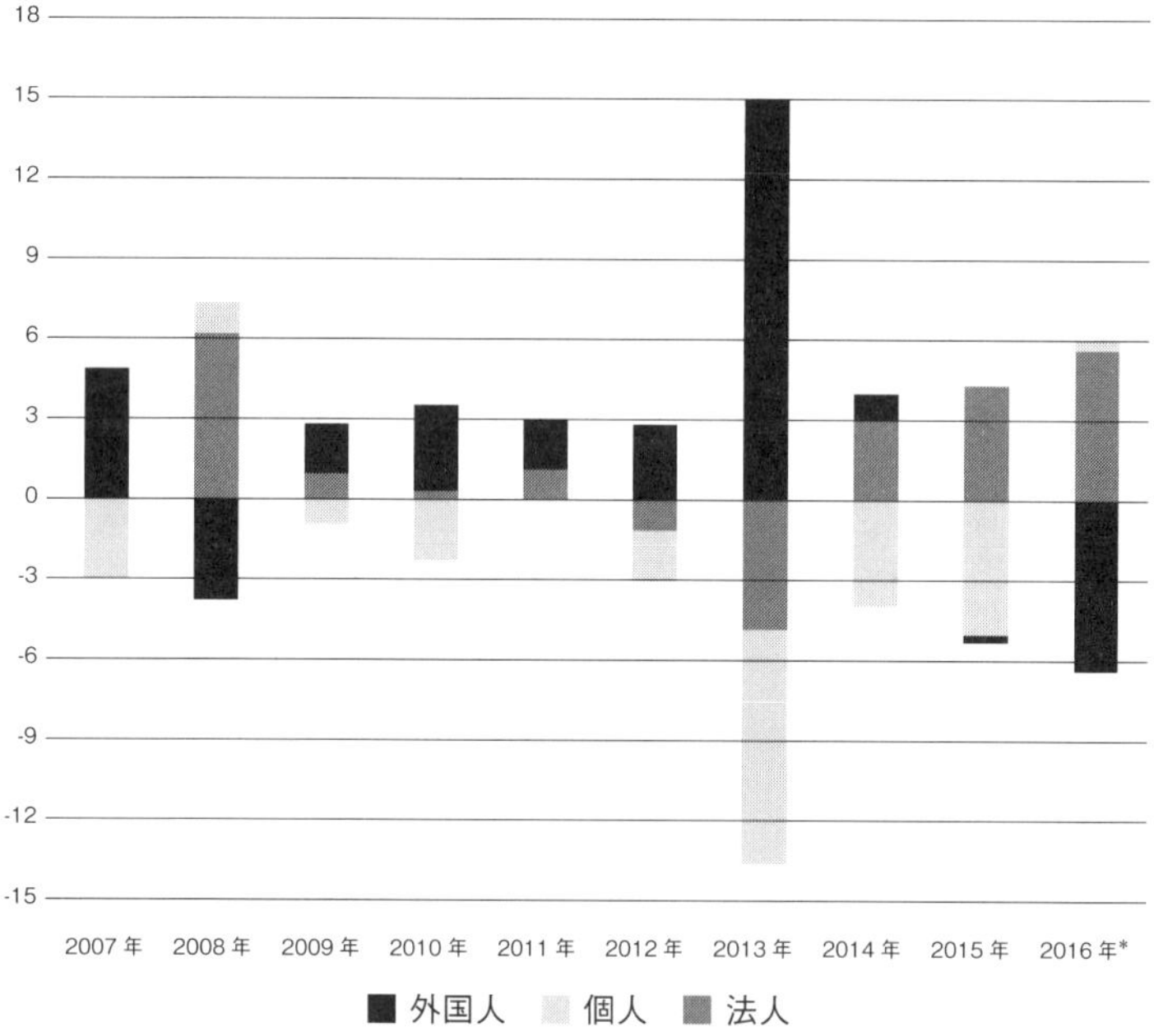

*: 2016 年は日経平均については 10 月 7 日まで、
投資主体別売買状況は 1～9 月の累計。

出所：（上）Yahoo! Finance　HP、「日経平均」より引用、
（下）日本取引所グループ『投資部門別売買状況』データより作成

値づかみしてしまうのです。高値づかみしたものの、本来、実体経済としてはそんなによくなっていないから、下がってくると捨て値でたたき売らなければいけない。そういう状況がもう戦後復興景気のころから延々と続いているのです。

外国人投資家に食いものにされ続けている日本の株式市場

図表1—10を見てください。これは1990年以降の投資主体別の日本株保有比率ですが、今や日本最大の投資主体は外国人投資家です。その次に大きいのは事業法人。つまり金融業以外の一般企業です。ただ、この事業法人のシェアはじりじり下がり続けています。その次に大きいのが個人投資家で、個人投資家のシェアはほとんど変わっていません。これはすごいことです。

なぜなら、個人投資家は売り続けているのに、株式市場に占めるシェアが変わっていないからです。明らかに水準として高くなり過ぎたから危ないと思うものを売っているのです。一方で、あまり高くなってないから持っていても安全だと思う株を持ち続けています。株価が少しずつでも上がっていくと、高くなったものは切って、あまり高くなっていないものを持ち続けているために、シェアとしてほとんど変わらないのです。

図表1-10

投資主体別日本株保有比率推移、1990〜2014年

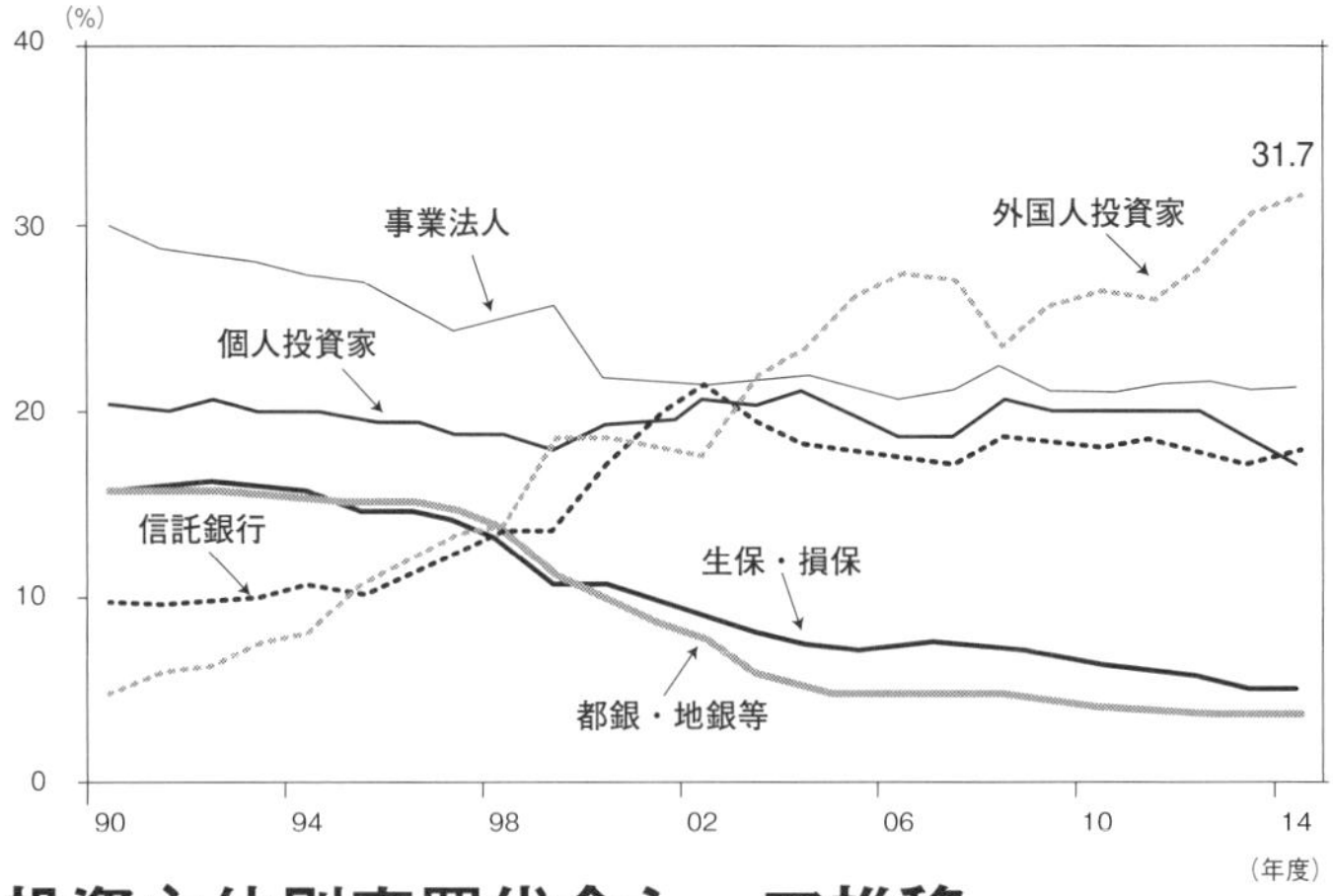

投資主体別売買代金シェア推移、1990〜2014年

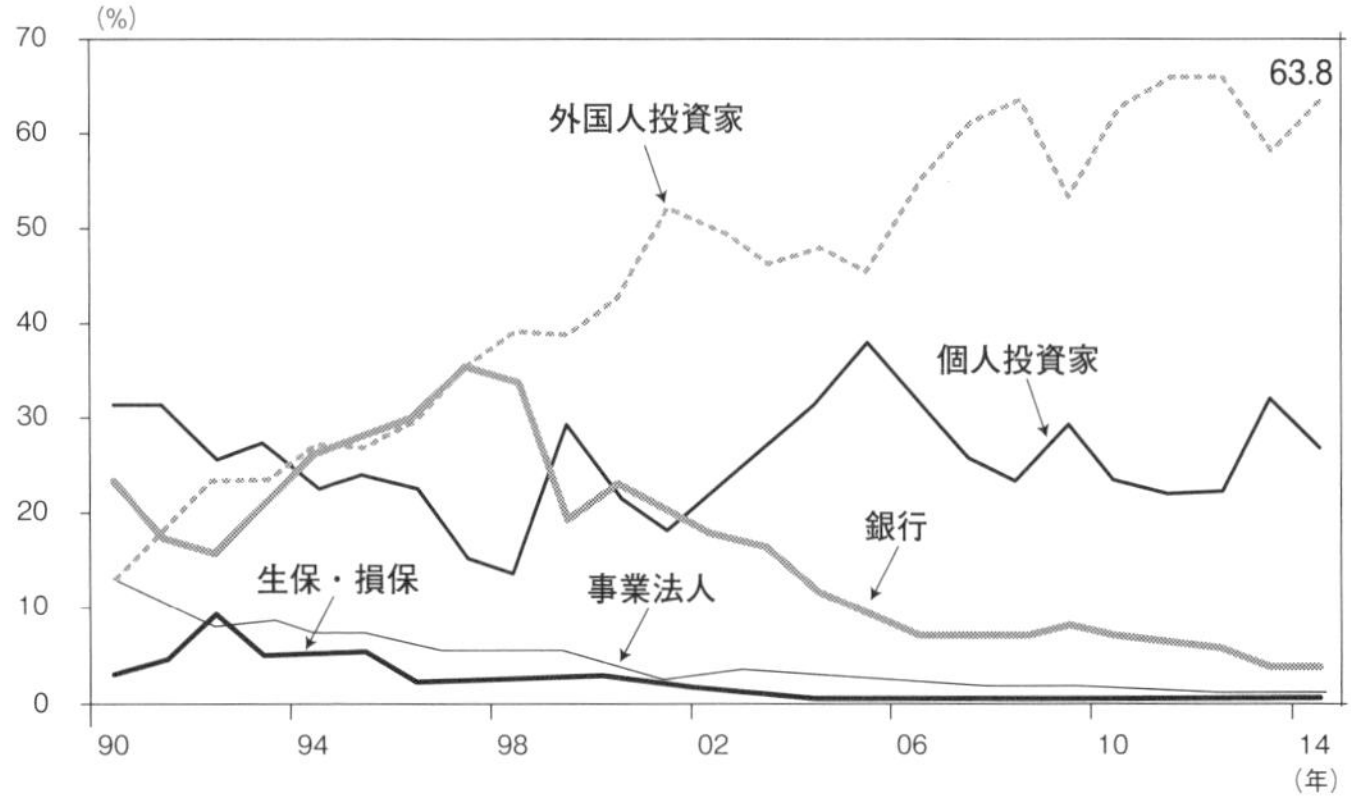

注：銀行は、都銀・地銀等と信託銀行の合計　　原資料：日経 NEEDS

出所：日本生命ホームページ『3分でわかる新社会人のための経済学コラム 第69回』、2015年11月1日のエントリーより引用

信託銀行のシェアが最近上がっているのは、1つには、GPIF（年金積立金管理運用独立行政法人）の資金や日銀の資金などで買ったものは、信託銀行に預けて管理しているため、名義上は信託銀行の保有となっています。それで上がっているのです。

悲惨なのが、都銀、地銀グループと、生保、損保グループです。シェア17、18％から出発したものが、今は5％かそれ以下になっているのです。これは、外国人買いに追随して高値づかみをし、外国人に売り抜けられて、下落したものを仕方なく処分売りしているという失態をくり返しているために、こんなに下がってしまったのです。

下段の投資主体別の売買シェアで見ると、今はもう外国人投資家が3分の2を占めています。完全に外国人に支配されて、外国人が買えば上がり、外国人が売れば下がるという相場になっていて、それが何を意味するかをもう少し世界的なシェアで見た場合に、すごくおもしろいグラフがあります。

それが図表1―11で、バブルの頂点だった1989年大納会の3万8900円台から、日本株は延々と下がっていました。下がるだけ下がって、日本株も長期上昇基調に転じたのが2000年くらいでした。急上昇直前の底値からバブルの頂点の高値までの半値が、日経平均で2万1000円になります。このグラフは対数軸で示しているので半分に見えませんが、この半値戻しをメドに、外国人機関投資家は下がり過ぎると買い、半値戻し近

図表1-11

日経平均が先導する世界株価暴落、1960〜2016年

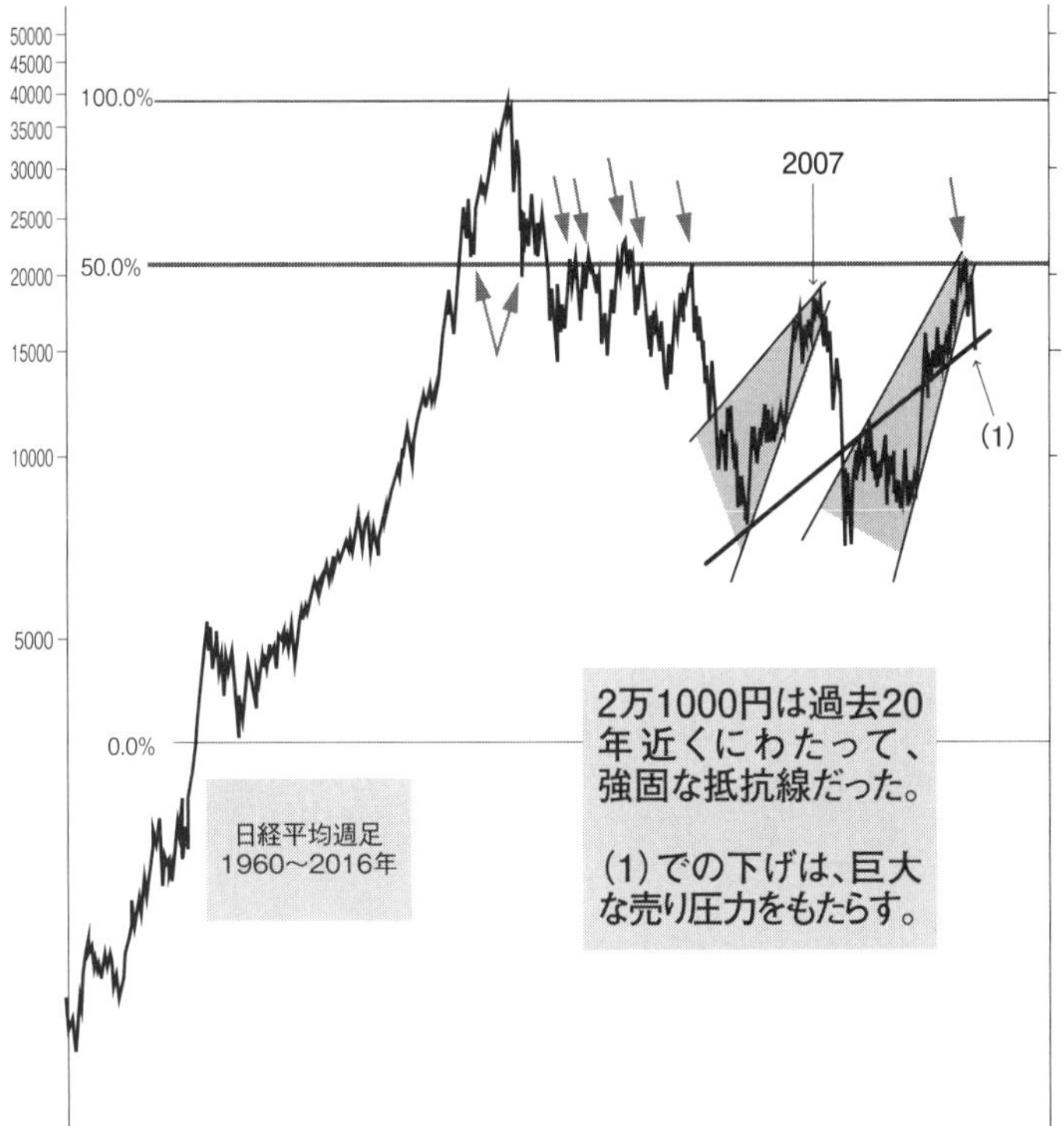

出所：ウェブサイト『Kimble Charting Solutions』2016年2月19日のエントリーより引用

日経平均が大底から1989年末の大天井までの上昇幅の半値戻しに失敗するたびに世界中の株式市場が暴落してきた

辺まで上がったら売るという取引を延々とくり返してきました。そして、今回の上昇までは、日経平均が大底からバブル高値の半値戻し直前の水準、2万1000円近辺になると必ず下げてきたのです。

しかも、必ず下げてきただけでなく、それが世界的な株価低迷や大暴落を常に引き起こす先導役を果たしてきたのです。

例えば、1997〜98年にかけて、東アジア通貨危機やロシア国債危機が起こっていますが、その少し前に2度日経平均が半値戻しを達成しました。その反動で下げた直後に、東アジア通貨危機やロシア国債危機が起こったのです。

その次が、1999年にまた半値戻し直前まで戻ってそこでへたり、その後アメリカでITバブルが崩壊して、またものすごい下げ方をしました。2007年には、日経平均は半値戻しにかなり近い水準まで上げたものの、そこで止まりました。そして、日経平均から逃げた機関投資家のお金がアメリカのサブプライムローンバブルにどっと押し寄せて、住宅株や金融株が急騰した結果、2008〜09年にかけての国際金融危機の引き金となる大暴落を招いたわけです。

その意味で、日本は非常にマイナスの意味で世界中の株価をリードする国なのです。これが何を意味しているかというと、日本で株を商っている外国人投資家は、一種の万能感みたいなものを持ってしまうのではないかということです。

まあ日本株を専門にやっている人たちはそうでもないのでしょうが、日本株に投資する外国人投資家の大部分は、その時々の情勢次第でどこの国のどんな金融商品にも手を出す人たちです。彼らは、自分たちが買い始めると、必ず日本の機関投資家がついてきてくれるので高値で売り抜けることができ、自分たちが売り抜けた後、日本の機関投資家が大損こいて投げ売りをするという光景をくり返し見てきました。そういう経緯もあって、株価は自分たちが儲かるように自由自在に操作をできるものだと過剰な自信をたぶん持ってしまうと思うのです。

だから、日本株が半値戻しを達成するとか、それに近づく段階になったときに、日本株から逃げていった外国人投資家の資金は、世界中どこででも日本株と同じように儲けることができると思いこんで、東アジアの通貨を買ってみたり、ロシア国債を買ってみたりした。ただし、日本株のように思惑どおりに高値で売り抜けられず、投げ売りせざるをえなくなったということになっているのでしょう。ですから、日本株が半値戻し近辺で急落に転じた後には必ず世界的な金融危機が来るという状態が続いています。

第二次大戦後最もよかったのは、日本の個人投資家のパフォーマンス

戦後経済70年史を通観すると、世界でいちばんパフォーマンスがいいのは、日本の個人投資家だということです。

というのも、終戦直後に日本株がものすごい割安状態だったときに、買い手はたった2グループしかいませんでした。1つが敵対的な第三者に経営を乗っ取られることを恐れて、財閥グループで相互に持ち合いをした一般事業法人と財閥系のメインバンクです。もう1つが個人だったのです。

終戦後は、一般事業法人と金融機関が3割、個人が7割という感じで株を持っていました。このころ日本の個人投資家が株式時価総額の約7割を保有していたのは、とにかく日本経済は必ず復活するというやみくもな信念以外には何の根拠もなかったでしょう。そこからあとの日本の個人投資家は、戦後一貫して高値になったら売り、安値になったら買い増しはほとんどしないというスタンスを続けてきましたが、それは大正解だったのです。

3万8900円というバブル期最高値を記録してからの日本株は延々下げ続けていて、

なかなか2万円台を維持することができませんでした。バブルのころ、永遠に上がり続けるんじゃないかと思って買った日本の機関投資家は、苦節30年、ごく最近になってようやく損の半分ぐらい取り返したことになるはずです。

それに比べて、日本の個人は戦後の復興期でいちばんいい時期に大胆に買い進んだあとは、バブルのころ吹き値をしたら売りました。また何々景気というような仰々しい名前がついて、投資顧問会社や証券会社が一生懸命セールスに来たら売りという非常に賢いスタンスをとり続けていました。延々と個人世帯としての金融資産を拡大しているわけです。

その状況が図表1―12に出ています。

基本的に、景気がどうあれ日本の個人世帯の貯蓄現在高は延々と伸び続けていて、今1世帯当たり1800万円を超えたところで推移しています。

このうち、株の割合は1割にも満たないぐらいで、大部分が現金と当座預金、普通預金、少しの定期預金で、あと生損保の掛け金で構成されています。そのため、バブル崩壊のあとも、1993年あたりにほんの一時へこんだだけで、順調に伸び続けました。1999年で一度ピークに達して、その後、ハイテクバブル崩壊でまた少し下げたのですが、1750万円ぐらいで踏みとどまりました。その後は1700万円を割り込んだことはないぐらいの小さな下げですんでいて、また史上最高値を更新し続けているのです。政府が

図表1-12

日本の世帯貯蓄は、年収低迷期にも伸び続けてきた

2人以上世帯の世帯当り年間収入・貯蓄高・貯蓄年収比率 1959〜2016年

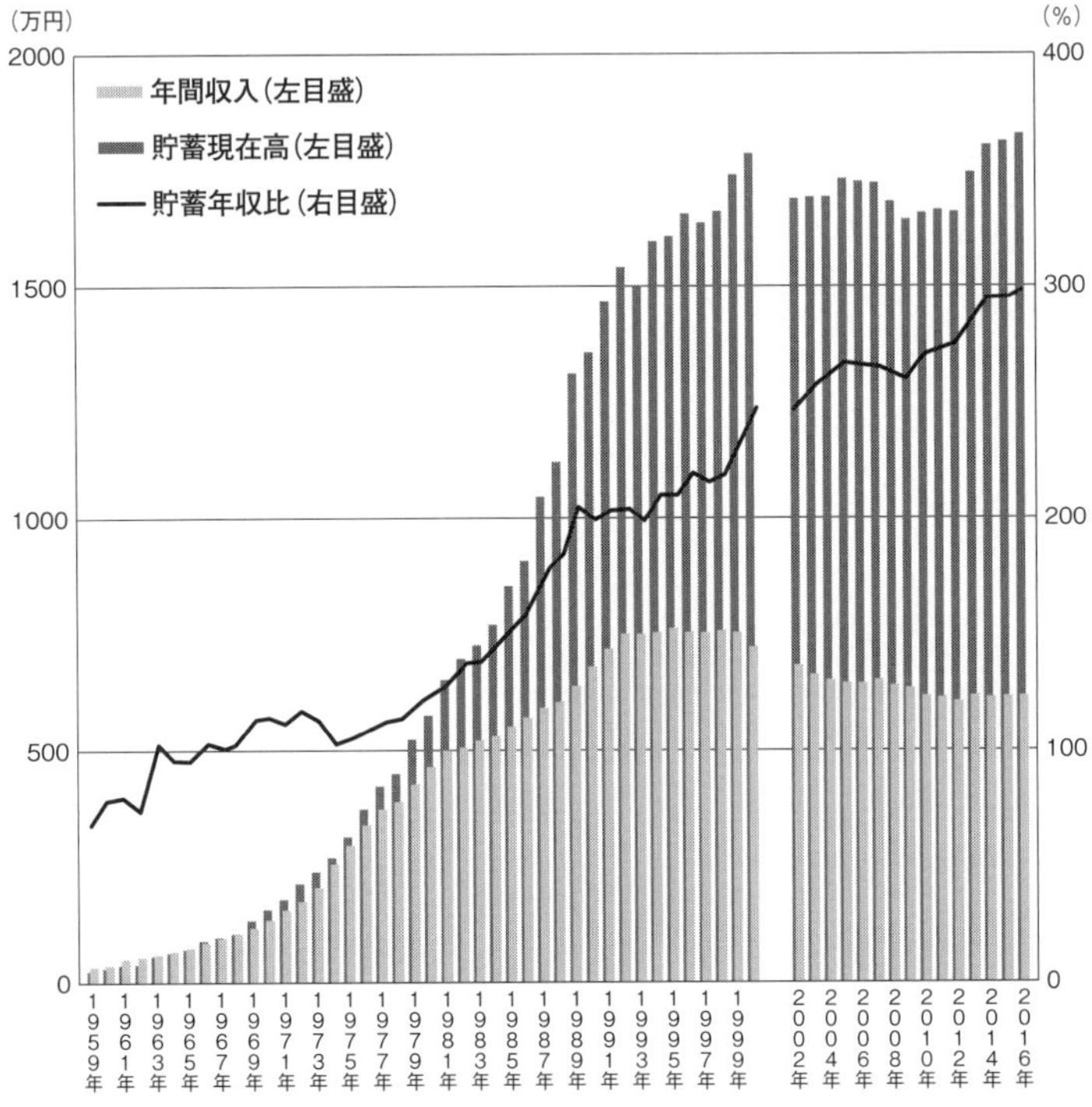

出所：総務省統計局、『家計調査報告［貯蓄負債編］2016年版』より

吹く笛に踊って、貯蓄から投資へ転換していたら、惨憺《さんたん》たるものになっていたでしょう。

株は資金が少額だと、さまざまな銘柄に分散投資してリスクに備えることができないため、個人投資家には向いていない投資対象です。ほんの少しだけ持っていて、株価が取得価格より高ければ利益を確定して売り抜けるのが大正解になります。

投資不要時代になり、株式市場の役割は終わりつつある

株式市場の本質的な役割は、株価の高い企業が新株を発行して増資するにしても、社債を発行するにしても、いい条件で発行できるから低コストで大きな資金を調達できることです。反対に、株価の低い企業は増資をするにしても、社債を発行するにしても、高いコストをかけなければ調達できません。

要するに、投資のための資金調達がやりやすいか、やりにくいかをコントロールするのが株式市場の役割です。いい企業は投資のための資金が調達できてどんどん拡大していくし、悪い企業はそれができないので、ますます萎縮していつかは消えていく。そういう選別をするのが、株式市場ということになります。この役割がいちばん貴重だったのは、製造業の大規模生産が花形だった時代です。サービス業主導の今の世の中では、あまり重要

ではありません。

なぜなら、サービス業の規模が拡大すればコストは安くできて、いっぱい売れるかというと、そんなことはほとんどありません。むしろサービス業ですごくいい仕事をしていた会社が突然規模を拡大すると、従業員のサービスの質が落ちたりして、かえって悪くなることのほうが多いのです。結局、投資のための資金調達のしやすさが経済全体の根幹を左右する重要な役割を果たしていたのは、製造業主導で、しかも重厚長大産業が輝いていた時代だけだったのです。

それを世界でいちばん先に見抜いたのが、日本の個人投資家だと思います。これからサービス業の時代になったら、投資がいちばん大事なんていう話ではなくなるから、低インフレ、低金利だけれども、貯蓄をしておけば少なくとも元本価値が目減りすることはないという判断をしてきました。そして、個人投資家は高値のときに株を売り、安値になっても絶対というほど買わず、貯蓄を堅実に増やしてきました。その結果が、今のようにゼロインフレから若干のデフレで、金利はほとんどつかないような状態でも、何も損はしていないのです。もしこれが、政府や金融業界の吹く笛に踊らされて株を買っていたら、大損していたでしょう。

このように、株式市場の役割は終わりつつあります。その根本的な理由はすでにお話ししたとおりですが、株式市場の衰退は現象面からも明らかです。

今、アメリカの大企業で莫大な内部留保があるところが、どんどん自社株買いや増配をすることで株価を吊り上げています。これは、株式市場としては一種の自殺行為なのですが、その自殺行為が正しいと一般投資家も機関投資家も判断しています。それがわからず、「アメリカはこんなに景気が悪いのに、なぜ株価は上がっているんだ。この株高は近いうちに暴落に転ずる」と空売りをしかけて大儲けしようと思った連中が、みんな破綻しているのです。

この現象は少なくとも2020年ぐらいまでは続いて、そのあたりからおそらく株価も下がり始めるでしょう。下がり始めると今度は内部留保を取り崩してしまっているので、大企業でも見せかけは大きいけれど、債務と突き合わせると、自己資本はいつの間にかゼロとかマイナスになっていた、という形での破綻がそのころから起こり始めます。その整理が終わるのがだいたい2027年ごろになるだろうという予測です。それが、アメリカ型に変質した市場経済である資本主義の終わるときとも重なるでしょう。

製造業の大企業ほど、そうなる可能性が高いのです。それを象徴的に示していたのがUSスチールで、ボロボロの会社になってしまいました。また、GMも一度破綻して再建したけれども、中身はもう本当に悲惨なことになっています。GEも実態は金融業になっているのに、それでも収益が上がらない。そういう事例が次々と起こっているのです。その中で、比較的自己保存能力が高いのは、グーグル、アップル、アマゾン、マイクロソフト、インテルといった企業です。完全なサービス業か、一応産業分類では製造業でも、製造した機械の中に落とし込むソフトコンテンツで勝負する会社が今は隆盛しているわけです。

でも、私はそれもあまり長くは続かないと見ています。AIが発達すると、プログラマー自体がそのAIの中で自己増殖されてしまい、人間のプログラマーやシステムエンジニアもほとんど必要としない事態になるでしょう。AI産業のいちばんの弱みは、自動的にできることがどんどん発達して人間を必要としなくなるので、高収益だけど、雇っている人間の数は大手でも20人や30人にとどまることではないでしょうか。

そういう産業は、どんなに売上規模が大きくても、知的能力の高い高給取りは20～30人程度の人数となります。すると、その20～30人がどんなに贅沢をしても、消費はそんなに大きくなるわけがなく、限度があります。世の中で消費の動向を左右するのは、その時代時代にいちばん儲けている産業より、その産業に従事している就業者人口がいちばん大きくて消費力を発揮する産業です。

例えば、製造業全盛の時代だったら、国民的な消費傾向や趣味嗜好を左右していたのは、その会社の重役より何十万人、何百万人といる一般雇用者や工場従業員だったのです。そういう人の数が少ない産業というのは、どんなに儲かっていても消費動向への影響力が小さいので、経済の主体になる業種にはなれないでしょう。だから私は、知識産業ではなく、情緒産業が時代の花形になると思っているのです。

情緒産業というのは、絶対にＡＩではうまくできなくて、大部分は売り手と買い手が同じ時間に同じ場所にいないと成立しない事業です。これに関しては、「終章」で詳しくお話ししていきます。

製造業の凋落が日本も直撃している

高度経済成長期に躍進した東芝のような製造業名門企業の凋落《ちょうらく》が、これからますます激しくなっていくでしょう。これまでの売り上げが立てられなくなっているため、無理な目標を設定させる。できなかったら帳簿をごまかす。また、ウェスティングハウスの原発部門のように、初めから大損が目に見えているものを買ってしまうなんてありえないことをしでかしていれば、没落するのは当然です。

神戸製鋼も、ラグビーは強いし、鉄鋼業という大手がどんどん少数の大企業に集約されていく中で、小粒ながら堅実にやっているという幻想を私も持っていました。神戸製鋼の

ＫＯＢＥＬＣＯという建機部門は、特殊な分野ではコマツのような大企業に引けをとらないいいものをつくっていたのです。それなのに、会社ぐるみで明らかな品質データの改ざんを延々と続けていたのはショックでした。

また、先年同じような問題で日産からの支援を受けざるをえなかった三菱自動車に続いて、２０１７年にはその日産とスバルによる品質検査の不正が発覚しました。総合電機か自動車とかの重要分野で日本の製造業が後発の不利を克服して世界市場でのシェアを拡大した大きな要因は、つくりこんだ品質の高さでした。それだけに、こうした問題が続出しているという事実は、日本の製造業大手各社がこれまで築いてきた世界中の消費者からの信頼を自分でぶちこわしている、しかもそれは、組織的に裏マニュアルまでつくって日常的な業務慣行になっていることを示しています。

大きな納入先に無理な期限で仕事をさせられて、本来責任を持ってやらなければいけない検査を飛ばすことで納入を間に合わせるといったことが積み重なると、そのうち「いつもやっていることだからいいか」と倫理観がマヒしていった。そして、一度やってしまうと、それがある意味でデファクトスタンダードになってしまうのでしょう。これら一連の事件は、これからの製造業の行く末を象徴している出来事だと思います。

吸収合併で規模を巨大化しても無意味な時代になっている

モノの消費が減っていくから、当然、製造業各社にとっての市場も縮小していきますが、企業もただ指をくわえて見ているわけにはいかない。そこで何をするかというと、会社の規模を拡大すれば、消費全体が減っていく中でも生き残れるのではないかという発想をするわけです。しかし、そうした発想自体が、製造業にこびりついた大規模化思考の最後の名残なのです。

例えば、昭和シェルと出光が今さら合併したところで生き残れるはずがありません。その意味では、出光の創業家が昭和シェルみたいな外資に出光佐三《さぞう》の理念を持っている会社を売り渡すことはできないと頑張っているのは、ある意味で筋の通った話だと思います。

どうせ2社合わせたところで世界百何十何位が何十何位まで上がる程度で、ほとんど意味がなく、大規模化したからといって乗り越えられるような難局ではないのです。にもかかわらず、企業合併をして規模が大きくなると、自動的に生産性が上がるという幻想を持ちがちですが、そんなことはありません。企業合併が頻繁に行われるのには、カラクリがあるのです。

企業合併は、売り方にも買い方にも金融機関がアドバイザーとしてつきます。ふつうならどんな取引でも、買い方は安く買おうとするし、売り方は高く売ろうとして、バランスがとれるものです。ところが、企業合併では売り方の金融機関も買い方の金融機関もなるべく高くしてしまうのです。

というのは、売り方にしても買い方にしても、彼らのM&Aの実績の目安になるのは、合併させた企業の規模です。そうなると、高く買えば買うほど大きな実績になるからです。ふつう、買い方ならもっと安く買えるように努力するはずが、買い方も売り方と一緒になってもっと高い値段で買いましょうということになるのです。こんなバカげた話はないのに金融業界が支配している世の中では、必然的にそうなってしまうのです。

製造業の衰退だけでなく、電力消費の減退、それ以上に全体的にモノがあまり売れなくなることによって、石油などのエネルギー資源業界の先細りは避けられません。こうした資源業界はかつて、製造業が中心に経済が回っていた時代に、大手企業同士の寡占化で、高い利益を維持していました。

例えば、スタンダードオイルやUSスチールの時代は、マーケットシェアの60%、70%とってしまえば、第2位以下の企業ははるかに規模が小さいので、業界首位企業にとっていちばん都合のいい価格を強引に飲ませることができました。それによって超過利潤が得られて、その企業自体は非常に潤います。同じ業界の2番手、3番手企業としても、それぞれがてんでばらばらで競争しているより安定した利益が確保できてよかったのです。ただ、消費者にとっては損です。

今の時代、こうした価格支配力を持っている会社は、それこそアップルやマイクロソフトのようなソフトコンテンツの付加価値の高い分野で大きな市場シェアを持つ企業だけでしょう。それ以外は価格支配力を持てないので、大規模企業同士が合併をしたところで、それほど生産性が高まるものでもないのです。

ところが、M&Aがあたかも生き残りをかけた方策のようなとらえ方をされています。それは金融機関のM&A部門の手数料稼ぎのためのポジショントークを、メディアなどがそのまま鵜《う》呑《の》みにして流しているだけの話です。

そもそも、延命しないほうがいいような企業もいっぱいあるわけです。最近、製造業では、部門としてもう立ちいかないところが数多くあって、不採算というか、お金を生む力がなくなっているのです。戦後伸びてきた業界内の主要分野の製品は一通り揃えていますという大企業にそういう無駄が多く、どんどん淘汰《とうた》されていき、規模も縮小していくのは必然といえます。

ですから、M&Aなんかよりは、企業の部門をそれぞれ分社化して、生き延びるところだけが生き延びればいいというやり方のほうが賢いと思います。

例えば、日本において、高付加価値を生み出す複雑な構造の高分子プラスチックをつくる会社はこれからも必要です。しかし、それこそ風呂場の洗面器や椅子に使うようなプラスチックをつくる会社が国内に存在する必要はないですし、実際にそういった部分は労賃の安い国でつくるようになっています。

大企業が生き残りをかけて、スタートアップといわれる、独自の技術やアイデアで成長著しいベンチャー企業に豊富な資金を投資するケースが増えています。ところが、そうしたベンチャーを大企業の中に吸収することによって、ベンチャーの芽そのものを摘んでしまう事態が頻繁に起こっているのです。

単に投資や融資だけしていればいいものを、自社の一部門として取り込んで、横並びの待遇や規則で縛ってしまうというバカなことをしているのです。何か見込みがありそうだと、単に投資するだけでなく、経営権まで握ろうとしてしまうのです。その結果、まったく育たなくなります。先にも触れましたが、産業再生機構によるベンチャー企業への投資がうまくいっておらず、全損状態の企業がボロボロ出ていることが新聞種になりましたが、大企業のベンチャー投資も似たり寄ったりでしょう。

第2章

政治音痴のトランプは、帝国衰退期にふさわしい大統領

第1章では、資本主義消滅に至る流れをご紹介しました。こういう議論をするたびに出てくるのが、「それでは社会主義とか統制経済とかの、なんども失敗していた経済制度へと逆戻りするのか」ということです。ご安心ください。市場経済は維持されます。それどころか、アメリカ的な巨大化願望で歪曲《わいきょく》されていた市場経済の仕組みが、もっとすなおな形で実現する世の中になるでしょう。

資本主義は、市場経済を批判するためにマルクスがつくったことば

資本主義ということばを最初に使ったのは誰かご存じでしょうか。アダム・スミスやデヴィッド・リカードなどの市場経済の優位を確信していた経済学者たちではなく、市場経済を最も痛烈に批判していたカール・マルクスなのです。

市場経済というのは、出入り自由で取引して得だと思えば取引するし、損だと思えば取引しない、誰からも強制されることのない自由で合理的な仕組みということになっています。実際にほとんどの商品やサービスの取引では、この理想的な形にかなり近い市場が運営されています。

では、資本という過去に蓄積された富と、労働力という人間が持っている働く能力を取

引する市場はどうでしょうか。労働力の所有者はとにかく働かなければ食べていけないので、あまり労働力を売らずに好条件で働く機会を待っていることはできません。一方、資本は有利な条件で労働力を買える時期を長い間待っていることができます。つまり、条件が平等ではない取引なのです。

だから、労働力と資本との取引市場は、ふつうの商品やサービスの市場とは異質の不平等な市場です。労働者の賃金は最低生活水準まで押し下げられるのに対して、資本はどんどん拡大していく……というのが、マルクスの主張でした。そして、マルクスはこの市場経済の裏側にひそむ暗黒面を示すことばとして資本主義的生産様式とか資本制生産様式といった用語を発明したわけです。つまり、資本主義とは「内幕暴露」のためのことばでした。

産業革命を先導したイギリスでも、マルクスの祖国であるドイツでも、資本主義ということばには否定的なニュアンスがつきまとっていました。ところが、イギリスの植民地として出発したアメリカでは違いました。19世紀末から第一次世界大戦前後にかけて、この資本主義ということばが移民をふくめて当時アメリカで市民権を持っていた、主としてキリスト教徒である白人たちの巨大化願望をストレートに実現することばとして、プラスの意味を持つように変わっていったのです。

アメリカは、国土自体が巨大化願望の結晶です。北米大陸の大西洋岸にしがみつくようなイギリス領十三植民地として出発した国が、征服戦争や金に困ったフランスやロシアから領土を買い取ることによって、大陸横断国家に成長しました。産業界では、USスチールやスタンダードオイルといった圧倒的にマーケットシェアの高い事実上の独占企業が、2位以下の企業に自社に都合のいい価格を押しつける。こうした慣行が、企業経営における「成功の証し」として受け入れられる企業風土がありました。そして、何代かにわたる子孫が一生遊んで暮らせるほどの富を一代で築くこともまた、大いに賞賛される国でした。

実際には、アメリカでもヨーロッパ諸国でも、賃金労働者の生活はぎりぎり生きていける最低のところまで下がることはありませんでした。ヨーロッパ諸国ではアメリカほど企業集中が進まなかったので、機械化や大規模化による生産コスト低下の恩恵が企業同士の競争による工業製品価格の低下につながりました。その結果、デフレとして労働者の実質賃金上昇に貢献しました。

企業集中の進んでいたアメリカで賃金労働者の生活水準が最低限まで切り詰められなかった理由は、かなり違います。そもそも、主として白人系移民にほんの少しアジア系移民や解放された元奴隷の黒人が混じっていたアメリカの賃金労働者は、富が集中することによるしわ寄せが深刻な社会の最下層を構成しているわけではありませんでした。最下層にいたのは、ヨーロッパ文明におとなしく順応すれば生かしておくが、反抗したら戦争を仕掛けて殺しても、捕虜として奴隷にしてもいいという国民的合意が成立していた先住民たちでした。それと、先住民がおとなしく奴隷として働かないという理由でアフリカ大陸から大量に輸入された黒人奴隷たちでした。

こうしてアメリカは、国家としての巨大化願望はほぼ完全に充足され、特定の企業や個人の巨大化願望が充足されることのしわ寄せは、市民権を持っていた白人の中で下層の人たちではなく、市民権を持たない先住民や黒人に集中する特異な国になったのです。そして、資本主義とは市場経済が野放図な巨大化願望によってアメリカ的に変質した姿なのです。

そして今も、アメリカの貧富の差は大きい

アメリカは、今も先進諸国の中で所得格差の非常に大きな国です。図表2―1をご覧ください。

所得トップ1％の国民所得に対するシェアの推移が出ています。そして、見出しは「どんどん金持ちの取り分ばかりが大きくなる」となっています。でもそういう傾向が一貫し

ているのは、アメリカだけです。1930年代大不況に対する反省と、冷戦でソ連東欧圏を経済生活の魅力で圧倒しなければならないという思惑が働いていた1960〜70年代には、アメリカの金持ちもおとなしくしていました。しかし、冷戦が決着し始めた70年代末からは、所得水準でトップ1%の人たちの総所得に占めるシェアが上がり続けています。

すばらしいのは、日本のシェアがほとんど変わってないことです。むしろ1970年代半ばのニクソンショック、オイルショック、狂乱物価のころのほうが、トップ1%のシェアは14%と高く、今は10%前後で推移しています。

もちろん、なかにはフランスのようにトップ1%のシェアが日本より低い国もあります。フランスは国民経済に対する公的部門の関与度が60%ぐらいあることで人工的に大金持ちをコントロールしているので、実質、社会主義国だといえます。

日本はそうしたことをほとんどしなくても、トップ1%のシェアがせいぜい10%前後におさえられている。つまり、トップ1%でも、平均所得の10倍ぐらいしか稼いでいないということです。

それに比べて、アメリカではトップ1%が平均値の22倍ぐらいは稼いでいます。中国は最近少しへたっているけど、かなり平等性の高い社会から、急速に不平等社会になりつつあります。こういうところに比べて、日本はこれから先、特にサービス業主導の経済にな

図表2-1

どんどん金持ちの取り分ばかりが大きくなる所得トップ1%の国民所得のシェア推移、1970〜2015年

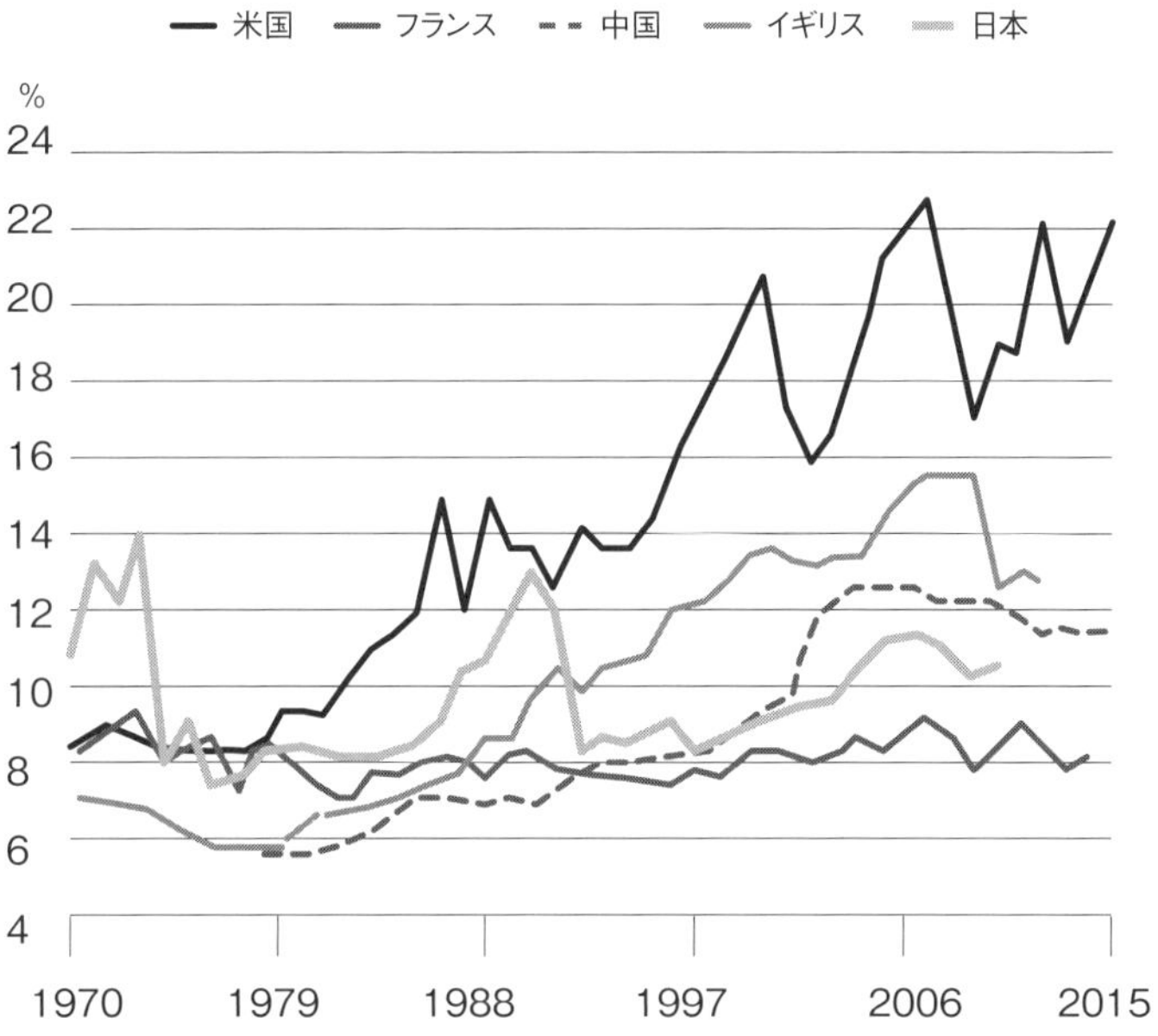

原資料：ボストン・コンサルティンググループ『グローバル・ウェルス　レポート　2017年版』、クレディスイス『世界の富と所得データベース　2017年版』データをブルームバーグが作図
出所：ウェブサイト『Bloomberg Markets』、2017年6月16日のエントリーより作成

ると、順調に国民の豊かさが拡大していく国だということがわかってくるでしょう。というのも、サービス業主導の経済では、投資より消費が経済全体の動向をリードしていくからです。

日本は教育水準格差も小さい

また、図表2―2もけっこうおもしろくて、1990～2060年に国民全体の就学年数の中央値、つまり上から数えても下から数えても真ん中という人の就学年数（何年間、教育を受けていたかという数値）がどう変わったか、そして今後どう変わっていくかを示しています。ご覧のとおり、2000年代前半に日本がアメリカを抜いています。それまでは、アメリカが高等教育の大衆化という意味では世界の最先端でした。ところが、日本は1970～90年代にかけてじりじり迫り続けて、ついに2000年代前半でアメリカを抜いて、就学年数の中央値がいちばん高い国になっているのです。

これも消費主導の経済になったとき、非常に重要なポイントになります。一定の生活水準を維持して、生きていくには足りている収入を確保している人たちが、その上に何が欲しいかと考えたとします。その場合、さまざまな分野で興味や関心を持つことを増やす時期が長いほど、生活の中で、凝ること、こだわることが増えて、それが消費の拡大に貢献するわけです。

これから先の世の中は、ほんの一握りの先端的な知的能力で勝負するよりも、平均的な知的能力で勝負する世の中になります。そして、平均的な知的能力はやっぱり就学年数の長さが相当ものをいいます。

「学生のうちはほとんど勉強もせずに遊んでばっかりだ」と批判する人がたくさんいます。しかし、比較的自由な時間の多い学生のうちに、自分が興味を持つことが多ければ多いほど、その後、社会人になってからも、消費生活の中でこれだけは譲れないということが増えていくものです。こうしたことが増えれば増えるほど、消費生活が充実していき、国民経済全体が豊かになっていくものです。

アメリカはその辺が画一化されていて、この分野や趣味なら絶対に負けないといえる人が、特に工場労働者や店員といった層ではほとんどいないのです。それに比べて、日本は生活水準的には中の下ぐらいの暮らしでも、おもしろい趣味を持っているという人がいっぱいいるのです。

図表2-2

主要4ヵ国と先進・新興国の就学年数中央値推移1990～2060年（推計）

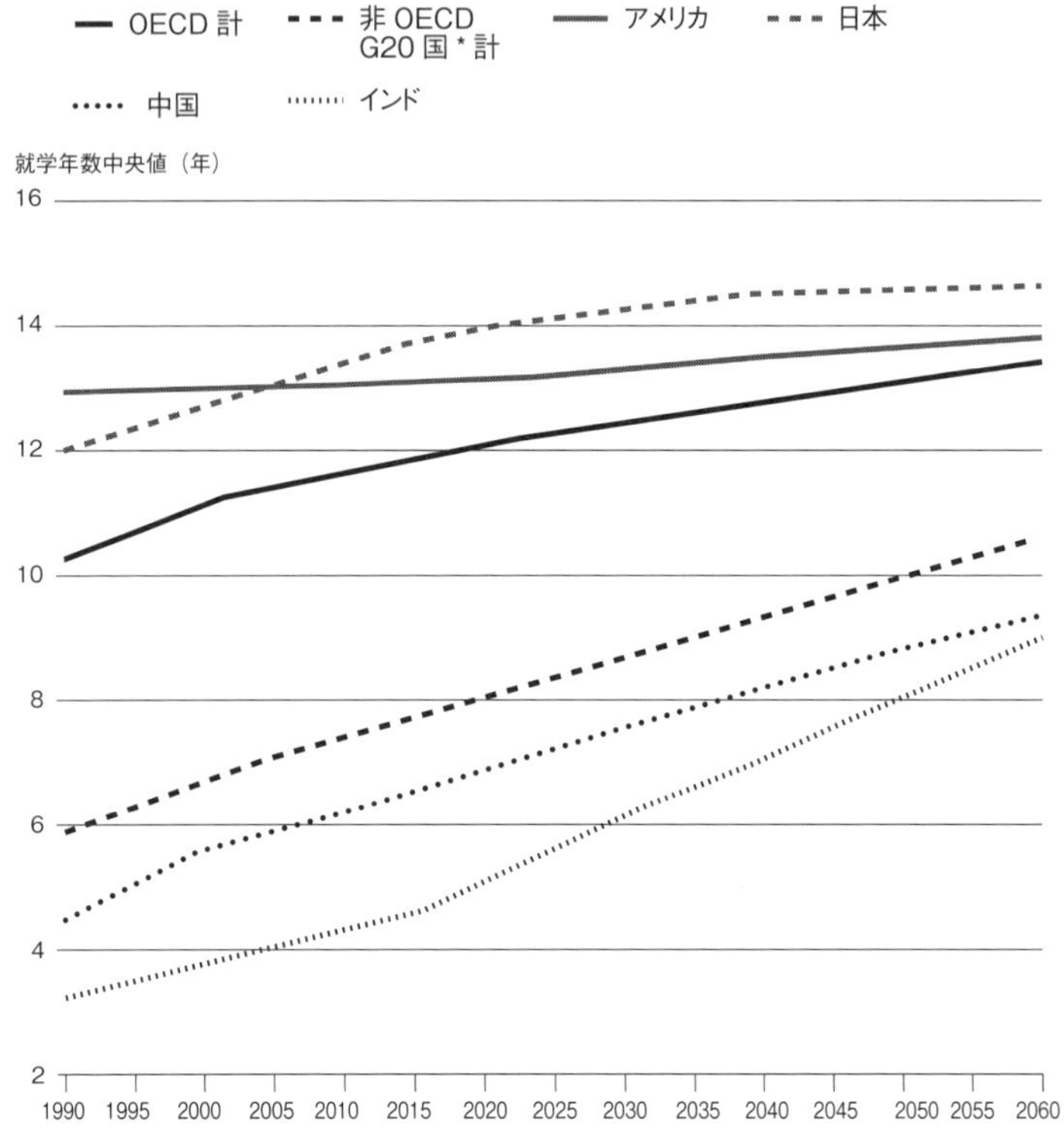

*）非OECD　G20メンバー国とは、ブラジル、中国、インド、インドネシア、ロシア連邦、サウジアラビア、南アフリカの7カ国を指す。

出所：OECD、『The Future of Productivity』（2015年刊行）より

経済のサービス化と都市化は密接に関連している

図表2―3は、都市化とサービス業付加価値の対GDP比率とが、かなり明瞭《めいりょう》な相関関係にあることがわかります。その中で、日本はやはり都市化率、サービス産業の付加価値のGDPに占める比率ともにトップクラスに位置していることを示しています。

ほかの都市化率の高い国を見ると、大きく分けて2つに絞られます。

1つは黒の枠で囲った国全体が都市という都市国家、あるいは大都市圏みたいなものだから、都市化率が高いのは当然という国々です。

もう1つは、国名のまわりを点線で囲ったウルグアイやアルゼンチン、チリなどが該当します。植民地として征服された時代に、昔からの先住民のコミュニティがほぼ壊滅状態になって、後からできた植民地支配の拠点としての人工的な都市だけになってしまった国々です。

それに比べて、かなりの領土の広がりがあって、都市も田舎も混在していて、その中で都市化率が突出して高い国は日本だけです。それに近い状態なのはアメリカやスウェーデングらいです。ただ、アメリカの場合、サービス業の付加価値比率は非常に高いけれど、都市化率は日本に比べるとはるかに低いのです。スウェーデンの場合、日本に比べて都市化率はかなり低く、サービス業の付加価値率では少し日本に劣っています。

要するに、広い国で都市に住む自由、田舎に住む自由というのがあった上で都市化率が進んでいるところが、サービス業が発展するにはいちばんいい土壌になります。そうした国は日本以外にはほとんどないことがわかります。

都市化の進んだ国ほどサービス業でつくり出される付加価値が高いことには、2つ大きな理由があります。1つは、サービス業の大半が売り手と買い手が同時に同じ場所にいなければ成立しない業態であり、消費者の趣味に応じてさまざまな店が集中している大都市こそ、選択肢の多さという点でサービス業にとって有利な場所になるということです。

もう1つは、都市化の進んだ国ほど少ないエネルギー消費量で多くの工業製品や、サービスを生み出せます。つまり経済全体のエネルギー効率が高いということです。主要国のGDP1ドル当たりのエネルギー消費量推移を見ると、先進国と新興国、あるいは発展途上国はそれぞれ何が違うのかというと、結局はエネルギー効率の高さだという事実が浮かび上がってきます。図表2―4が端的にその辺の事情を示しています。

これはGDP1ドルを生み出すのに必要なエネルギー消費量を比較したグラフです。高い位置にあるほど必要なエネルギー量が多く、したがってエネルギー効率の悪い国、逆に

図表2-3

都市化とサービス経済化の相関性、2010〜2013年データ　石油輸出国＊と島嶼国を除く

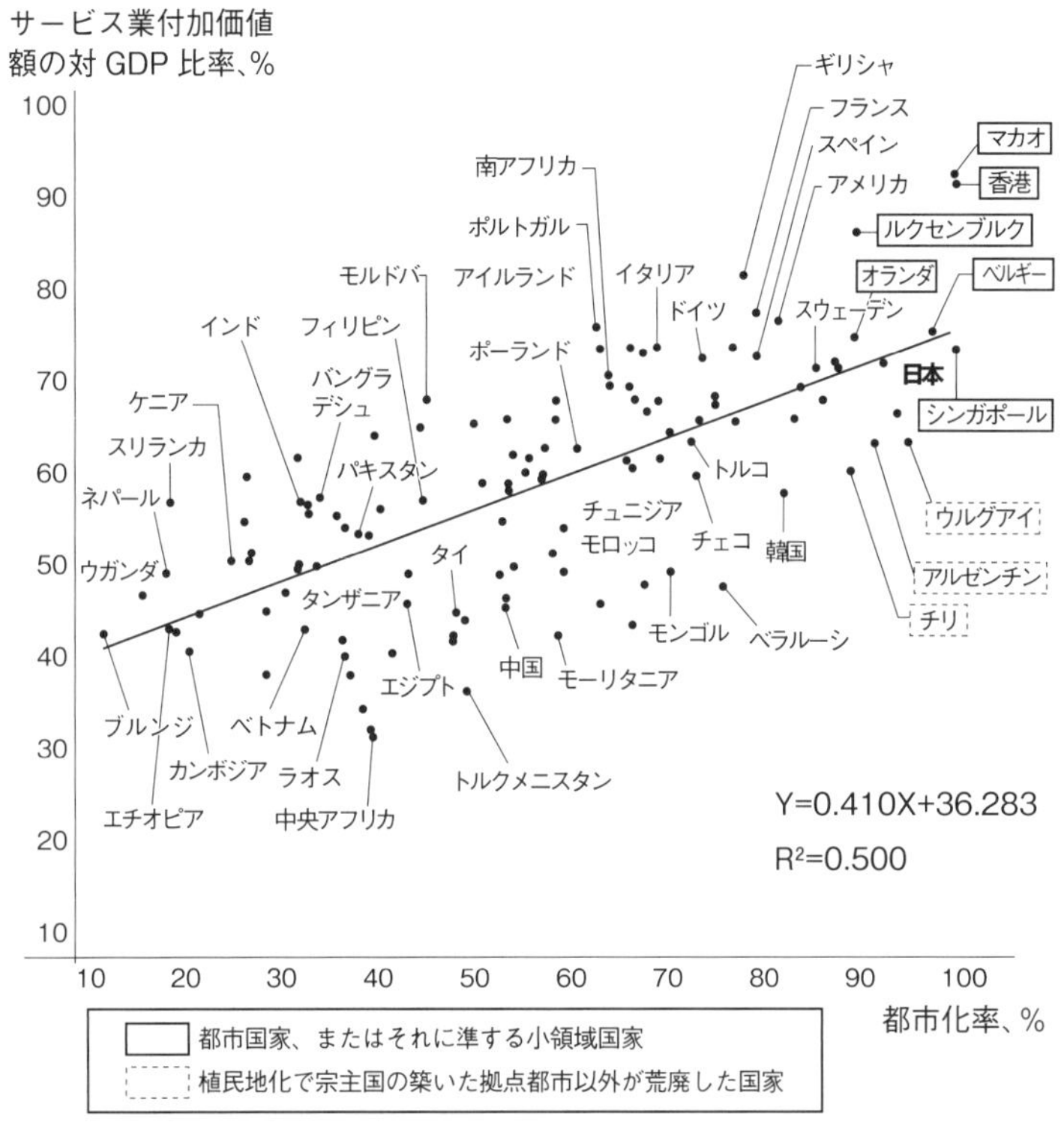

＊）石油輸出国とは直近の公表データで日量 20 万バレル以上の輸出実績を有する国。

注：都市化率は 2013 年現在の実績サービス産業付加価値は 2010〜13 年の各国データから算出。

原資料：国連『世界都市化展望 2014年改訂版』、トムソンロイター・データストリーム、CIA Factbook

出所：経済産業省『平成 27（2015）年版通商自書概要』に加筆して作成

図表2-4

主要国GDP1ドル当たりのエネルギー消費量推移

1971～2008年

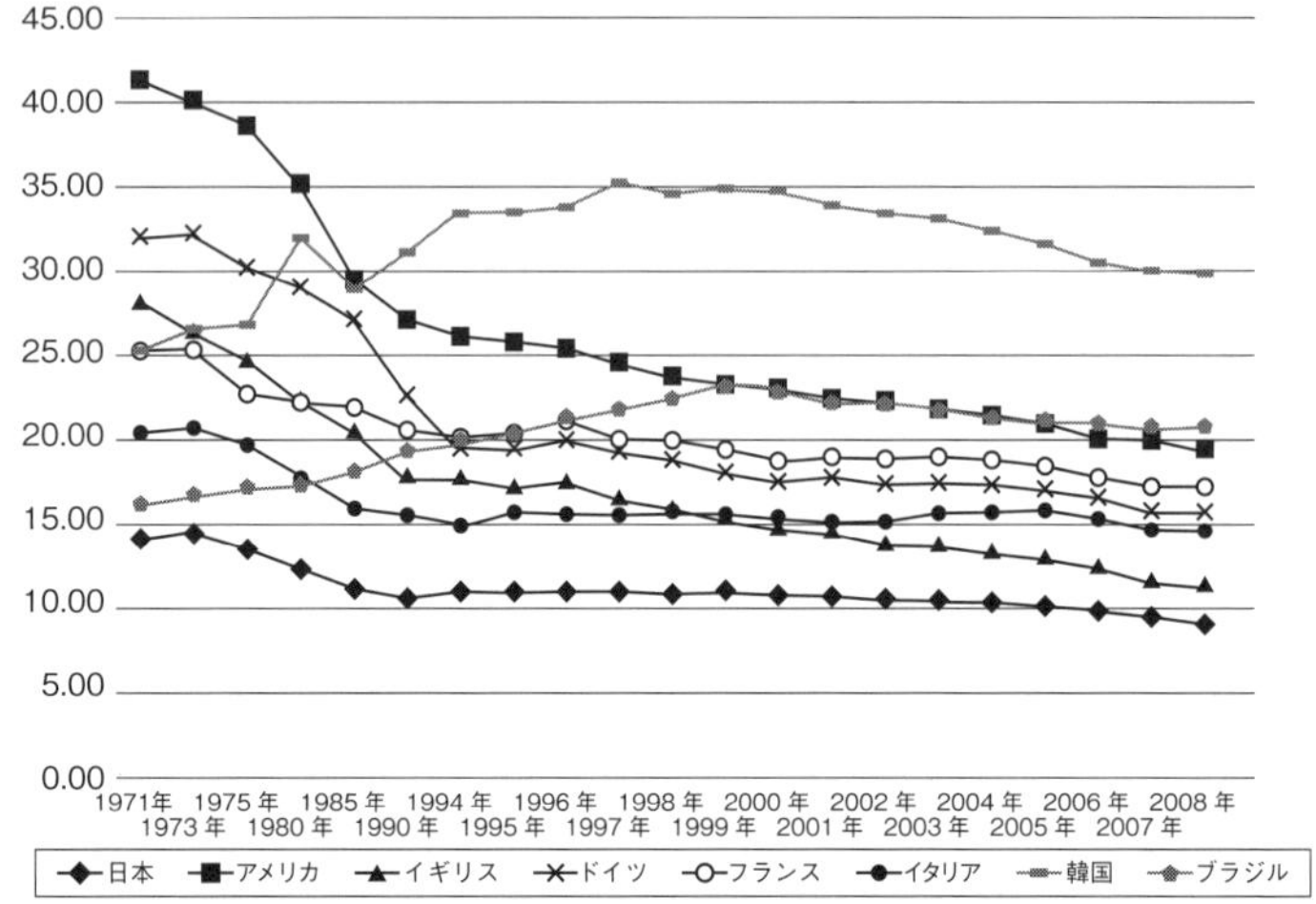

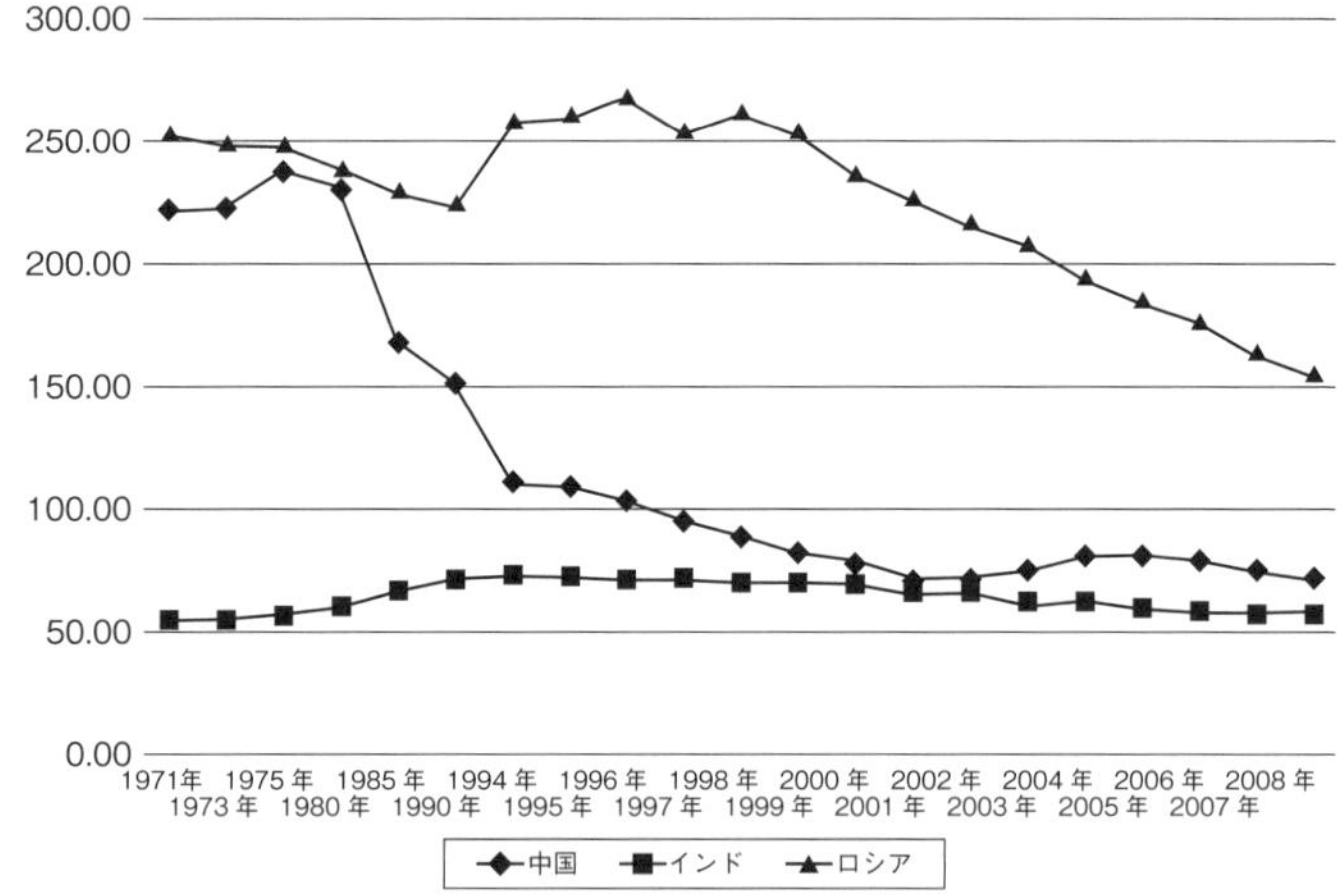

注＊）エネルギー消費量は石油換算、GDP産出高は米ドル換算。

出所：(財)省エネルギーセンター　日本エネルギー経済研究所編

『日本エネルギー・経済統計要覧 2012年版』より作成

低い位置にあるほどエネルギー効率の良い国ということになります。上のグラフは日米英仏独伊といった先進国に、そろそろ先進国の仲間入りを果たそうとしていた韓国と、新興国の中ではブラジルだけを取り上げています。下は中国、インド、ロシアといったいわゆる新興国です。

この2枚のグラフで最大のポイントは、先進国グループと新興国グループでは縦軸の目盛りの水準がまったく違うことです。最近では、先進国グループだとだいたい石油に換算して10〜20ミリリットルでGDP1ドルを生み出せるのに、新興国では50〜150ミリリットルのエネルギーを必要としています。なお、ブラジルだけエネルギー効率が高いのは、イグアスの滝という巨大な滝で行う水力発電で非常に少ないエネルギー資源投入量で経済活動をまかなえるからです。

例えば、中国は1970〜90年代末には、先進国に追いつくのではと思われるぐらいエネルギー効率を高めていました。ところが、そこから無理な資源浪費による経済の量的拡大志向に転じたことで、エネルギー効率が全然上がらなくなったのです。

なぜ、日本はエネルギー消費量が低いのに、経済規模、GDPが大きいかというと、これは人間1人を1キロ運ぶのに必要とするエネルギー消費量が圧倒的に低いからです。つまり日本人は特に大都市圏で鉄道を使って移動している乗客が多いので、旅客輸送エネルギーが非常に低くてすむのです。鉄道は大勢の人が乗れば乗るほど、エネルギー消費量が少なく大量の人を輸送できます。

日本の実測値でいうと、鉄道で旅客1人を1キロ運ぶエネルギーは約50キロカロリーですが、旅客船や航空機は400キロカロリー程度、自動車に至っては約600キロカロリーも必要です。そして、ヨーロッパ諸国の旅客輸送の鉄道依存度がほぼ7〜10％、アメリカに至っては1〜2％に過ぎないのに、日本だけは約35％という高い鉄道依存度を維持しています。この日本の鉄道依存度の高さは、単なるエネルギー効率だけではなく、治安面でも大きな利点になっています。

充実した鉄道網という基盤がある日本に対して、アメリカは典型的なモータリゼーションが完成してしまった国です。結局のところ、大都市中心部に住んでいる人というのは、自分で自分の身を守れる大金持ちと、もうほとんどなくなってしまった公共交通機関が細々と存続している大都市でなければ住めないという低所得層の人たちだけになっています。だから、毎年のように寝苦しい夏になると、都市暴動が起きるわけです。そういうかわいそうな国で、ふつうの所得水準の勤労世帯はほとんど郊外に住んでいて、ものすごいエネルギー浪費をしながら通勤や通学をしているのです。

トランプ相場は株式市場の「閉店セール」

治安も、経済実態も悪化していることを示す指標の多いアメリカで、トランプブームによる株式時価総額のものすごい拡大が起きて、「こんなに経済が悪いのに、いったいなぜ株価は上がっているのか」という話がよくいわれています。これはもう非常に簡単な話で、前にも触れましたが、自社株買いということが図表2―5に出ています。

実線のS&P500株価指数を見ると、この指数に採用されている優良銘柄の中で、点線で示した自社株買いによって株主に解散価値を先払いしている銘柄が多いことがわかります。また棒グラフで示した自社株買いにかけた費用が巨額になるほど、指数全体として上がっているのです。そういう世の中にもうすでになってしまっているということです。

その次の図表2―6で企業の用途別費用増加率を見ると、2009〜15年の6年間という短い期間で自社株買いはほぼ3倍増しています。それに比べると、配当は約67%伸びただけで、事業投資に至っては43%で年率換算では10%も伸びていません。アメリカの大企業は、こうして自社株買いによって解散価値を前払いしている状態です。

また投資家のほうも、景気が良いというニュースが伝わったりすると、企業は設備投資

図表2-5

S&P500採用銘柄の自社株買い実施社数・シェアと株価推移

2005年第1四半期〜2016年第2四半期

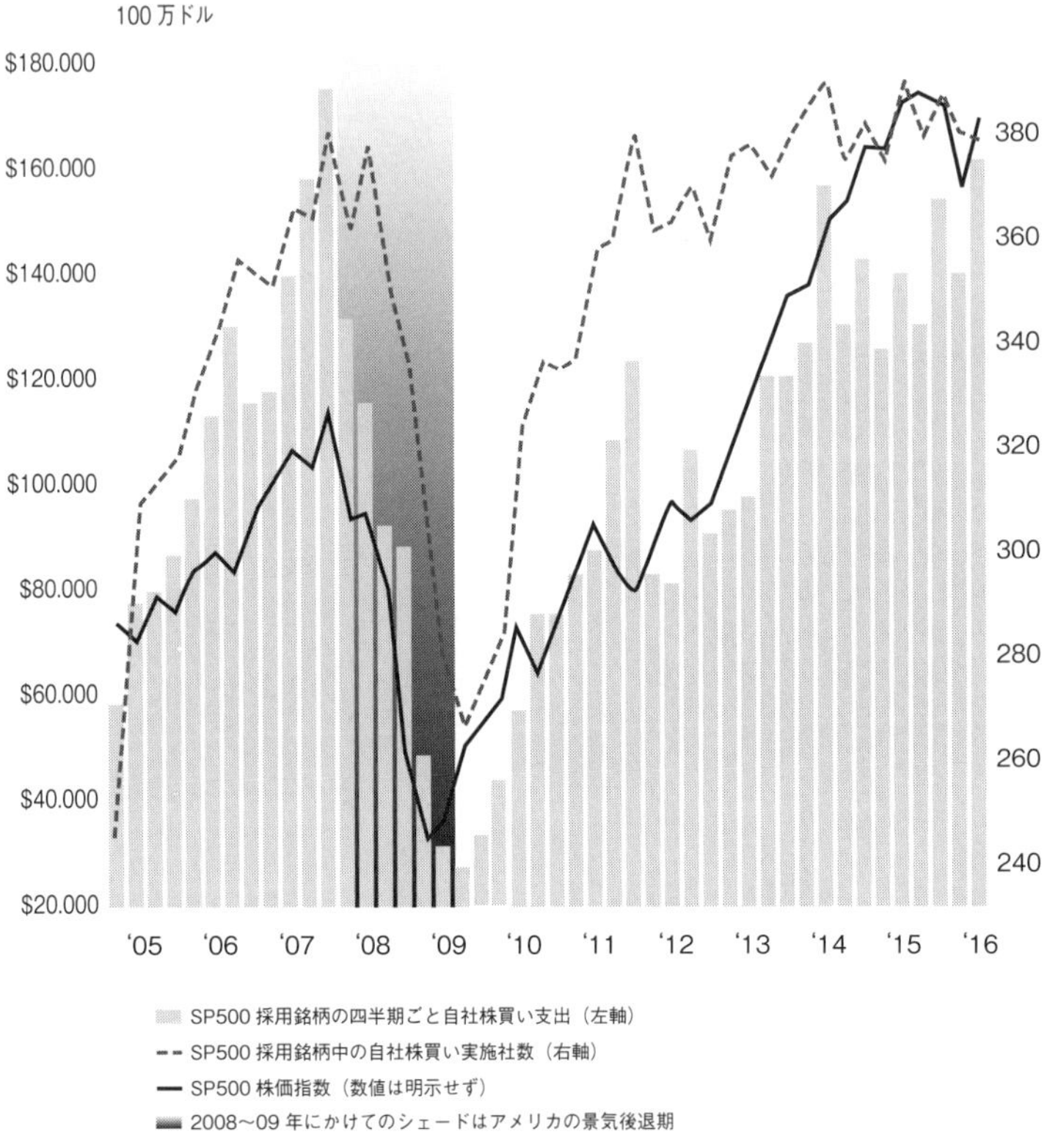

原資料：Fact Set社

出所：ウェブサイト『Sober Look』、2016年8月26日のエントリーより

図表2-6

米国非金融企業の用途別費用増加率

2009〜15年

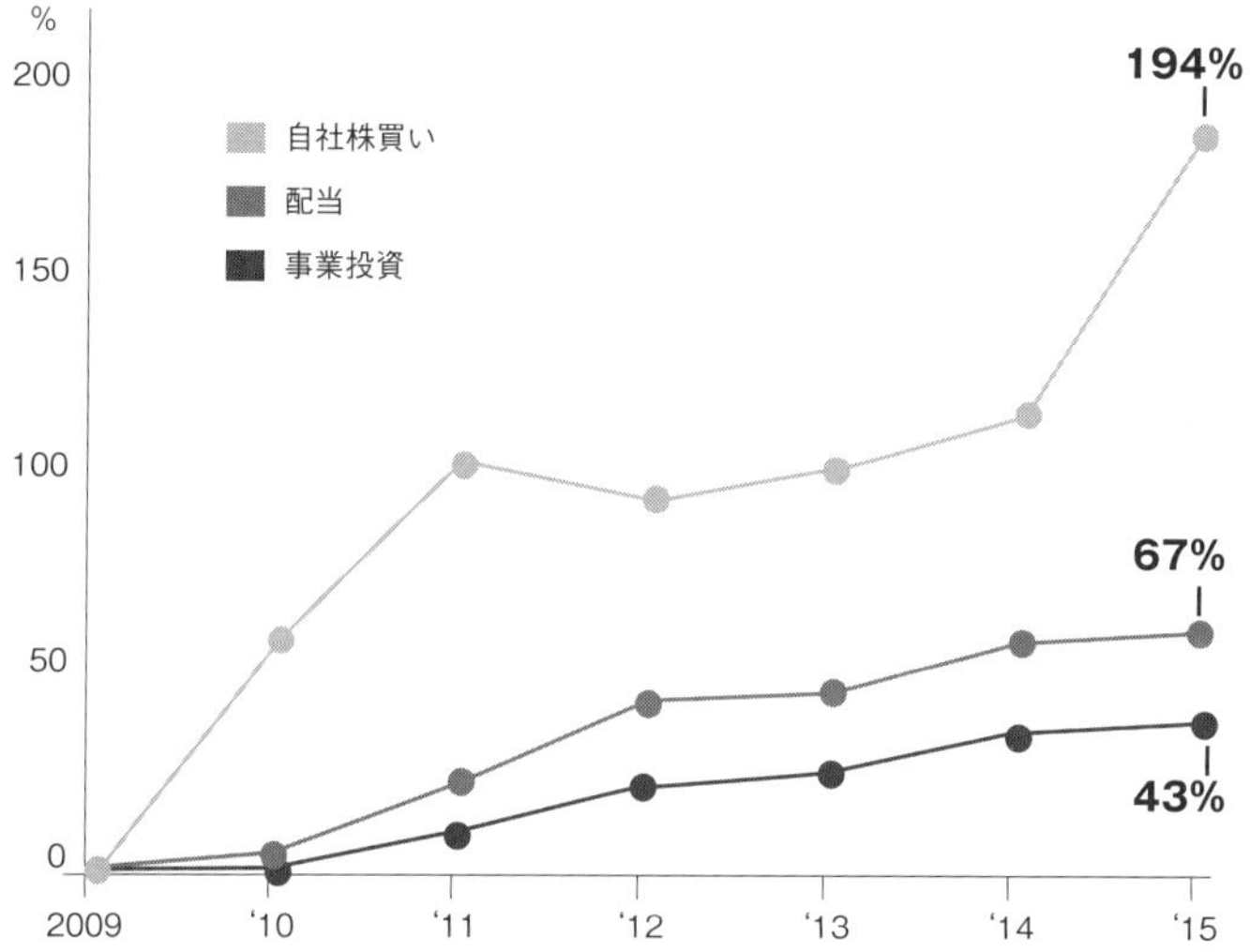

原資料:カーライル・グループ
出所:ウェブサイト『Sober Look』、2016年8月26日のエントリーより

や研究開発費を増やして増配や自社株買いの費用を減らすのではないかと懸念して株価を下げ、景気が悪いというニュースが伝わると「これで解散価値の前払いが進む」と安心して株価を上げるという動きが続いています。

政治献金＝ロビイングが合法化されているので大企業の寡占化が進む

さらに、アメリカ経済の先行きについて深刻な話があります。2つの産業で大企業への売り上げ集中度がものすごく伸びていることです。それは金融業と小売業です。金融業界総売上のうち四大企業への集中度が1982～2012年の30年間で11％上昇しています。

金融業は、アメリカの産業別で従業員1人当たりの年収がいちばん高く、小売業はほぼその正反対で、いちばんといっていいぐらい低いのです。こういう雇用者の年収で見れば両極端の産業で寡占性が高まっているのです。それが何を意味しているかを考えてみましょう。

図表2―7でおわかりのように、2008年の国際金融危機勃発で一時かなり巨額の損失を出した後、金融業界の利益率が異様に上がっています。アメリカの金融業はそもそも

ほかの産業に比べて慢性的に利益率が高かったのですが、特に国際金融危機以後、異常なぐらい利益を伸ばしていたのです。

このグラフのデータは時価総額が2億ドル以上の企業だけですから、大手から中堅までで、中小零細の金融業者は入っていません。それにしても、利益率のピークだった2013年では19％を超えていて、最近少し落ちたといっても16％もあります。一般の産業だと、だいたい平均値が6％ぐらいで、景気のいいときなら8％ぐらい、悪いときは4％ぐらいなので、金融業の利益率が別格なのがわかります。

その一方で勤労世帯にとってどんな世の中になっているかというと、正規労働者の実質賃金の中央値（上から見ても下から見ても真ん中の賃金）は、まったくの横ばいが20年以上ずっと続いているのです。金融業の利益率はものすごく上がっていて、非金融業の利益率はあまり上がっていないという、見事な図式が描かれているわけです。

金融業で利益率が上昇するとともに寡占化が強まっているのは、小口の預金を集めて融資に回すという手堅い分野ではありません。この分野は、最近日本でも大手都銀がいっせいに人員と支店網を削減するというニュースが出たことからもわかるように、縮小が続いています。株や債券、外国為替などで相場を張るというリスクの高い分野で巧拙がはっきりしてきているのと、合併買収の手伝いをする部門でもトップグループと2番手グループ

図表2-7

21世紀に入って異常に急騰している金融業界の利益率

1964〜2015年

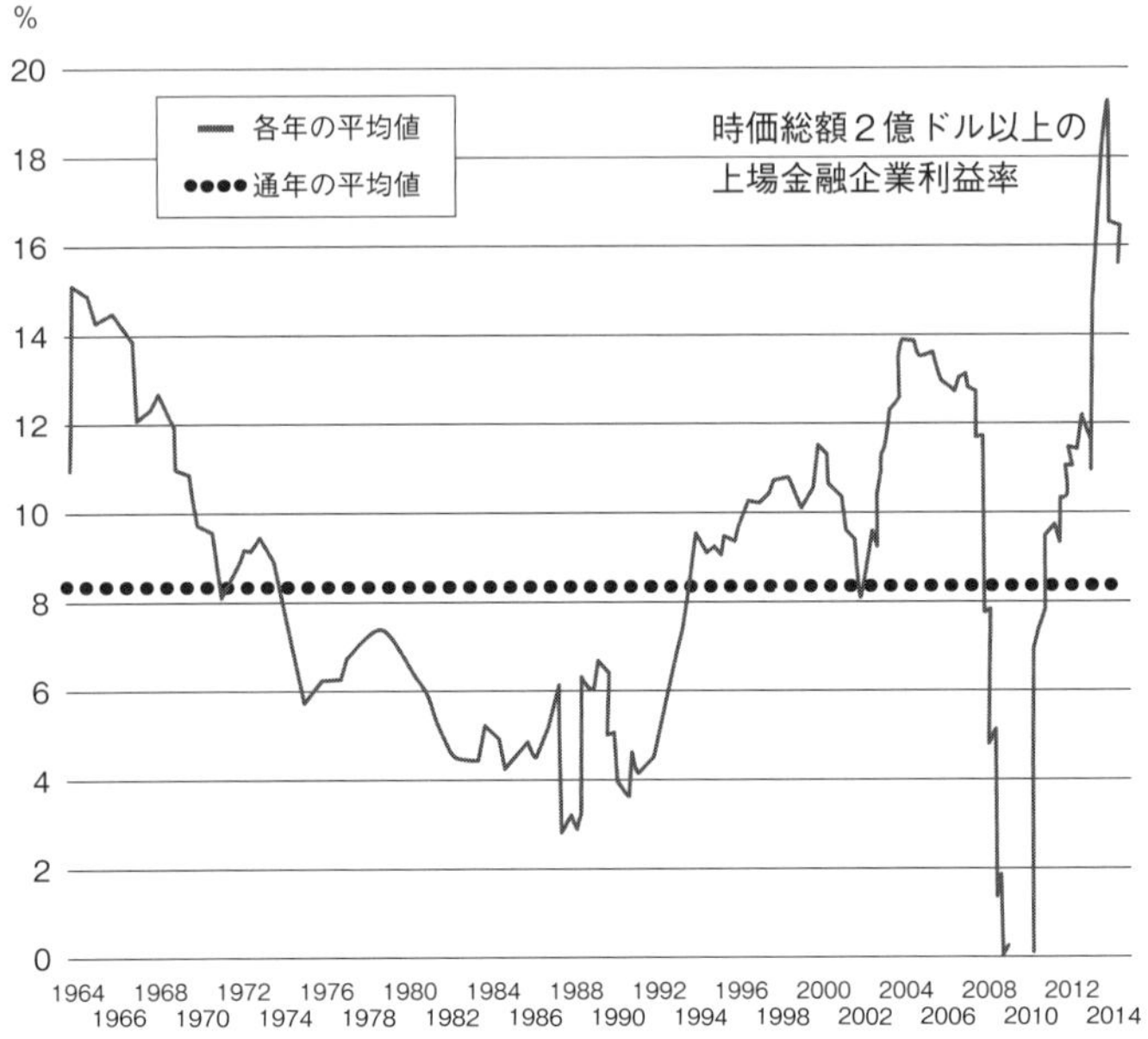

出所：ウェブサイト『Philosophical Economics』、2015年1月25日のエントリーより引用

の差がかなり開いています。アメリカでは、サービス業に属する企業に対しても、大手金融業者が「合併や買収によって企業規模を大きくしろ」と一生懸命勧めるわけです。

本来、サービス業では製造業ほど規模の経済、つまり規模が大きいほどコスト競争で優位に立つという現象は顕著ではありません。それでも金融業者が合併買収を勧めるのは、金融業者に仲介手数料が入って儲かるというのと、それを勧められる側も、サービス業ではあまり享受できない大きい利益があるからです。アメリカは政治家に対する贈賄が合法的な政治活動と認められている国なので、業界トップ企業になると、その業界全体の政治献金を自分の企業に有利な政治的な仕組み、法律や制度づくりに使えるのです。

図表2―8に、アメリカでロビイングを活用している20大産業が、1998〜2017年の累計でどれだけの金を使ったかが出ています。トップの薬品健康製品の企業は36億ドルも使っているのです。薬品の価格というのは世界中どこでも高いのですが、アメリカの場合は特に高く維持されているわけです。そのほか、保険や電力供給、石油やガス、証券や不動産といったところが、ロビイングで金を使えば使うほど、自社に有利な仕組みに世の中を変えてもらい、自分の会社の利益がもっと出るように仕向けているのです。

ロビイングに使う費用に対する投資収益というのは、べらぼうに高いわけです。それが自分の自由に使えるのは、各業界のトップ企業だからです。アメリカの場合、ふつうなら規模の経済がほとんどないようなサービス業でも、トップ企業になりたがる切実な理由があるのです。そして、現在どんな企業が業界首位にのし上がっているかという問題は、特に小売業で低賃金化が進んでいることとも関連しています。

例えば、小売業界総売上の四大企業への集中度が1982～2012年の30年間でどんなに上がったかというと15％に達しました。これはアマゾン1社でこれだけ増えていると断言できます。

ウォルマート以下の実売店に依存するチェーンは、ほとんどすべて収益も悪化し、時価総額が下がっています。しかし、1982年には存在せず、1994年にベンチャー企業として誕生したアマゾンだけが、突然世界最大の小売業になってしまい、小売業界総売上に対するシェアも、時価総額もものすごい勢いで伸ばしているのです。しかも、同社はほとんどフルタイム労働者を使っていないのです。ほぼ全員がパートタイムみたいな労働体制や待遇なので、小売業でありながらかなり収益性も高いのです。

そして、所得格差もますます開く

この金融業と小売業で寡占性が高まっていることからどういう事態が予測されるかとい

図表2-8

アメリカのロビイング20大産業、1998〜2017年の累計

産業	総献金額
薬品・健康製品	$3,658,947,243
保険	$2,537,291,781
電力供給	$2,243,260,812
電気器具・装置	$2,074,840,779
産業横断型団体	$2,072,268,494
石油ガス	$1,967,987,642
各種製造・配給業	$1,594,434,354
教育	$1,552,485,758
病院・福祉施設	$1,500,785,039
電気通信サービス	$1,451,026,851
証券・投資顧問	$1,447,586,646
不動産	$1,406,812,020
健康関連専門職	$1,361,265,358
公僕・官公庁職員	$1,359,855,046
航空運輸	$1,297,179,450
軍事航空機製造	$1,032,908,613
健康関連サービス	$1,027,180,368
各種争点	$1,022,484,109
自動車	$1,022,003,052
テレビ・映画・音楽	$972,928,851

出所：ウェブサイト『Open Secrets』、2017年8月7日現在の集計値より引用

うと、高給取りと不定期・非正規の低賃金雇用者ばかりが増えて、中間層がますます薄くなっていく。つまり、アメリカのトップ1％対その他99％の所得格差は、これからもっと広がるだろうということです。

さらに、アマゾンにシェアを奪われた会社はどんどんつぶれていくわけですが、その典型が例えばシアーズ（旧社名、シアーズ・ローバック）です。まだつぶれてはいないけれど、そう遠くない将来つぶれるでしょう。現在のシアーズは実売店の典型で、アメリカ中で持っているデパートの数がいちばん多いチェーンです。

シアーズ社は、企業史からいえばアマゾンがネット販売でのしてくるときに、本来、それに対抗できるはずの会社だったのです。なぜかというと、シアーズは1893年に創業した会社ですが、もともとは鉄道網の発展というチャンスをとらえて全米各地から注文を取って商品を発送するカタログ販売の最大手でした。そして、なぜアメリカ全土で小売チェーンを築けたかといえば、カタログ販売によってアメリカ中に顧客を開拓していた大手企業だったからです。

カタログ販売というのは、もともと、いかがわしいものが多かったのです。我々が少年時代に読んでいた雑誌でも、掲載されている商品は背を伸ばすとか、簡単に記憶できるといった、いい加減なものがほとんどでした。でも、シアーズは比較的まともな商品を売ることで信用を得て、アメリカ全土の消費者にカタログを送り届けていました。そのうち鉄道が廃れていくとともに、アメリカ全土に支店を築いて、そこにアメリカ最大のデパートチェーンを築いたのです。

ですから、そもそもネット販売の元祖みたいなことをやっていたのです。経営者がもう少し目先のきく人間だったら、ネット販売にシフトしていたはずです。しかし、そうはならずにどんどん業績は下がっています。株価だけを見ていると、2003年あたりに一度底を打ってから、約13年間かなり高い株価を維持していた時期がありました。その理由は何かというと、自社株買いや増配をしたり、あるいはグループの中で比較的収益の堅調なところを切り売りしたりして、株価を維持していたのです。

このように、1企業でさえ完全に本業は落ち目になってからも、自社株買いや収益部門の切り売りで13年もの間、高い株価を維持できていた。だとしたら、主要株価指数に採用されているアメリカ大企業全体としては、解散価値の前払いや収益部門の切り売りで高株価を維持できる期間は、少なくともシアーズと同じぐらい、おそらくそれより長くなるだろうと推測されます。アメリカの大手企業が本格的に自社株買いや増配を実施し始めたのが、だいたい2004~05年です。そこから15年から20年はもつだろうと推測できる。というわけで、2020年ぐらいから落ち込み始めて、2027年ごろには企業価値がゼロになっているというシナリオを想定しているわけです。

アマゾンの台頭によってすでにつぶれたり、現在経営危機に瀕《ひん》している小売業者には、おもちゃのトイザらスや、オフィス用品のオフィスデポ、靴のペイレスシューソースなど、ほんの一昔前にはカテゴリーキラーとしてもてはやされた小売業の1部門で圧倒的なシェアを獲得した企業が多いのです。アメリカはそもそも一般の物販店の小売チェーンの中で、トップ企業だけが異常に拡大していました。拡大する最中は、ほかの店に比べてサービスや品ぞろえがよかったりします。それがいつしか高いシェアにあぐらをかいて割高でつまらないものしかない店ばかりになっていきました。そういうカテゴリーキラーがアマゾンの影響によって今続々とつぶれているのです。

結局、アメリカという国は、大企業で業界首位になると利権集団として生き延び、それまで儲けてきた内部留保をばらまいている限り、株価が堅調な時代は続く。でもそれは衰退への下り坂をゆっくり降りているというだけのことで、社会全体はどんどん悲惨なことになっていくのです。

アメリカの45～54歳はとりわけ不幸な世代

アメリカ社会の悲惨さの一例が、図表2―9上段の収監人口（刑務所に収監されている人の数）の大激増でしょう。このうなぎ登りの増え方だけでも怖いのに、その裏にはもっと怖い事実があります。実は、アメリカで人口当たりの犯罪一般や殺人事件の発生率が最高になったのは、1970年前後なのです。その後、1990年代まではゆるやかに下落し、ハイテクバブルが崩壊した2000年代前半あたりからまた伸び始めましたが、現在も犯罪や殺人事件の発生率自体は1970～80年代より低水準なのです。

それなのに、なぜこんなに刑務所に収容されている人口が激増しているかというと、地方自治体の多くが、悪徳企業と結託して刑務所産業の「民営化」でたっぷり賄賂《わいろ》を得ているのが最大の理由です。そして、受託した業者の多くは、自社の収益を安定化させるために、刑務所の「入居率」について最低保証を求めて契約します。未入居でも委託料は払わされるのだから、微罪でも犯罪者はなるべく長期にわたってぶち込んでおくほうが自治体にとっても、受託業者にとっても利益になるので、これだけ収監人口が上昇してしまったのです。

図表2-9

アメリカの収監人口推移　1920〜2006年

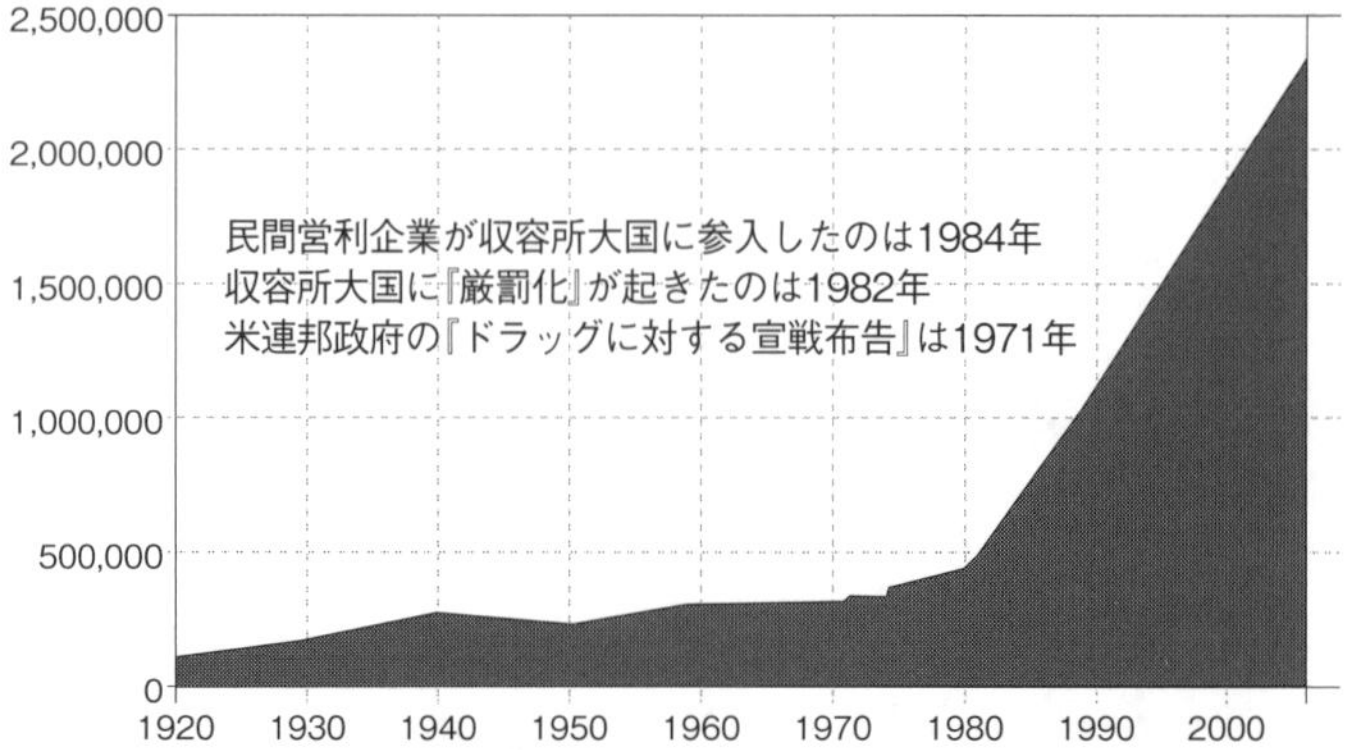

米国の人口は、1980〜2006 年に 43% 増加した。だが、同一期間内に**収監人口は 400% 以上、つまり 5 倍強**になっていた。

原資料：米連邦司法省司法政策研究所『厳罰に処された10 年間』、同省司法統計年報『2006 年の収監者たち』

先進国中では増加が顕著な45〜54歳の米国白人の死亡率

アメリカの中年白人の死亡率上昇が顕著だが、専門家は薬物乱用。アルコール中毒、自殺の影響が大きいと見ている。

人口 10 万人当たりの 45〜54 歳エージグループの死亡率、1993〜2013 年

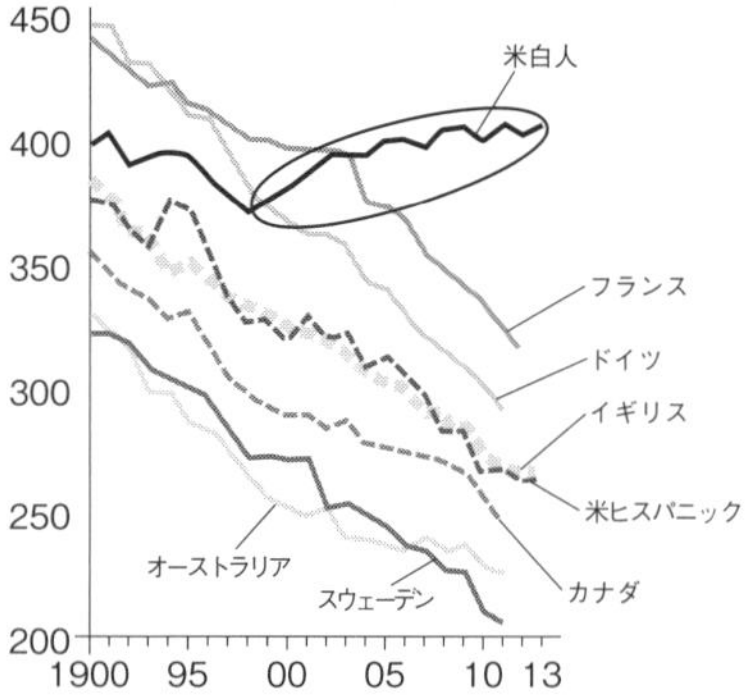

非ヒスパニックアメリカ白人（45〜54歳）人口10万人当たりの死因別死亡率、1999〜2013年

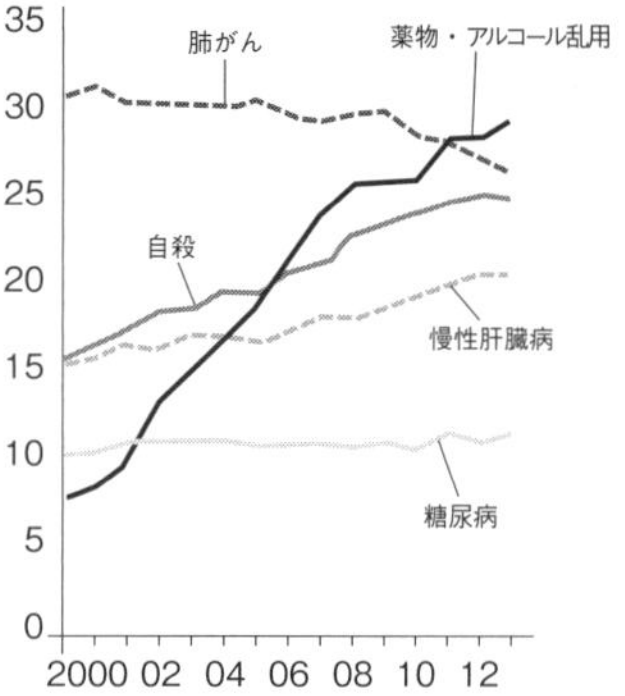

原資料：米国科学アカデミーにて公表されたデータをウォールストリート・ジャーナルが作図。
出所：（上）ウェブサイト『Of two Minds』、2016年9月6日、（下）『Acting Man』2月25日のエントリーより引用

また、下段左もご覧ください。ふつうは時代が進むとともに安定して死亡率が下がっていく45～54歳の働き盛りの年齢層を比べると、先進諸国中でアメリカの白人グループだけが、その期間の死亡率がどんどん上がっているという事実が示されています。しかも、下段右で死亡原因を見ると、薬物、アルコール乱用というのがいちばん顕著になっています。さらに慢性肝臓病や自殺とかも上がっています。要するにアルコールや薬物の乱用で急性中毒にかかって死ぬ人、依存症になって徐々に衰え死んでいく人、そして自殺をする人が特に現在45～54歳の年齢層で多いのです。まさに、世も末というべきでしょう。

今、アメリカの45～54歳というのは、すごく不幸な人たちの多い世代です。しかも、単に不幸なだけじゃなくて無知でもあります。アメリカの世論調査では「現在アメリカにとって軍事的な脅威となっている国はどの国か？」という質問に対していちばん高い得票率を上げたのは北朝鮮です。でも、地名の入っていない世界地図で、「北朝鮮を示してください」という質問への正解率がいちばん低かったのも45～54歳層だったのです。これは、不幸と無知の両者が密接に関連していることを示している事例だと思います。

１９６０年代末から70年代初めという、アメリカとしてはもう異常なぐらい反政府、反体制運動が活発な、ヒッピーやフラワーチルドレンがもてはやされた時代に生まれ育った人たちが、今45歳～54歳という世代になっています。

彼らの特徴は、1つには多分に自己陶酔的な反体制運動に傾斜して、自分は世間とは違った独自の個性を持った人間なんだと思い込んでいる人たちが少なくないことです。もう1つには、その時代に生まれた人たちの中で男性は髪を短く刈ってひげも伸ばさず、女性は髪を長くしてきちんとした服装をしていたりすると、それだけで保守的な人たちに異常にかわいがられていました。それはまたそれで自己陶酔に陥いることになっていく。要するに、自己陶酔感が極めて高い世代といえるのです。

アメリカという国はそもそも金持ちの家に生まれていい教育を受けるか、芸術やスポーツで特異な才能を持っていないと、みじめな一生を送ることが多いわけです。彼らが金持ちの生まれでも、才能豊かでもない現実に直面すると、自己陶酔で得た自分に対する過剰評価と現実とのギャップがものすごく大きいために、無知にもなるし自分を不幸だと思うようになる。今社会の根幹を成すのが、45~54歳のそうした層なのです。それと、肥満率とか太り過ぎ率でも、アメリカは先進諸国の中で突出しています。この肥満化傾向も、現在45~54歳の年齢層あたりから急激に高まってきました。

エネルギー需要は今後低下し続ける

アメリカは、先進諸国の中では比較的資源浪費型です。そのアメリカでさえも工業用のエネルギー需要は1970年代初めをピークに激減しています。これには2つ要因があります。1つは製造業の中で省力化がどんどん進んで、今までならものすごく大きなエネルギーを使わないとできなかったことが、比較的少ないエネルギーでできるようになったこと。もう1つが、工業製品そのものが、機械そのものを売るよりもソフトコンテンツを売るものになってきているので、それだけエネルギー需要が減少していることです。

そのため、今後、石油価格はおそらくほぼ永遠といっていいぐらいに下がり続けていくことが予想されます。いちばん根本にあるのが世の中全体の消費動向が、工業製品つまりモノを求めるよりも、形のないサービスを求めるような世の中になっているからです。

図表2―10の上段は、世界のGDP合計額の中で原油購入費のシェアを示しています。これを見ると、第二次オイルショック直後の1980年前後に異常なほど突出していたものの、そこから下がっています。非常に大きなトレンドで見てみると、第一次オイルショックの影響によってバレル当たりで一挙に10倍ぐらいになった1970年代初めをピーク

図表2-10

世界GDP合計額中の原油購入費シェア推移

1970年代初頭～201初頭６年

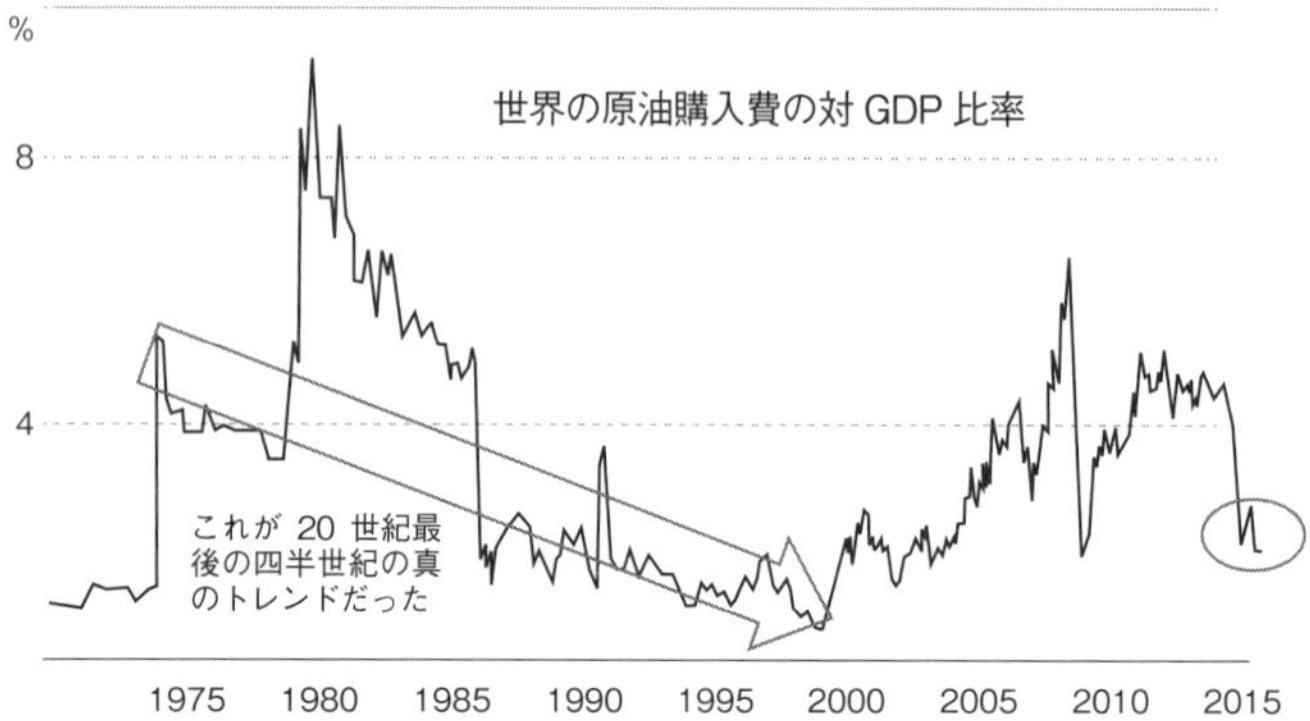

注１：全世界の原油購入量は、ブレント、OPEC、WTI価格の等しいウエイトでの平均価格をかけて金額に換算し、世界のGDP合計額に対するシェアを算出している。
注２：シェードは全米経済研究所（NBER）の定義による景気後退期を示す。
原資料：MRB Patners
出所：ウェブサイト『Alhambra Investment Partners』、2015年10月11日のエントリーより引用

世界商品バブルの象徴、CRB商品市況指数

1994～2018年（予測）

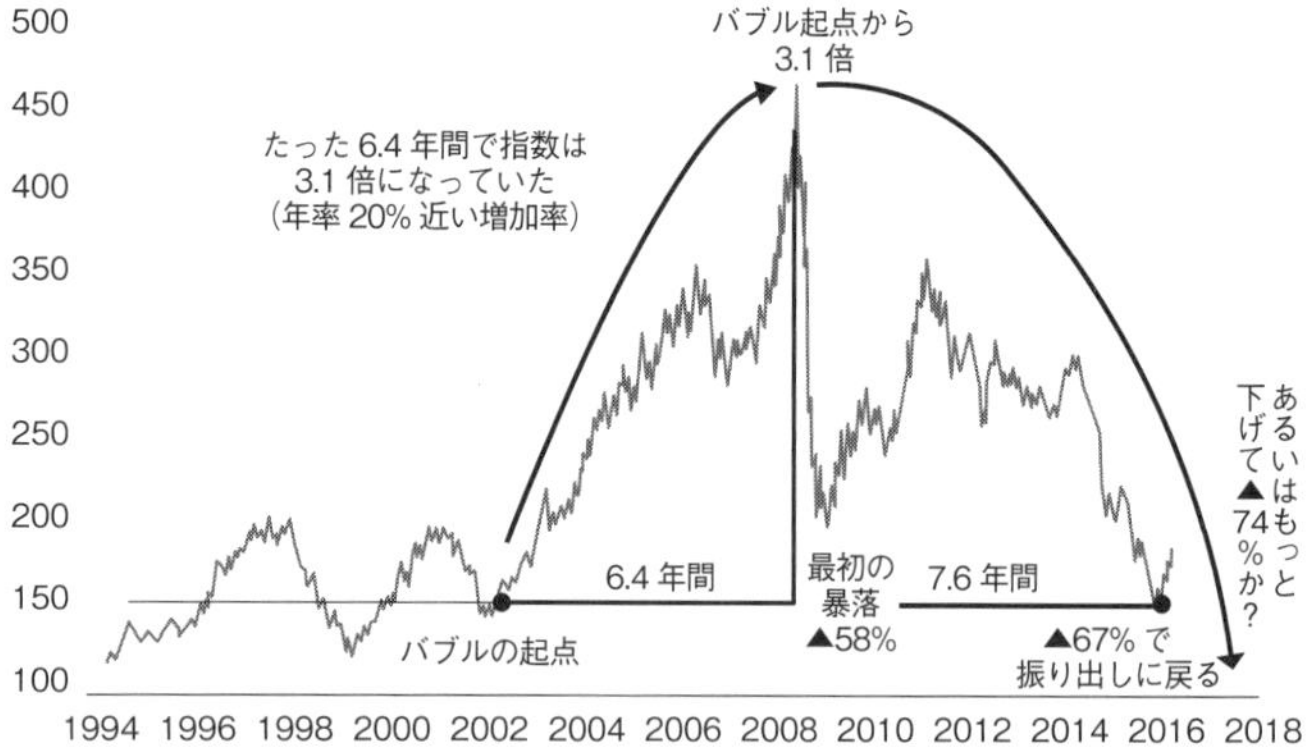

原資料：ブルームバーグ、Dnnt Research
出所：『Economy & Markets Daily』、2016年9月15日のエントリーを加筆修正して作成

に、原油にかける費用は一貫して下がり続けていました。しかし、1990年代末から、もう一度上がり始めました。このもう一度上がり始めた最大の理由が、中国の輸出と投資中心の経済発展でした。もうこのころには、中国1国を除けば世界全体が製造業主導の経済からサービス業主導の経済に移行していました。そのため、エネルギー消費量も、エネルギー消費がGDPに占めるシェアも下がって当然だったのです。

同じ図表2―10の下段もご覧ください。世界で最も信頼されている商品価格指数であるトムソンロイターCRB商品市況指数の推移が出ています。この指数は2009年、ちょうど世界中が国際金融危機で大騒ぎしていたころにピークを打った直後の大暴落でほぼ振り出しに戻りました。そこからじり高に転じたのですが、2009年のピークには遠く及ばない水準で2番天井をつけました。ところがその後のじり安で、2009年の大天井に至るブームの出発点だった2002年の底値まで下がってきました。

この振り出しに戻った段階から自動的に反発すると期待する商品市場関係者もいます。しかし、これから先の経済が製造業からサービス業への転換がもっと進むことを考えれば、そうならないと予測するほうが自然でしょう。そういう世の中になっているのです。

金融業が衰退しても、株式市場はかろうじて生き残る

世界中の商品貿易総額が2015年1月をピークに減少に転じて、2016年7月には2014年9月の水準まで下がりました。グローバル化を騒ぎたてている人が世の中には多いのですが、明らかに現実は違います。

というのも、製造業の商品は、ほとんどが輸出入に適したものばかりです。ところが、サービス業で売っているのはモノではなく、基本的に売り手と買い手が同じ時間に同じ場所にいないと売買が成立しないことが多い。つまり、輸出入にはほとんど適していません。

その中で、弁護士や公認会計士といった比較的限られた専門サービスは、輸出入に適応性が高い分野です。そういう職種の人たちは高給取りだし、「これからますます専門サービス業全体の売上に占める輸出入のシェアが広がっていく。こうしたグローバル化は必然だから、それに乗り遅れると大変なことになる」とか、「小学校から英会話を教えろ」といっている人が少なくありません。しかし、世の中全体が製造業主導からサービス業主導に移行するときに、高給取りばかりで目立つけれどもサービス業の中では小さな部門に過ぎないのに専門サービスだけがグローバル化に適しているからといって、サービス業全体

がグローバル化するわけがないのです。むしろ、世の中はもっとローカル化していくでしょう。

製造業の時代が終わり、グローバル化が終わるということは、必然的に金融機関や機関投資家の役割も縮小していくことになります。金融業の存在理由は、設備投資や研究開発投資を拡大すればするほど競争優位が高まる重厚長大型製造業タイプの産業で、伸びる企業になるべく好条件で新株発行増資や社債発行ができるようにすることでした。しかし、サービス業の大部分ではそうした投資額の多い、少ないによってほぼ自動的に競争力の強い、弱いが決まるわけではありません。

そして、おそらく株式市場は残ると思います。ただ、どういう残り方をするかというと、ほかのギャンブルに近い形になる可能性が高いでしょう。

第一次世界大戦までは馬匹改良、すなわち軍馬の品種改良をすることが軍事力的にものすごく高い意味を持っていました。そこで、経済大国であり軍事大国である国は、世界中どこでも馬の血統をよくすることに大きな力を注いでいました。そのため、競馬は貴族のスポーツといわれたわけです。ところが、第一次大戦でそういう幻想はすっかり消し飛びました。戦車、あるいは鉄道、軍艦、航空機が戦闘に使われるようになると、軍事力としての馬の意味はほとんどなくなってしまいました。ただ、それで競馬が廃れたかというとそんなことはなく、むしろスポーツとして純化した形で残っています。

株式市場も経済全体で資金配分を調節するという役割はほとんどなくなる。けれども、ギャンブルしたい人たちの中で、「俺は経済発展に貢献してるんだ」という幻想を持ちたい人のあいだで細々と残るでしょう。ただ、競馬は人馬一体となって疾走する姿そのものがきれいだから、娯楽としてどんどん隆盛していますが、株式市場は株価が上がった、下がったというのを見ていてもあまり楽しいものではありません。だから、もっとコアな人たちしか残らない。いわば伝統芸能みたいな形で残るけれど大した意味はなくなるでしょう。それでも、単なるギャンブルではなく、経済活動の一環だという見栄を張りたい人たちにとって大きな顔ができるギャンブルとして、細々と残るのではないかというのが、私の予測です。

資本は増大するにつれて利益率が鈍化する

そもそも、市場経済が円滑に順当に機能していたら、利益率は時がたつにつれてに確実に下がっていきます。そして、最終的には投資に対する利益率はゼロに限りなく近づくものです。これは、アダム・スミスが『国富論』とも『諸国民の富』とも訳されるWealth of the Nationsを書いたときからいわれていることです。経済の発展度合いの低い国ほど、投資利益率と金利は高くなります。逆に、発展が進んでいる国になればなるほど、投資利益率も金利も低くなる、とアダム・スミスははっきり書いていたのです。

それは当然といえば当然のことです。なぜ当然かというと、人口が増えるペースは、経済的にかなり貧しい国でもせいぜい年3、4%ぐらいで、5%という率ではめったに伸びません。先進諸国の場合、大部分はよくて1%ちょっと、あるいはゼロ%、マイナスぐらいになっているのです。

それに対して、1回投下した資本は、もともとの価値を保つだけでなく利益を回収し、その回収した利益をさらに投資すれば、ますます大きくなっていきます。超長期的には、3~4%ぐらいで伸びてきました。もちろん、景気の波による変動はあります。景気がよければ10%を超えて伸びることもありますし、景気が悪くなればマイナスになることもあります。はっきりしているのは、全体として人口の伸びに比べて資本の伸びははるかに大きいということです。

もう1つ重要なポイントは、経済というのは希少性で値段がつく世界です。数量が少なくて貴重なものほど価値が高く、数量が多くてどこにでもあるようなものほど価値が低いのです。それを人口の伸びと資本の増殖率の比較でいうと、人口の伸び率が低ければ低いほど、労賃は高くなって当然です。少ない人材を使うから有効に使わなきゃいけない。有効に使えば、有効に使ったことに対する報酬も高くなります。

それに比べて、資本は拡大するペースが非常に早いのです。かつて資本は本当に貴重なものでしたが、今はあちこちにあふれすぎているくらいで、どこかいい投資先はないかと血眼になって探している状態です。それでも、運用に失敗すればすぐマイナスになるし、たまに成功すればほかの資金がどんどん入ってくる。高い収益性を上げた投資対象には必ず大量の資本が流入して、その収益率も平準化されます。つまり、資本は伸びれば伸びるほど、その伸びに対する見返りは、徐々に下がっていくのです。

絶対量としては、資本が大きくなればなるほど、一度のビジネスで儲かる金額は大きくなります。でも、その金額は、投下資本の金額に対する比率で見ると、当然、徐々に下がっていくものです。

1970年代、日本が奇跡の高度成長といわれたころ、日本のGDPはだいたい年率10%前後で伸びていきました。今の中国は日本を上回る高度成長といわれていますが、最近では公称で年率7%前後というのがかなり怪しくて、本当はせいぜい4~5%が説得力のある話だと思います。

それぐらい世界全体ですでに蓄積された資本が莫大な金額になっているため、そもそも収益率が低くなっているのです。そんな中で、「なんとかうちはうまいことやって、非常に高い投資収益率を出せます」といっていた投資顧問会社とかが、今はもう全滅に近い状況になっています。

トランプ相場でもプロの運用実績は低迷しているわけ

現在の株式市場でいちばんうまくいっているのは、S&P500株価指数をそのまま買った人たちで、それよりもいいパフォーマンスを得ようと思った人たちはほぼ全滅しています。主要な株価指数より高い収益を上げようという方針で投資した銘柄のパフォーマンスが悪い一因は、同じような有力ヘッジファンドなどが似たような銘柄に集中的に投資しているためです。

投資の分散率という点でいえば、指数をそのままインデックスとして運用している会社がいちばん分散しています。こうしたインデックスファンドをそのまま買った素人投資家のほうが、同じような思考様式で売買している乱立気味のプロのヘッジファンドより分散投資していることが多いのです。

もっと根本的な理由は、有力ヘッジファンドにいる人間は、みんな同じような発想で、業績のパッとしない企業が増配や自社株買いを根拠に値上がりしたりすると、いっせいに空売りを仕掛けることです。現在のアメリカ株式市場はまさに閉店セール実施中で、過去の蓄積を将来への投資に浪費せず、増配や自社株買いで株主に還元してくれる企業の株をどんどん買っているのです。だから、こういう銘柄に空売りを仕掛けたプロは、踏み上げ買い（空売りした株が値上がりするとどんどん損失が増えるので、損失を確定するために高値で買わざるをえなくなること）を迫られてますます業績が悪くなっているのです。

２０１６年11月以降、アメリカは株価も上昇しているものの、投資銀行などプロの投資家はあまり儲かっていない相場になっています。

２０１６年初ぐらいは、アメリカの投資銀行業務がどうにもならなくなるという深刻な脅威を感じていた時期でした。当時、先進諸国の株式市場で時価総額で非常にロスが大きかった会社10社のうち、トップがクレディ・スイス、２番目がドイチェバンクでした。この2社はスイス、ドイツの会社ですが、その後にバンク・オブ・アメリカが来て、バークレイズ（イギリス）、モルガン・スタンレー（アメリカ）、シティグループ（アメリカ）、ＵＢＳ（スイス）、野村証券（日本）、ゴールドマン・サックス（アメリカ）、ＪＰモルガン（アメリカ）と続きます。

トップ10のうち半分はアメリカの投資銀行で、それぐらい金融市場は悪化していました。

金融市場の悪化の中でもあまり損失を出さずに儲けていたのは、S&P500のような代表的な株価指数をそのままインデックスで買う素人ばかりでした。深読みをする玄人が総負けという相場になっていたのです。

それがどれくらい深刻かというと、過去、さまざまな金融商品のパフォーマンスが悪かったワースト5の5年間というリストがあります。図表2―11です。そのうち3番目に悪かったのが2015年までの5年間、つまり2011～15年だったのです。その次が第二次大戦直後のブームがはじけた1949～53年。その次がハイテク不況に続く1997～2001年。最悪は1933～37年で、2番目に悪かったのが1927～31年ですから、アメリカの1930年代がいかに悲惨だったかがわかります。

その中で2015年までの5年間で、最善のパフォーマンスだったのが株価でしたが、それでも5年間の通算でたった1・8％しか上がっていなかったからです。それ以外の商品市況や30年債はマイナスになっていました。2010年代前半というのは、それぐらい何を買ってもうまくいかない深刻な時期だったのです。

アメリカの場合、特に有能でかなり収入のあるビジネスマンの中に、401kという確定拠出型年金を組んでいる人がたくさんいます。金融市場のパフォーマンスがよければ、当然かなり大きな収益が上がって年金も手厚いものになります。しかし金融市場のパフォ

図表2-11

5年間累計金融資産運用実績のワースト5

1926年以降で、5年間累計の金融資産運用実績が最悪だったパフォーマンス表
年率換算運用実績

最終年次	株価 SP500 株価指数	長期債 米国 30年債	「現金」 米国国務省3カ月債	商品 CRB商品 市況指数	最善の実績
1937	-35.02%	0.22%	0.29%	-10.40%	0.29%
1931	-43.42%	-5.32%	1.09%	-20.59%	1.09%
2015	1.38%	-3.72%	0.14%	-23.05%	1.38%
1953	-0.96%	3.63%	1.83%	-3.12%	3.63%
2001	-11.89%	3.70%	3.85%	-16.34%	3.85%

注：SP500はスタンダード・アンド・プアーズ社が算出しているアメリカの大企業500社の流動性で加重した平均株価。長期債は米国国務省30年債。「現金」は同3ヵ月債。
商品はCommodity Research Bureau社が算出している20種類以上の商品価格の流動性で加重した平均値。CRB指数を直接市場で売買できるかたちにした金融商品はない。
原資料：Jeffrey Gundlach、Double Line Capital主催の2016年1月12日のウェビナー
出所：ウェブサイト『Business Insider』、2016年1月12日のエントリーより

ーマンスが悪いともう本当に悲惨なことになります。拠出した分すら戻ってこないということになってしまう。しかも、図表2―12を見ると2008〜16年までの9年間のうち8年がそういう状態だったのです。

2012年のパフォーマンスがあまりにも悪かったので、2013年はその反動で少し上げました。

2017年もおそらく2016年のパフォーマンスがすさまじく悪かったので、反動で上げるでしょう。

ただ、たまに反動で上げてもその前の4〜5年がずっとマイナスだと、確定拠出型は何の保証もないのと同じなのです。要するに、金融商品のパフォーマンスがよければ年金も増えるけど、悪ければどんどん削られてしまうのです。

人間の記憶はあさはかなもので、そこまで深刻な状況に追いこまれていたアメリカの投資家たちが、2016年の暮れから2017年の秋ぐらいまでは、トランプブームが起こって、有頂天になっていました。それでも、プロの投資家たちでこの不況下の株高の恩恵にあずかれた人たちはごく少数にすぎず、大多数は主要株価指数よりはるかに悪い運用実績にとどまっているでしょう。彼らの大多数が、このブル相場はかなり長期間続く閉店セールだということを見抜けずに、業績の悪い株が上がるたびに空売りを仕掛けていたからです。

実際に2016年の時点でその直近7年間の年率平均収益率を見ると、アメリカ株は本当に悪く、小型株もマイナス1・1%、大型株もマイナス2・7%と損失が出ていて、優良株だけがプラス1・0%とささやかな利益を出しただけでした。これもインフレを考えると、実際はマイナスといえるでしょう。

株式市場では新興国株だけが年率平均4・3%と、明らかにインフレ率よりもいいパフォーマンスをしていました。これは主として中国株です。それ以外だと、新興国債券がプ

図表2-12

何がアメリカの年金生活者にとって史上最悪の年を招いたのか？

確定給付なしの65歳の個人年金受給者の平均年金収入変化率、2006〜16年

暦年	平均年金収入の前年比変化率
2006	1.3%
2007	4.4%
2008	-2.2%
2009	-8.7%
2010	-2.7%
2011	-8.4%
2012	-11.5%
2013	9.1%
2014	-5.7%
2015	-3.1%
2016	-14.8%

原資料：Investment Life and Pension Moneyfacts社データ
出所：ウェブサイト『Business Insider』、2016年1月12日のエントリーより

ラス1・6％ですが、インフレ率を考えれば、横ばいから若干マイナス程度。あとは、商品市況で木材だけが、世界的に住宅市場が堅調だったせいか、プラス4・8％と非常によかったのです。

こういう市況だと、プロの運用専門家はどうにもならないものです。どうにもならないというのは、確定拠出型年金を組む人たちの引退後の展望がどんどん暗くなるということです。そして、トランプ相場でアメリカ株の上昇基調が確立されるまでは、ほとんど唯一の望みを託されていたのは、中国を中心とする新興国経済が高い成長率を保つことでした。

中国がアメリカ最大の軍事的脅威ではないのは、大事な金づるだから

アメリカ最大の軍事的脅威は、アメリカ人の大半が地図上のどこにあるかもわからないような北朝鮮で、中国は軍事的脅威リストのトップ12にも入っていません。最大の理由は、今アメリカは金融で成り立っている国で、そのアメリカの金融を裏から支えているのが中国だからです。

すでにご紹介したとおり、つい最近まで続いたアメリカ金融業界の運用難の中で、唯一

中国だけが頑張っていたからこそ、なんとかやってこられたわけです。それだけではありません。アメリカにとって中国は、金の卵を産むニワトリか、ネギをしょって食卓に上ってくれるカモであり、仇やおろそかに敵視したりすると罰が当たるほどありがたい存在なのです。

図表2―13をご覧ください。横軸には各国の純投資ポジション、つまり海外への投融資総残高マイナス海外から受け入れている投融資の総残高がプロットされています。縦軸には年間純投資収入、つまり海外からの金利・配当収入マイナス海外への金利・配当支出がプロットされています。横軸上では日本、中国、ドイツ、スイスの4カ国が比較的大きな純投資ポジションを持ち、アメリカはこの4カ国の純投資を合計した金額より大きな純債務ポジションを持っているわけです。

ふつうに考えれば、純投資ポジションを持つ国は金利・配当では収入超過で、純債務ポジションの国は支出超過になるはずです。日本、ドイツ、スイスはそのとおりになっていますが、中国とアメリカは顕著な例外です。中国は日本に次ぎドイツとほぼ同額の2兆ドル近いお金を海外に投資しているにもかかわらず、年間の所得収支、つまり海外からもらう配当金利収入から、自国が海外に支払う配当金利支払いを差し引くと赤字になっているのです。逆にアメリカは、約8兆ドルという莫大な借金をしょいながら、金利・配当は日

図表2-13

アメリカの法外な特権と中国の深刻な苦境

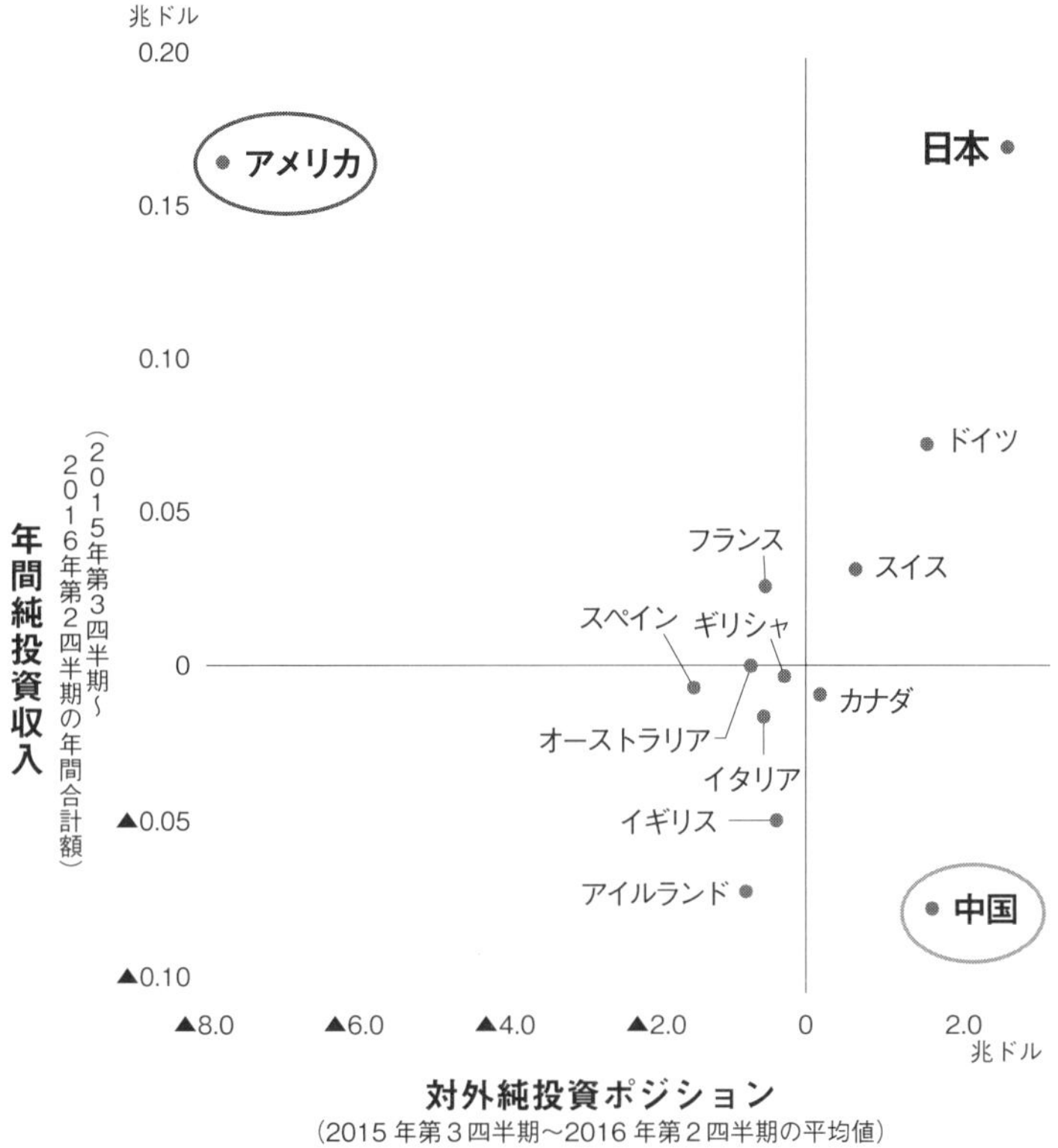

原資料：オーストラリア政府統計局、Haver Anaiytics、日本国財務省データをBenn SteilとEmmaSmithが作図
出所：ウェブサイト『Zero Hedge』、2017年1月10日のエントリーより

本に次ぐ巨額の収入超過になっています。

日本も中国も保有している米国短期債からはほとんど金利収入を得ていません。でも、日本の民間企業の対外投融資は、東芝によるウェスティングハウス原発部門買収や日本郵政によるオーストラリアの運輸企業トール・ホールディングス買収のようなとんでもないババつかみを除けば、堅実な利益を上げています。そして、日本は民間企業の社債も国や地方自治体の発行する債券もほとんど海外の金融機関に売っていないので、金利支払総額が非常に小さいのです。

中国が米ドルで借りているお金は、かなりの金額になります。ふつう、日本や中国のように貿易収支、経常収支が黒字の国々は、海外からお金を借りたり、海外の投資を受け入れたりすることはほとんどありません。しかし、中国はインドより多くのお金を米ドルで借りているのです。

それはなぜかというと、国と共産党が決めている融資の優先順位はあまりにも経済の実情にそぐわないからです。やる気も実力もあって、規模を拡大したい民間企業は、なかなか資金調達ができないため、米ドル建ての借り入れをするわけです。

しかし実は、米ドル建てだからといって必ずしもアメリカから借りているわけではありません。ＯＰＥＣ諸国が原油の価格を値上げして、ものすごい収入が入ってきたころ、Ｏ

PEC諸国は自国通貨に替えてもほかに投資先がありませんでした。そこで、原油で儲けたドルをそのまま、ヨーロッパの金融市場で運用していました。それをオイルダラーとかユーロダラーと呼んでいました。要するにアメリカ以外の国がアメリカで商売をして儲けた金を自国通貨に替えないで、ドルのまま世界中の金融市場で運用していた資金なのです。

中国では、形式的には民間企業として株も上場している大手銀行は、実態としては相互持ち合いを通じて国有時代同様の経営を維持しています。収益性の低い国有企業に優先的に低利融資を回しているのです。だから、成長性も国民経済への寄与度も高い民間企業は、かなり高い金利・配当で海外からの投融資を受けています。そして、これだけのカネあまりの時代にも資金繰りに窮している中国民間企業の足下を見て、高利で融資をしたり高額配当をむしり取ったりしている海外投資家の代表格が、アメリカの大手金融機関なのです。

中国もアメリカとの共依存から抜け出せない

アメリカがこんなにおいしい儲け話を自主的に放棄するはずはないから、アメリカにとって中国は敵国ではありえません。一方の中国指導者層にとっても、このアメリカとの共依存関係を自分から破棄するという選択は不可能に近いでしょう。中国共産党指導部は2

桁《けた》の実質GDP成長が続いていたころから、成長の果実の大半を輸出増加と投資の拡大に振り向け、消費の拡大にはほんのお裾《すそ》分《わ》け程度しか回してこなかった責任を問われるからです。

さらに、それでなくとも設備能力が過剰で資本の回転効率が悪い国有大企業にその投資の大部分が注ぎ込まれていました。ですから、近年激増を続けた投資の大部分がいつかは安定した収益を生むどころか、元本を回収できるかどうかさえ怪しいお荷物資産と化しています。しかも、この経済政策は共産党指導部が決定し推進したものなのです。今さらこれだけ延々と続けてきた投資偏重の成長路線は間違いだったと認めれば、共産党一党独裁体制そのものが揺らぐでしょう。

アメリカが中国のことを「軍事的脅威だ」とか、「これから中国と戦争をやるぞ」とは絶対にいえない最大の理由も、中国が輸出で稼いだ米ドルはほとんど中国内で使い道がないため、アメリカ国債、特に実質金利ゼロで手数料を差し引くとマイナスになる短期債を買っていることです。たまにアメリカの有望そうな企業に投資したりすると、これがまた裏目に出て大損をしています。

日本でも東芝や日本郵政が海外の企業を吸収して、それが大赤字を出したりするのと同じ構図です。ただ、日本の場合、中小企業に堅実な企業が非常に多く、投資をすれば確実に儲かるような企業に投資をしているので、全体としてはプラスになっています。

アメリカが中国から借りているお金は事実上金利ゼロだったり、逆に手数料収入が入ってきたりするものです。中国の国有企業は中国の銀行から優先的な金利で、しかも緩やかな支払い条件で借りられる。けれども、有望であっても民間企業は中国の銀行が貸してくれないので、資金調達でものすごく苦労しているのです。

アメリカは中国から借りたお金を中国の有望な民間企業への投資で運用していて、すごくいい利回りなので、アメリカにとって中国がいなかったら、金融にからんだ所得収支は完全にマイナスでした。しかも貿易収支もマイナスなので、大赤字で国が存立しないことになっていたはずです。こうしてアメリカが救われているのは、中国の金融業界がいい企業には貸さず、全然儲けがないような国有企業にばかり貸すというバカなことをやっているためです。アメリカはこの状況をぶち壊したくないから、中国が軍事的脅威だとは絶対にいわないのです。

とにかく中国は貿易収支、経常収支が大黒字で、あれだけ外貨を蓄積しています。それにもかかわらず、有望な民間企業が自国内で調達ができず、海外からの資金を仰がなければならない状況なのです。

アメリカ以外の国々が米ドル建てで調達した債務は、アメリカを除く世界GDPの18％に近い高水準になっているのです。この米ドル建て債務が一挙に返済を迫られることになると、けっこう大変なことになります。なぜかというと、みんなが一斉にドルの手当てをしなくてはいけないので、ドルが急騰する可能性が高いからです。

アメリカに輸出をしてドルを稼いでいる国々にとっては悪いことではありませんが、アメリカからドル建てで輸入や借金をしている金額が大きい国にとっては大打撃になります。とくに米ドルで返済しなければならない債務が大きい国にとって、自国通貨で見たときの返済額が急激に高くなります。その点も、そんなに遠くない将来、深刻な問題になるでしょう。

トランプが示すアメリカの危機の核心にあるのは何か

未だに、「アメリカ経済は堅調だ。ドルを買え」と煽《あお》る経済評論家は、今アメリカの庶民の生活がいかにみじめかを知らないから、そういうことがいえるのです。彼らは、金融と政治の世界、それとイデオロギーの問題として、ネオナチ的な人種差別をするプアホワイトと、黒人、ヒスパニックの対立といった表面的なことはわかっているようです。ところが、アメリカ社会の実像をまったくとらえられていないのです。

アメリカで最大の問題は、プアホワイトと、黒人、ヒスパニックの間の職の奪い合いです。所得では白人と黒人・ヒスパニックの間に約6割の差があります。資産になると白人世帯の純資産は黒人・ヒスパニック世帯の約10倍にもなっているのです。

ところが、プアホワイトは「これは自分たちの優れた能力に起因する差だから、当然守り抜けるはずだ」という幻想はまったく持っていないのです。「自分たちは特権を持って生まれついていて、自分一代でその特権が突然失われたら食べていけないから、その特権にしがみつくしかない」という悲壮な話なんですが、日本の知識人たちはその表面しか見てないわけです。

だから、この実情がわかっていなかった識者たちは、大統領選でのトランプの勝利を前もって予見できなかった。さらに未だに何であんなにバカなことをいっているやつが、プアホワイトの間で人気があるのかも全然わかってないと思うのです。

今から10年以内に、アメリカ経済はほぼ確実に崩壊していくと思われます。その崩壊が人種間の内戦みたいな形で終わるのか、そこまで悲惨なことにはならずにすむのかを予想するのは至難の業です。

1つだけ明白なのは、そのころまで経済環境が悪くなればなるほど、株価は上がっていくという一見異常な事態が続きます。なぜなら、株式市場に上場している製造業を中心とするほとんどの企業が、経済状況の悪化のためこれ以上投資をしないからです。

その代わりに、自社株買いや増配を行い、内部留保などの資産を株主に還元していく「閉店セール」の時期に突入しているのです。株価さえ上がっていれば、どんな屁理屈のこじつけでも「だから経済も好転しているのだ」と言いくるめるペテン師たちを別にすれば、世界中の株式市場関係者が「アメリカの基礎経済の指標がこんなに悪いのに、アメリカの株価はなんでこんなに高いのか」を説明できないわけです。

第3章

慢性的過剰投資の中国は、周回遅れの逆走ランナー

中国の買いだけで銅ブームが起こった

図表3―1は、中国が今までかなりの急成長を続けてきたものの、世界全体の生活の豊かさにほとんど貢献してないという事実を見事に示したグラフです。

これが何を意味しているかというと、世界的に見ると、20世紀以降で5回銅ブームが起こっています。上段から見ていきましょう。さかのぼると、まず第一次大戦による戦争特需があって、その次が狂乱の1920年代に、のちに30年代大不況を招く大ブームがありました。そして、3回目は第二次大戦直後の復興ブームでした。

さらに、4回目は日本の高度成長期のラストスパート、1960年代半ばから70年代ぐらいまでのブームでした。それぞれ、ブームが起きるたびに米ドル建ての銅価格はかなり上昇しています。

それに比べて、いちばん直近の1998年あたりから国際金融危機の起きた2007～08年の銅ブームには非常に大きな違いがあります。米ドル建ての銅価格はそれまでのブームに比べても桁違いの暴騰となっています。

これはすごいことのように見えますが、単にドル札の刷り過ぎで米ドルの価値が下がっ

図表3-1

超長期銅価格(ポンド当たり名目ドル)推移

1912～2012年

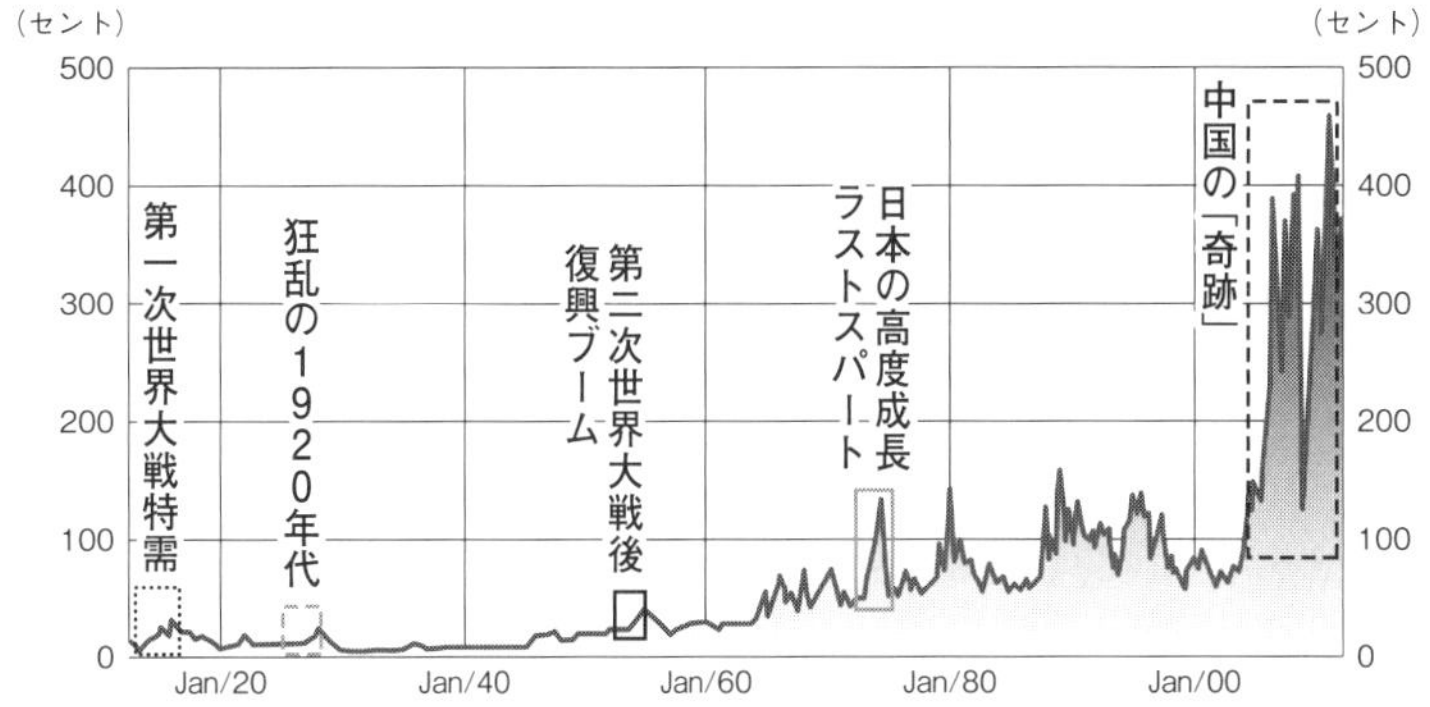

原資料：Trading Economics.com、COMEX

1000ポンドの銅は、金何トロイオンスで買えたか

1910～2012年

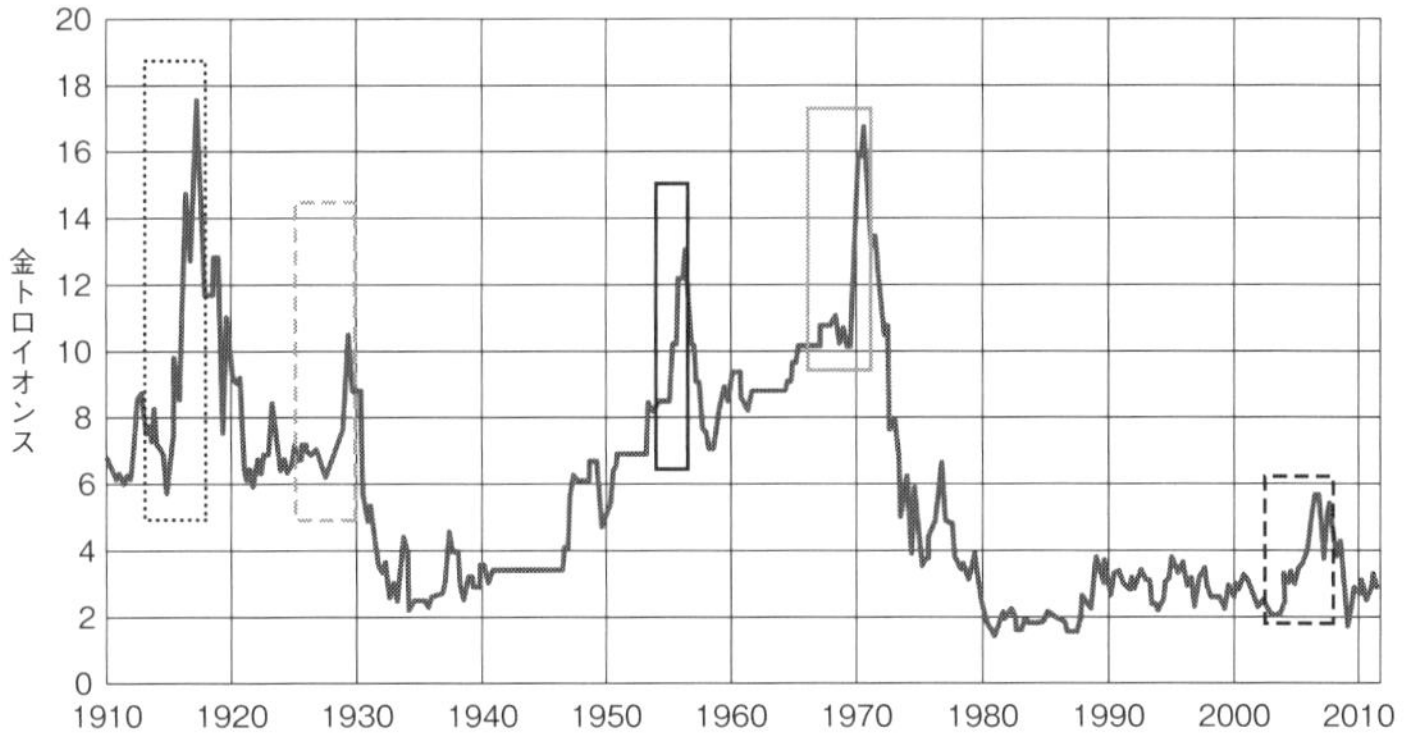

出所：(上) ウェブサイト『New History Squared』の各種商品価格の長期推移データ、
(下)『New World Economics』、2016年3月3日のエントリーより引用

ているだけなのです。それは金（ゴールド）で評価した銅価格の推移を見ればわかります。

金は非常に希少性が高い上に、毎年の生産量は現存しているストックの1・5～1・7%に過ぎません。つまり、すごく安定した価値があって、その安定した価値が供給過剰で激減することは絶対にありえないのです。その金の何トロイオンスで1000ポンドの銅を買えるかという尺度で見たのが、下のグラフです。

これを見ると第一次大戦特需のときは、兵器製造に銅を使うからものすごい勢いで上がり、結局、上昇率がいちばん高かったのです。その次が1920年代のブームのときでした。第二次大戦直後のブームのときには戦場となっていた諸国の復興需要だけに依存したブームだったので、あまり大きな上げ方はしていません。

第一次大戦特需の次に上がったのが、日本の高度成長期のラストスパートのころでした。そこで何が起こっていたのかというと、ラジオだけではなくて、テレビや冷蔵庫、洗濯機といった家電製品の普及率がヨーロッパや日本で急上昇しました。そして、国中に銅線の電線を張り巡らす必要があったから、ものすごい勢いで銅が売れたわけです。だから、金で評価した銅価格が上がっていたのです。

ところが、今回の中国の奇跡といわれる銅買いブームでは、金に対して銅価格はほとんど上がっていないのです。ほんの少し上がったけれども、歴史的な趨勢《すうせい》としての過去4回の大波ほどには上がらず、せいぜい小波か、中波程度のささやかな上げ方でした。

それが何を意味しているかというと、中国内だけですごい勢いで銅は売れているけれど、世界的な銅需要は増えていなかったことです。例えば、かつては通信回線もほとんど全部銅を使っていました。そのため、通信量が増えれば増えるほど、口径の大きな銅線が必要とされていたのです。しかし、今回の銅ブームではそのような銅需要の世界的な高まりはありません。なぜなら、今では銅線の代わりに口径5ミリくらいの光ファイバーケーブルで十分需要を満たし、しかも銅線よりもはるかに性能がよくなっているからです。

このように、世界中で銅はほとんど売れてないのに、中国だけが必死に買っていたため、表面的には売れているように見えただけのことです。しかし、そこをもう一歩突っ込んで考えると、「だけのことです」ではすまされない皮肉な現状が浮かび上がってきます。

アメリカの中央銀行に当たる連邦準備制度（ＦＲＢとか、Ｆｅｄと略記されます）は間違いなく米ドル札を刷り過ぎています。しかし、この米ドル札のうち国内に残る分はほとんどが金融市場に滞留して、株や債券の価格を上げるだけで、経済活性化にも物価インフレの加速にも貢献していません。ところが、貿易赤字や経常赤字の決済のために海外に支払われた米ドルは、オイルダラーとかユーロダラーとか呼ばれる高利回りを求める資金として、世界中を徘徊《はいかい》しているのです。そして、こちらはきちんとというか、不幸にもというか、それでなくとも過剰な中国の設備投資を刺激しているのです。

設備過剰は世界共通の難題

さらに議論を進めると、それははたして皮肉な現状なのでしょうか。つまり、皮肉な現状という表現には「海外に流出して中国の過剰な設備投資をさらに拡大するような不毛な用途に浪費されるのをなんとか国内にとどめれば、低迷しているアメリカ国内の投資を活性化できるのに」というもどかしさが込められています。しかし、アメリカ国内にとどまる米ドル札が、実体経済の刺激に向かわず金融市場に滞留しているのは、政府や中央銀行が規制しているからではありません。むしろ、政府も中央銀行も必死に実体経済を刺激したいからこそ、金融市場から債券を買い上げる形で貨幣供給を拡大しているのです。にもかかわらず投資が低迷し続けているのは、魅力的な投資対象がないからで、無理やり投資に振り向ければ中国同様に不良資産の山を築くことになるのではないでしょうか。

この観測を裏付けるようなデータがあります。図表3―2は中国の工業生産高成長率と、設備投資増加率を比較した2枚組グラフです。上段は、工業生産高の伸び率が上昇に転ずるたびに世界中の金融機関に所属するエコノミストたちが、中国経済の本格回復を予測し

図表3-2

中国の工業生産高

2013年8月～2016年5月

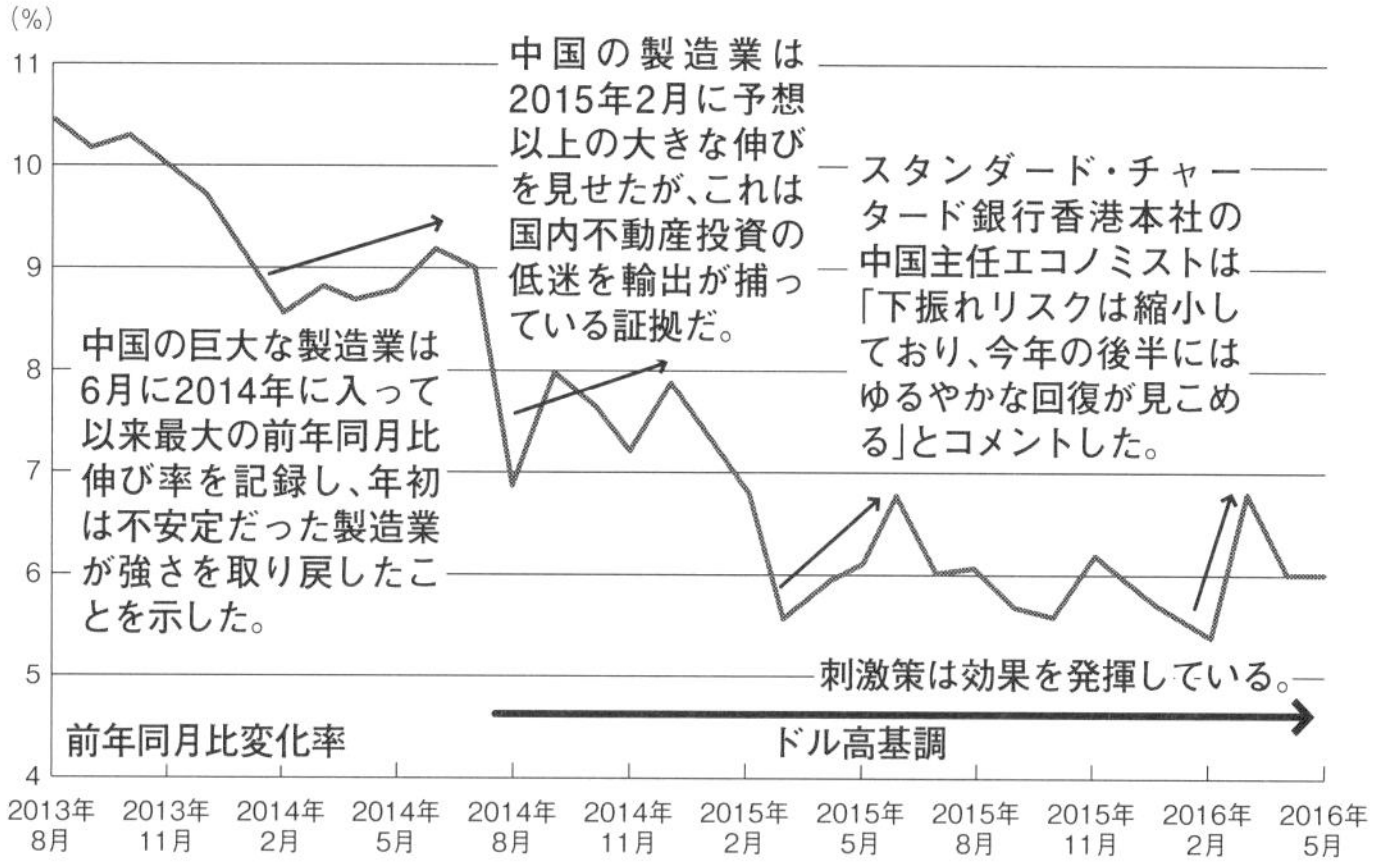

中国の設備投資増加率

1998年7月～2016年5月

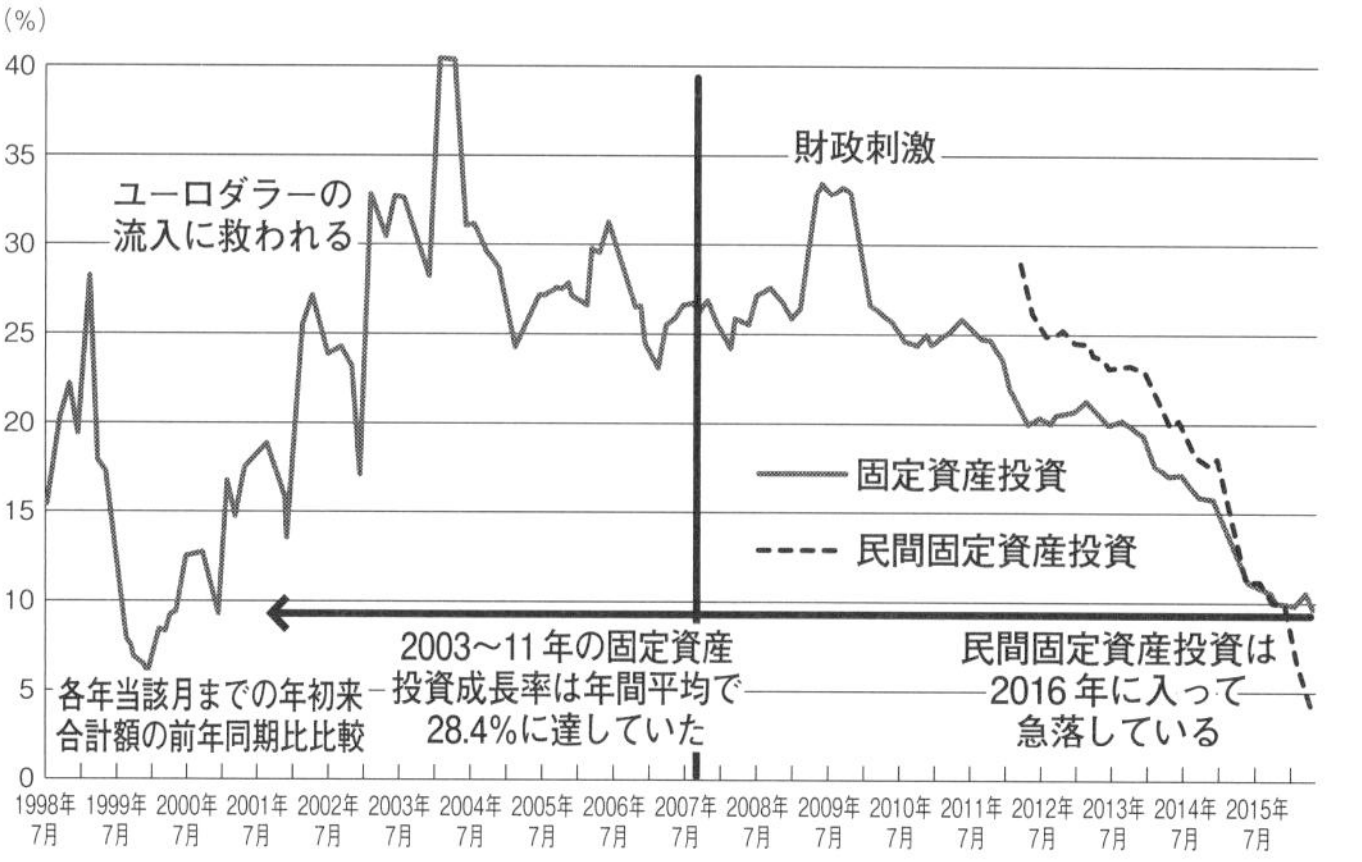

出所：ウェブサイト『Alhambra Investment Partners』、2016年6月13日のエントリーより引用

ていたのに、結局はサイクルのたびに上値・下値を切り下げる長期低落基調が続いていることを示しています。つまり、あれだけの莫大な投資を毎年続けてきても、工業生産高成長率は傾向的に低下しているのです。

さらに、下段では固定資産投資（ほぼ設備投資と同一と考えても差し支えないです）全体の成長率は2016年5月まで10％台を確保していたのですが、民間固定資産投資だけを抜き出してみると4％前後にまで下がっていたことがわかります。つまり、どんなに無謀な設備投資でも、地域の共産党官僚の手柄になるような拡大路線を突っ走っているかぎり許される「親方五星紅旗」の国有企業は、脳天気に2桁の設備投資増を続けている。けれども、投資が失敗すればその結果を自己責任で処理しなければならない民間企業は、もう設備投資増加率をかなり絞り込んでいるのです。

アメリカをはじめとする先進諸国でも、もし現在金融市場に滞留している資金を強引に実体経済の刺激に振り向ければ、中国の国有企業同様に不良資産の山を築くだけでしょう。工場の設備稼働率が慢性的に低下し、銀行の預貸率（預金として集めた資金のうち実際に融資に活用できた金額の比率）もじりじり低下し続けているのは、現在の不況が設備過剰による不況だからです。財政出動や金融緩和で投資を刺激しても、効果がないどころか、逆効果になることを示唆しています。

原油価格の推移が示すモノ離れの加速

同じことをエネルギー需給から検討してみましょう。

原油価格は、1970年代初頭までバレル当たり2〜3ドルだったものが、1973年のOPEC諸国による第一次オイルショックで、一挙に10ドルを超える水準まで上がりました。ただ、1979年に第二次オイルショックが起こったときには、一時的にはさらに10ドル台から40ドルぐらいまで上がったものの、その水準で定着しませんでした。上がった瞬間からダラダラ下げ続けて、2000年には第一次オイルショック前近くまで下落しました。第2章の図表2―10でご覧いただいたように、そのぐらい世界のGDP合計額に占める原油購入額のシェアが減っていたのです。

つまり、2000年のシェアと第一次オイルショック直前のシェアを比較すると、世界経済の成長分だけはかろうじて石油も買われているけれど、それ以上に石油購入額の世界GDPに占めるシェアが上がったわけではないのです。この原油価格の動きがまさに、20世紀最後の四半世紀のトレンドのいちばん根本である、世界経済全体のモノ（工業製品）離れの加速と、コト（サービス）需要の増大を如実に示しているのです。

それをなんとかしなければと動いたのが、実はアメリカとOPEC諸国でした。この両者はいかにも敵対関係に見えますが、実はそうではないのです。原油が高くなればなるほど、アメリカの石油会社は潤うし、OPEC諸国も潤うという一蓮托生《いちれんたくしょう》の関係です。

ですから、一緒にいろいろと策を弄《ろう》して、イスラム圏の場合、政治的、宗教的な対立を煽って、「内戦が起こったから、原油が調達難になって価格が上がる」という話を一生懸命つくってきました。ところが、こういう話をいくらつくっても思惑どおりにならなかったのが、2015年初夏、ロシアによるウクライナへの侵攻でした。これをきっかけに世界戦争が起こるかもしれないとさえいわれたのに、それまでずっと140ドル台を維持していたバレル当たりの原油価格が突然下がり始めて、最終的には20ドル台半ばまで下がってしまったのです。

これは、どんなに政治的・軍事的な脅威を煽り立てて、原油価格を引き上げようとしても、もうすでに人は従来ほどモノを需要しなくなっているため、無駄な悪あがきに過ぎないことを意味しています。

「戦争の危機」を煽って原油価格をつり上げようとすることが無駄な努力だという事実は、今後の世界経済にどれくらい大きな意味を持っているのでしょうか。それを示しているのが図表3―3です。これは、世界中のいわゆる金属・エネルギー原料の市場規模をグラフにしたものですが、いちばん外側の黒枠で白抜きの丸が原油市場の大きさです。これが年間で1兆7200億ドルにもなっています。次に大きな市場が金ですが、原油市場と比べると、まさに1桁違って1700億ドルしかありません。重さでいうといちばん重い原材料は鉄鉱石ですが、金額にすればわずか1150億ドルにしかなりません。それに続くのが銅の910億ドルです。

これを計算した当時の原油はバレル当たり50ドルで、2017年11月末の58ドルよりはやや安くなっていました。つまり、直近の数字でいえば、ほぼ正確に2兆ドルになります。こんなに大きな市場が中長期的に、20ドル台ぐらいまで下がることはあっても、80ドルや100ドルまで上がることを考えている人はほとんどいないわけです。狂信的なエネルギー枯渇《こかつ》恐怖論を唱える人しか、そんなバカなことはいわないでしょう。

それが何を意味するかというと、世界中の原材料市場の規模が、おそらく半分になってしまうということです。なぜなら、原油が世界の原材料市場の中で圧倒的に大きく、原油以外は付け足しみたいなものだからです。しかも、原油の需要が減ることの大きな意味はほかの原材料と一緒に使われ、単独で使用されることはないということです。

例えば、溶鉱炉で鉄鉱石を鉄にするとか金の精錬をする、石油化学製品をつくるときも、石油とともにほかの原材料もいろいろ使います。ですから、原油の市場規模が半分になる

図表3-3

原油市場は、その他のあらゆる原材料市場を合計したより規模が大きい

原油の数量ベースでの世界市場規模は、2015年時点で日量9400万バレルだった。

これを現在の価格、バレル当たり50ドルで365日分の売上高を算出すると約1.7兆ドルとなる。鉄鉱石・非鉄金属・貴金属の市場規模を合計したより大きい。

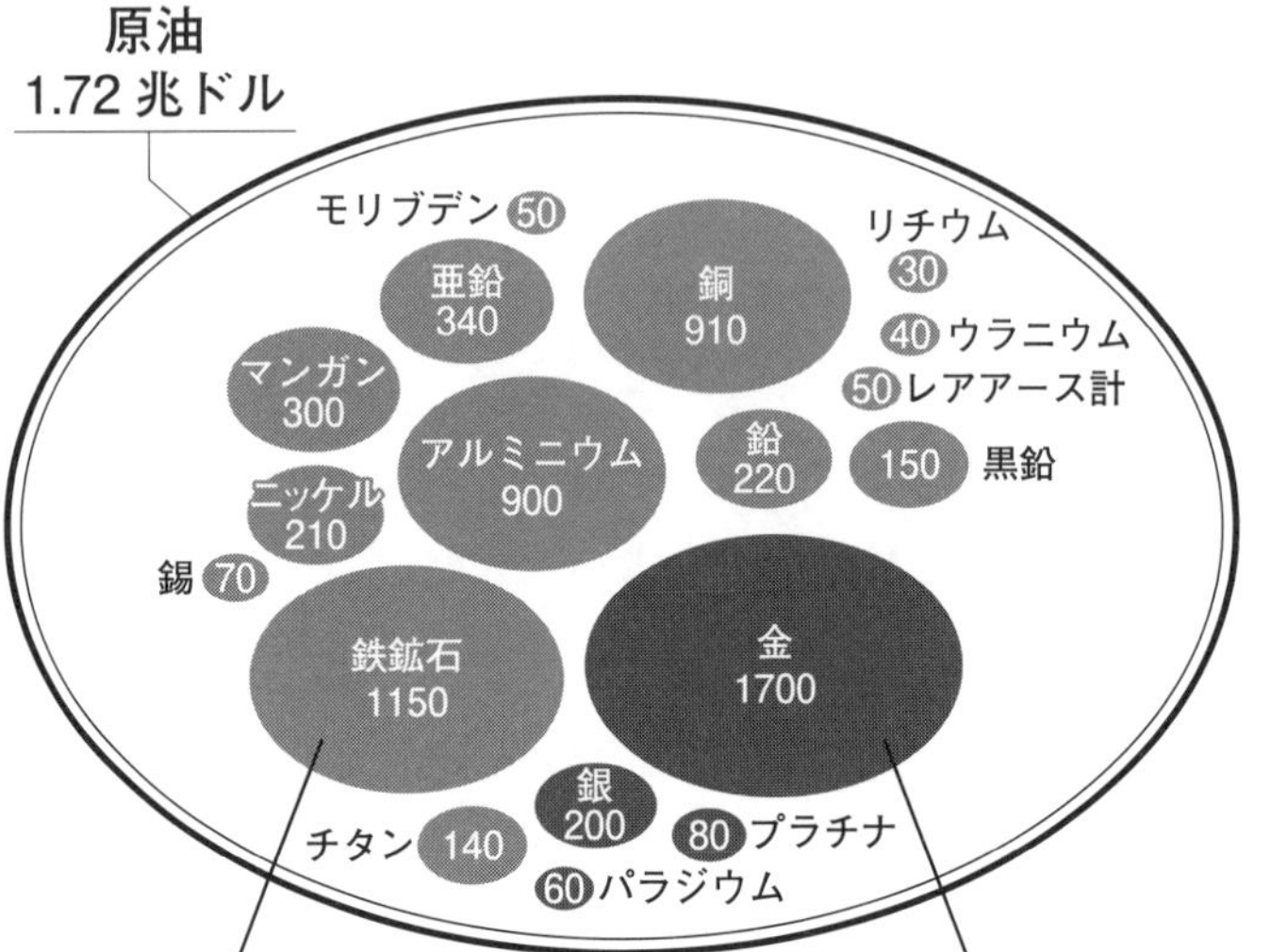

数値は年間市場規模
（単位：億米ドル）

重量で最大の金属市場は鉄鉱石

中国1国だけで鉄鋼生産のために年間10億トンの鉄鉱石を消費する。

金額で最大の金属市場は金

直近の物価価格で金の年間取引額は1700億ドル。

原資料：Infomine、米連邦エネルギー省エネルギー情報局、World Gold Council、Johnson Matthey、Cameco、Benchmark Minerals
出所：ウェブサイト『Visual Capitalist』、2016年10月14日のエントリーより引用

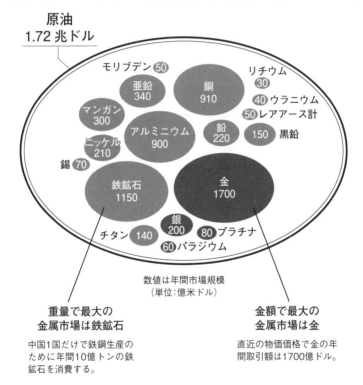

ということは、世界中の商品市場が暴落することになるのです。それが実際に、ＣＲＢ商品市況指数に表れています。

先ほどもご覧いただいた図表２―10の世界の原油購入費の対ＧＤＰ比率のすぐ下には、世界商品バブルの象徴であるＣＲＢ商品市況指数の推移があります。２００８年にサブプライムローンバブルが崩壊するのと同時に商品バブルも弾けて、それまでの６・８年間で３・１倍になっていたものが、その後の７・６年間でもとどおりにまで下げてしまったのです。３・１倍になったものが74％下がると、もとどおりになります。

つまり、それぐらい世界中あらゆるところで、モノへの需要がどんどん激減している環境にあるのです。それによって原材料の生産国、資源国の長期的な没落が始まるという転換点なのです。

これから先、資源市場が急激に縮小していくため、資源国はこんなに掘ってしまった金属なり、エネルギーなりをいったいどこに、いくらで買ってもらえるかが大問題になります。つまり、日本は世界中の資源国から「どうか安くするから買ってください」と頼まれるような有利な立場になるのです。

採算度外視の投資で国づくりをしていった中国の蹉跌

「グローバル化が急務」と主張して、「小学校から英会話を教えましょう」などといっている人たちが日本にはたくさんいます。でも、それがどんなに意味のないことかは、世界の貿易量推移を見れば、おおよそ見当がつきます。

２０１５年１月にすでに世界の貿易量は金額ベースでピークを打っていて、２０１６年７月には２０１４年９月の水準まで下がっていました。図表３―４の上段でご確認いただけるとおりです。

これまでの世界貿易の拡大を、もう少しくわしい中身に立ち入って調べてみましょう。例えば、世界貿易額を世界ＧＤＰで割った比率の推移が、図表３―４の下段です。だいたい１９６０年代に20％台半ばで始まったものが、２００８年の国際金融危機のときにピークに達して、この時期には60％を上回っていました。

そして、２０１５年のＴＰＰ合意のころ、このときはまだアメリカは参加を表明していた時期ですが、60％台は割りこんだもののまだ50％台後半に踏みとどまっていました。ご注目いただきたいのは、貿易総額が世界ＧＤＰの５～６割という高いシェアを占めるようになったのは、中国がＷＴＯ（世界貿易機関）に加盟してからという事実です。

この比率が２００２年あたりから急激に上昇したのは、２００１年に中国がＷＴＯに加盟したからです。その結果、中国からの輸出が激増して、世界全体の貿易額のＧＤＰに占める比率が顕著に上がっていきました。

ただ、この中国による上昇はものすごく不自然で、実はユーロダラーが中国に怒涛《どとう》のように入り込んできたことによるものでした。それがはっきりわかるのが、中国工業生産高の前年同期比変化率です。２００７年8月、このころはまだ世間的には国際金融危機がどんなに惨憺たるものになるかは認識されていませんでした。しかし、ユーロダラーを運用している人たちは、そのころすでにアメリカでサブプライムローンバブルが崩壊したことを知っていたのです。これはなんとかしなければということで、中国で伸び盛りの工業生産の設備投資にどっと突っ込みました。

その結果、中国の工業生産高の前年同期比変化率も、ちょうど国際金融危機のころにピークを打ったのです。その後、このとき流れ込んだ資金がうまく収益として還元されなかったというより、むしろ過剰投資で生産体制がかえって混乱したりしたこともあり、どっと入ってきたものがどっと流れ出すということになりました。工業生産の増加率で見ても前年同期比17～18％増ぐらいだったのが、最近はもう6～7％増ぐらいまで下がってきて

世界商品貿易額推移、2010年1月～2016年7月　2012～16年(予)

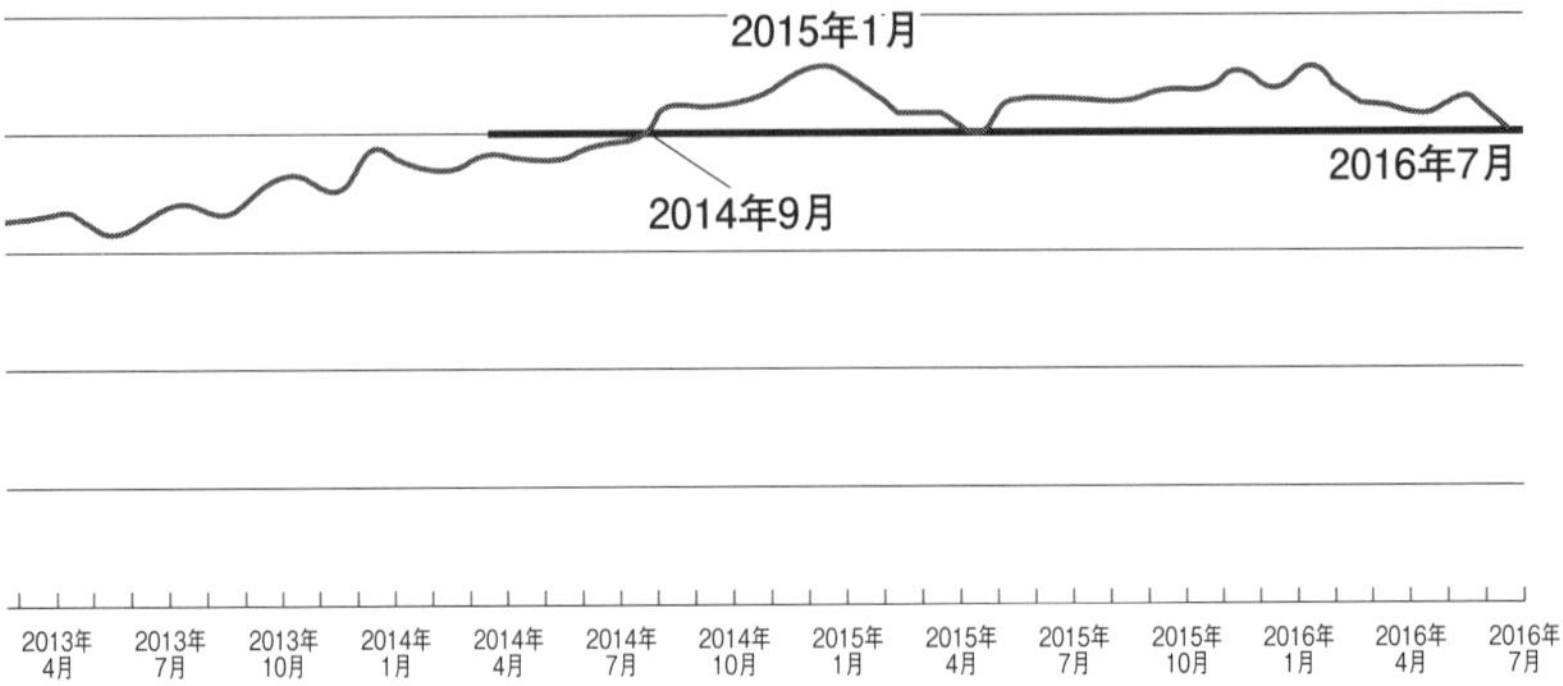

1960～2015年

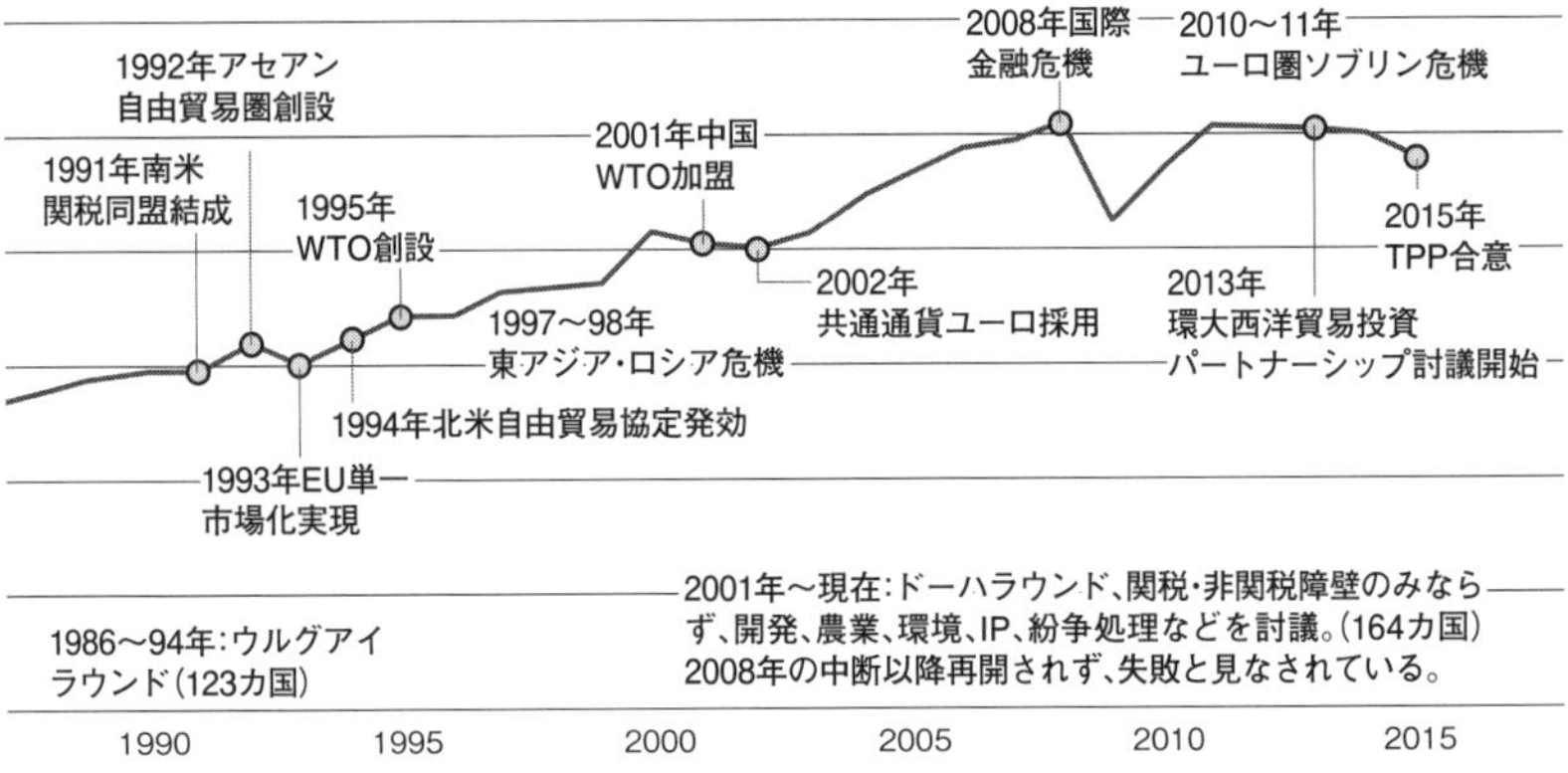

図表3-4

世界の貿易量が激減し、2014年レベルに逆行

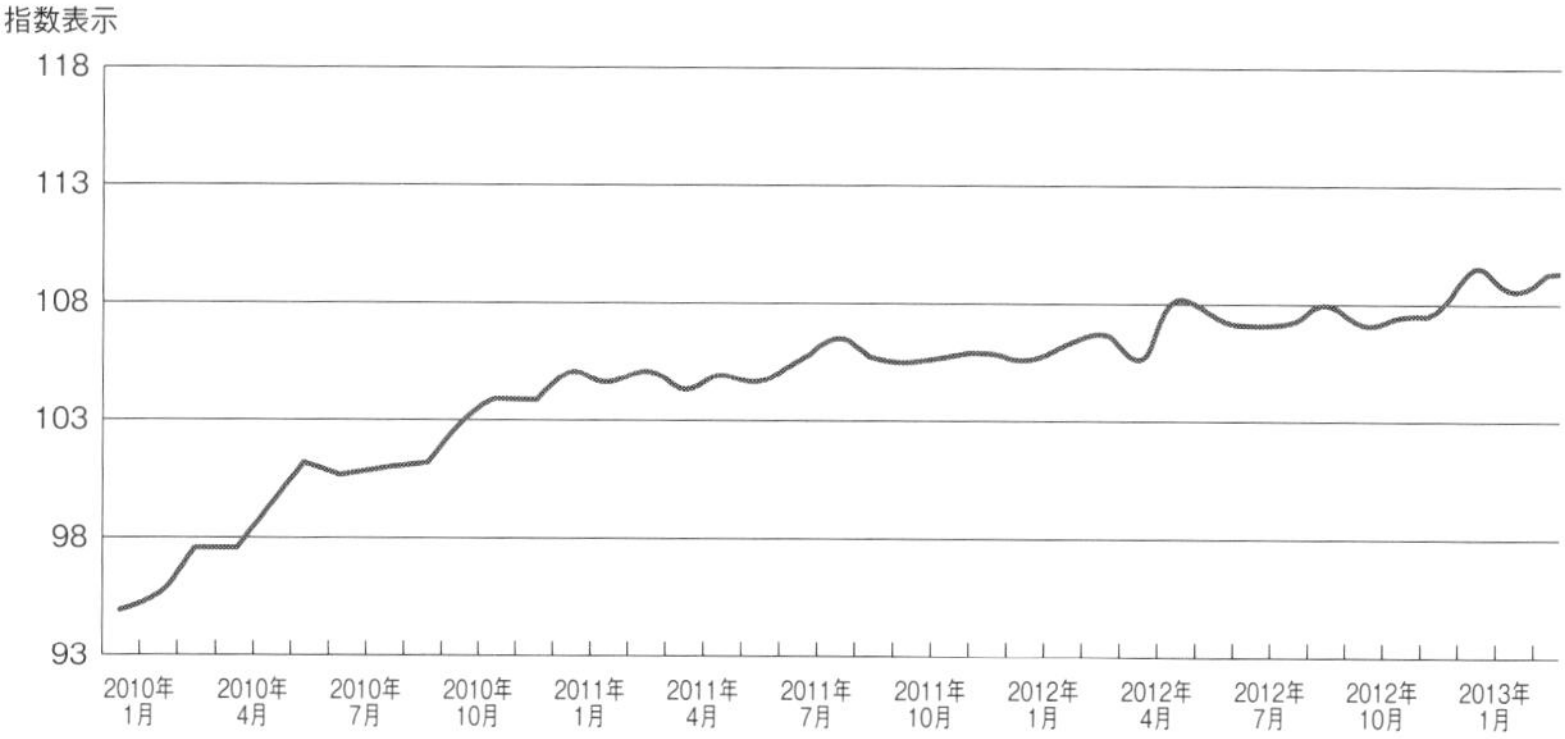

原資料：オランダ政府中央計画局経済政策分析部のデータをWolfStreet.comが作図

貿易拡大の長い歴史

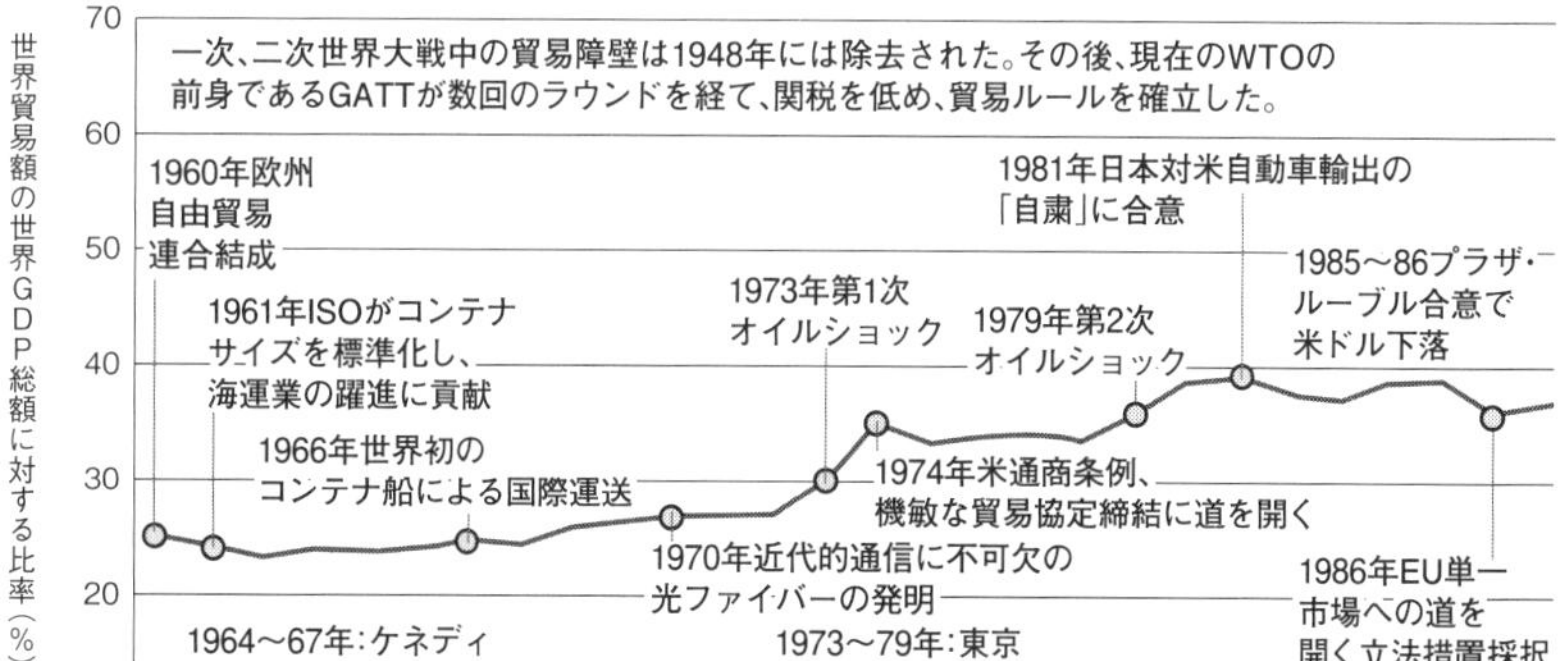

原資料：世界銀行、OECD、WTO、World Shipping.org、さまざまな情報源、ゴールドマン・サックス グローバル投資リサーチ
出所：（上）ウェブサイト『The Automatic Earth』、2016年9月23日、（下）『Big Picture』、9月30日のエントリーより引用

いるわけです。その辺の事情を示しているのが図表3―5上のグラフです。

同じく図表3―5の真ん中には、世界の実質輸出総額の推移が掲載されています。これを見ていただくと、2000年ごろから急激に右肩上がりのカーブの傾斜がきつくなっているのがわかると思います。これは先に述べましたが、中国がWTOに加盟した2001年から急激に貿易量が急拡大したことを示しています。

しかし、これは決して健全な形での拡大ではありませんでした。中国はとにかく投資主体で国づくりをしていて、消費はほとんど増やさず投資をじゃんじゃん増やしていったのです。こうして増やした投資をどう使ったかというと、それをもう一度自国内の産業に投資して、過大な設備をますます過剰にするという愚行をしていた。それによって採算割れ覚悟で無理やり輸出するという無謀な2本立てでやってきたのです。

結局、OPECが第一次オイルショック、第二次オイルショックの値上げによって得たドルを、自国通貨に換金しないでドルのまま保持し、見込みのありそうなところに投資しては、うまくいかなければ引き上げるということをくり返していたのです。それによって世界中に経済活動の乱高下をつくり続けていたのがよくわかる図表が3―5下のグラフです。

図表3-5

結局、中国こそ「ダラー経済」の正体だった

中国工業生産高の前半同期比変化率　1996〜2006年

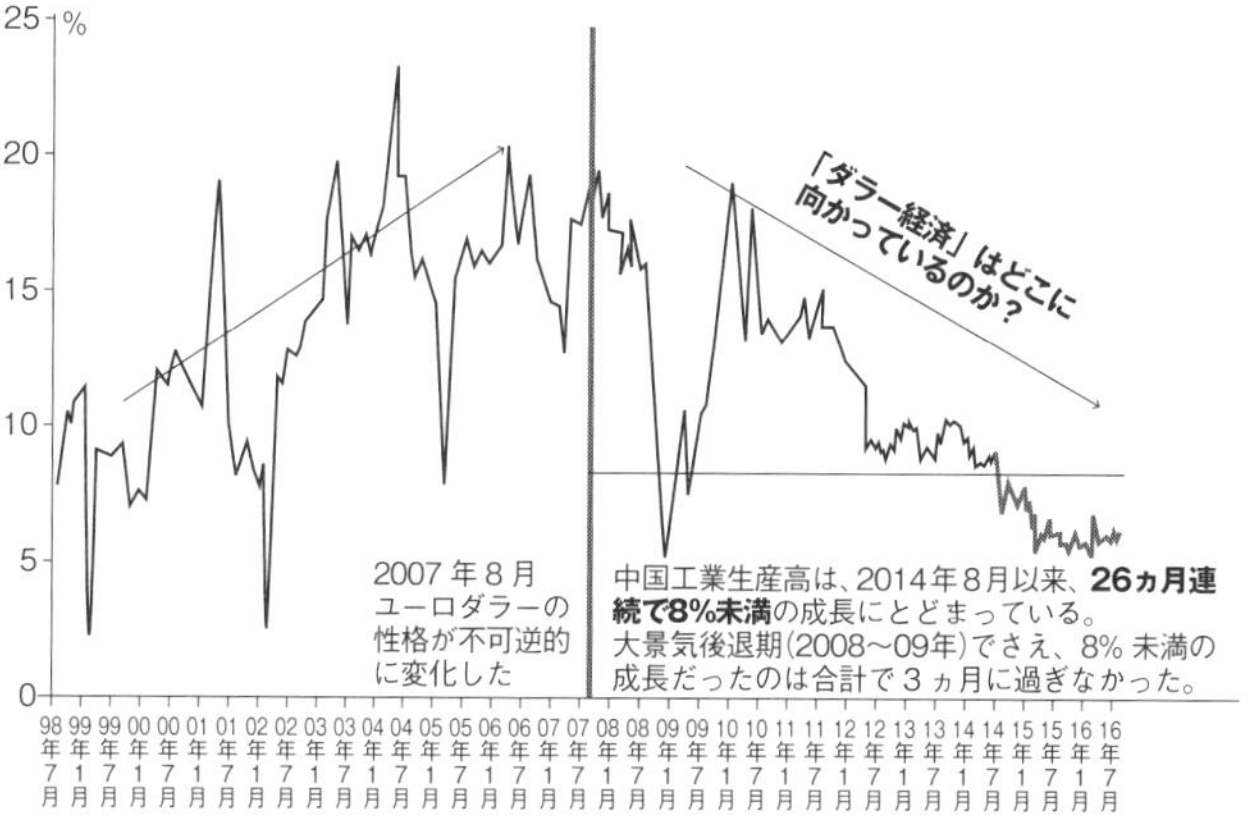

世界実質輸出総額の推移　1800〜2014年

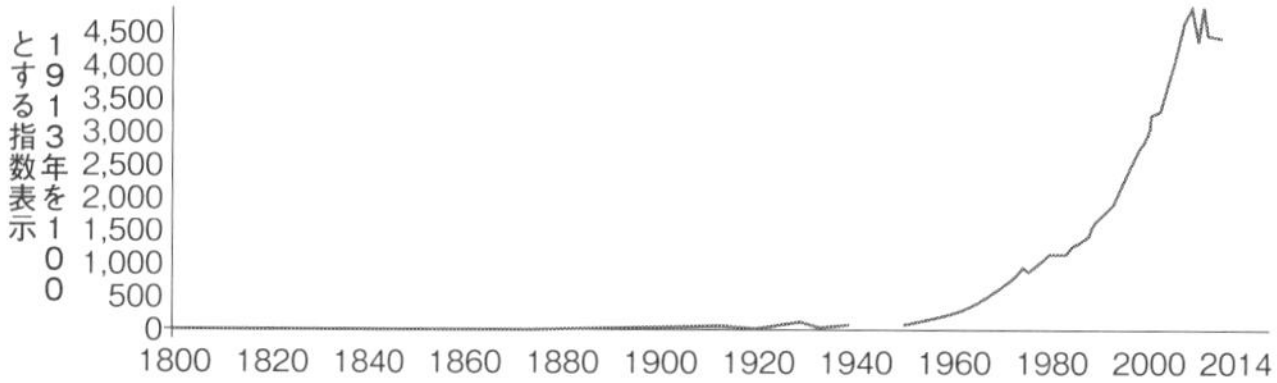

世界貿易額は、古い古い標準へと回帰しつつある
世界貿易額増加率の世界GDP成長率に対する弾力性（4年移動平均）　1955〜2015年

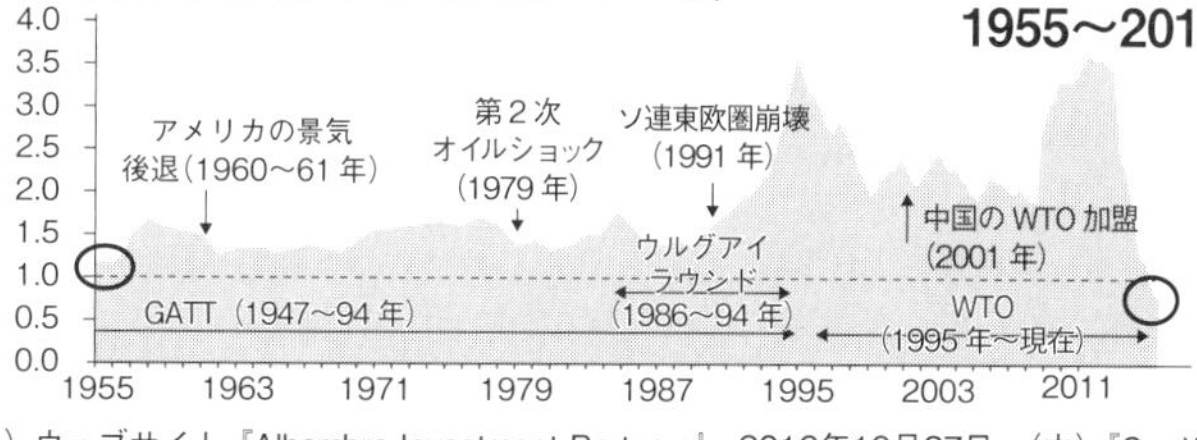

出所：（上）ウェブサイト『Alhambra Investment Partners』、2016年10月27日　（中）『Our World Data』所収のEsteban Ortiz-Ospina・Max Roser共著「International Trade」の項目、2016年11月19日現在の最新エントリー　（下）『Zero Hedge』、9月30日のエントリーより引用

1990年代以降の貿易成長が異常だった

図表3―5下のグラフは世界のGDPが1%拡大すると貿易額が何%拡大するか、つまり貿易の経済成長に対する弾力性を1955〜2015年の60年間にわたって集計したものです。GATT（関税貿易一般協定）からウルグアイラウンドの時期には、だいたい1・2〜1・7%程度にとどまっていました。ところが、ソ連東欧圏が崩壊したために世界貿易に対して閉ざされていた地域が急激に縮小したため、1990年代半ばには一過性で、3・5%ぐらいに急上昇しました。その後また2・0%程度に下がったのですが、中国がWTOに加盟してからは、またしても3・5%前後まで上昇して、しかも今度はその水準で高原状態を保つ勢いを示しました。

世界のGDPが1%伸びるごとに、貿易額が3・5%も伸びるというのは、明らかに異常に高い伸びです。そして中国がWTOに参加し、2008年の国際金融危機以降もユーロ圏ソブリン危機が起こりました。アメリカやヨーロッパで生産活動がうまくいっていなかったときに、空き巣狙いみたいな形で入り込んだのが中国製品だったのです。こうして中国がものすごい勢いで輸出を拡大することにけん引されて、ピークで輸出入総額が世界

GDPの60%を占めるようになりました。これはもう明らかに過剰な貿易量で、これから先もっと増えるとバカなことをいっている人がいるのが、とても信じられません。明らかに持続可能な水準を大きく逸脱しています。

先ほど、これからグローバル化は縮小していくという話をしましたが、モノに対する需要がどんどん減っていっています。それに代わって、コトに対する需要が増えているのが、この変化を象徴しています。

結局、中国の輸出総額のピークは2014年暮れから2015年初めぐらいあたりで過ぎてしまいました。今まで貿易額の急増を支えてきた中国の輸出額がピークアウトし、中国に取って代わるような経済規模の新興国は出てきていません。そのため、ここからも今までいわれていたような極端なグローバル化は起こらないということがわかると思います。

工業生産が世界経済の主力になる前の時代に主力だった農産物市況は、延々と下がり続けてきていますが、2016年ぐらいに底を打ってほんのわずかだけ回復しました。ただ、回復したといっても、ピーク時の40%をやっと回復した程度です。

それに比べて、農産物よりはるかに悪くなっているのがエネルギーです。それともう1つ、金属もエネルギーと同じくらい悪くなっているのです。結局、エネルギーや金属に比べれば、農産物市況は比較的安定しているじゃないかと評価が変わってきているのです。

ではなぜ、エネルギー価格の低迷が続き、これから原油をはじめとする資源の需要はますます冷え込んでいくのかというと、図表3―6のグラフがその理由を示しています。上が、1969~2013年までの実績ベースで、石油の消費量がこの水準だとGDP総額はこの水準になりますという相関性を点ごとにプロットしているものです。全体の傾向として、石油消費量が増えれば増えるほど、GDP総額も増えるというプラスの相関関係がありました。ところが、下のこれから先どうなるかという予測の図表は、まったく違う図を描いているのです。

これから20年、30年先までの石油消費量とGDPの相関図ですが、石油消費量が減れば減るほど、GDPの成長率は回復するという逆方向に世の中が変わることを示しています。また、図表3―7の上段も、1968~2013年のエネルギー消費量増加率の実績です。さすがにエネルギー消費量を減らしたほうがGDP成長率は上がるというところまでは行っていないものの、年を追ってエネルギー消費量増加率が下がってきたことは読み取れます。なぜなら、GDPの中身そのものが、資源などの原材料を必要とするモノから、資源をあまり必要としないコトに変化していくからです。

図表3-6

世界の経済成長のエネルギー消費量依存度

1969〜2013年実績

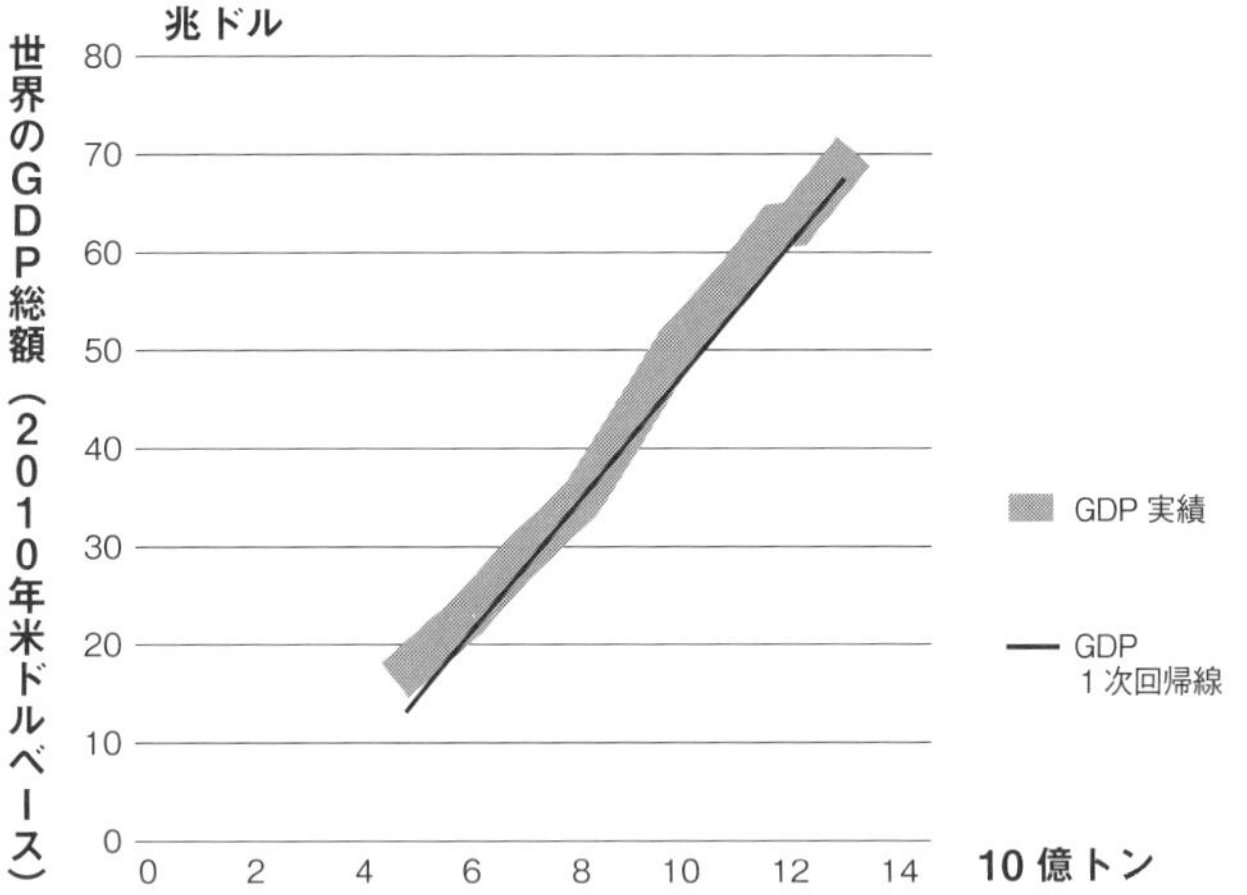

今後の世界GDP成長率はエネルギー消費量の変化でどう変わるかの予測

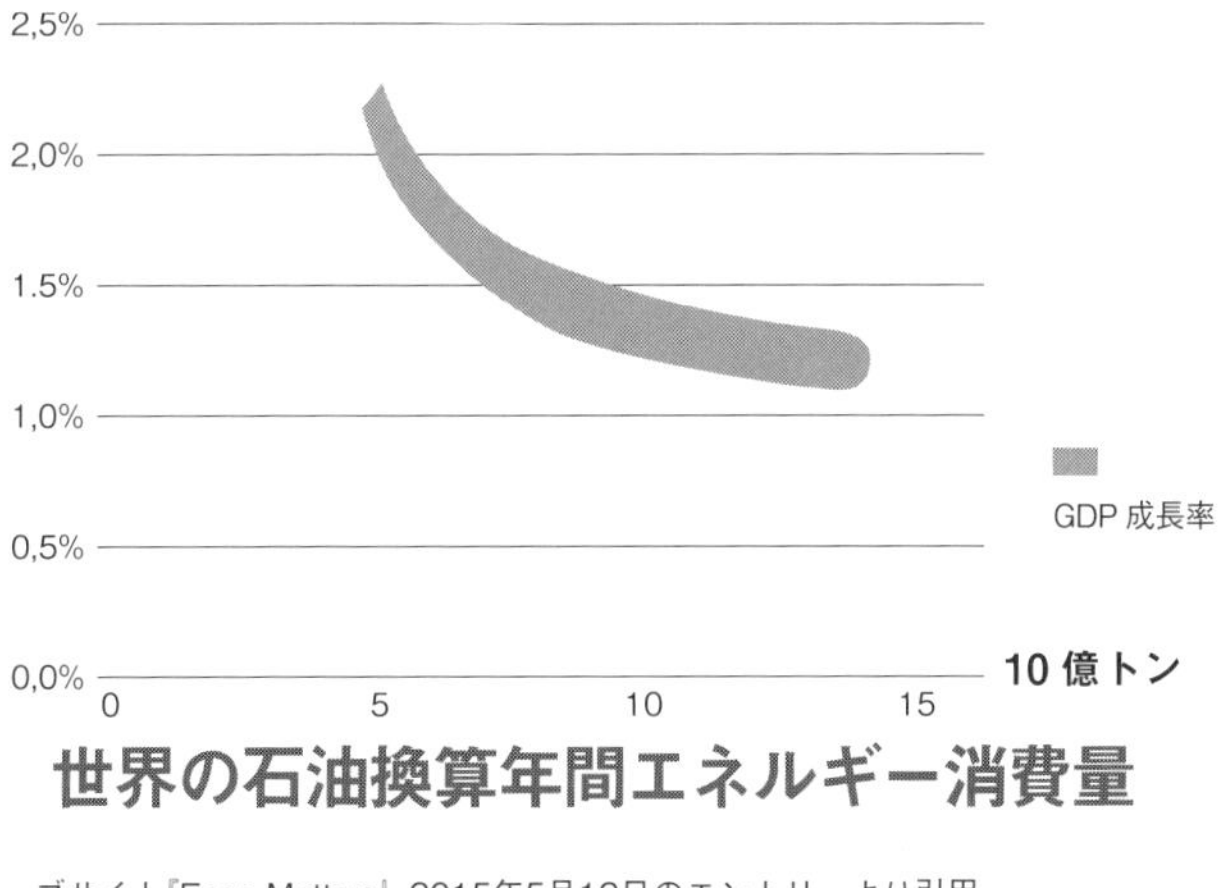

出所：ウェブサイト『Econ Matters』、2015年5月12日のエントリーより引用

図表3-7

世界のエネルギー消費量変化率　1968〜2013年

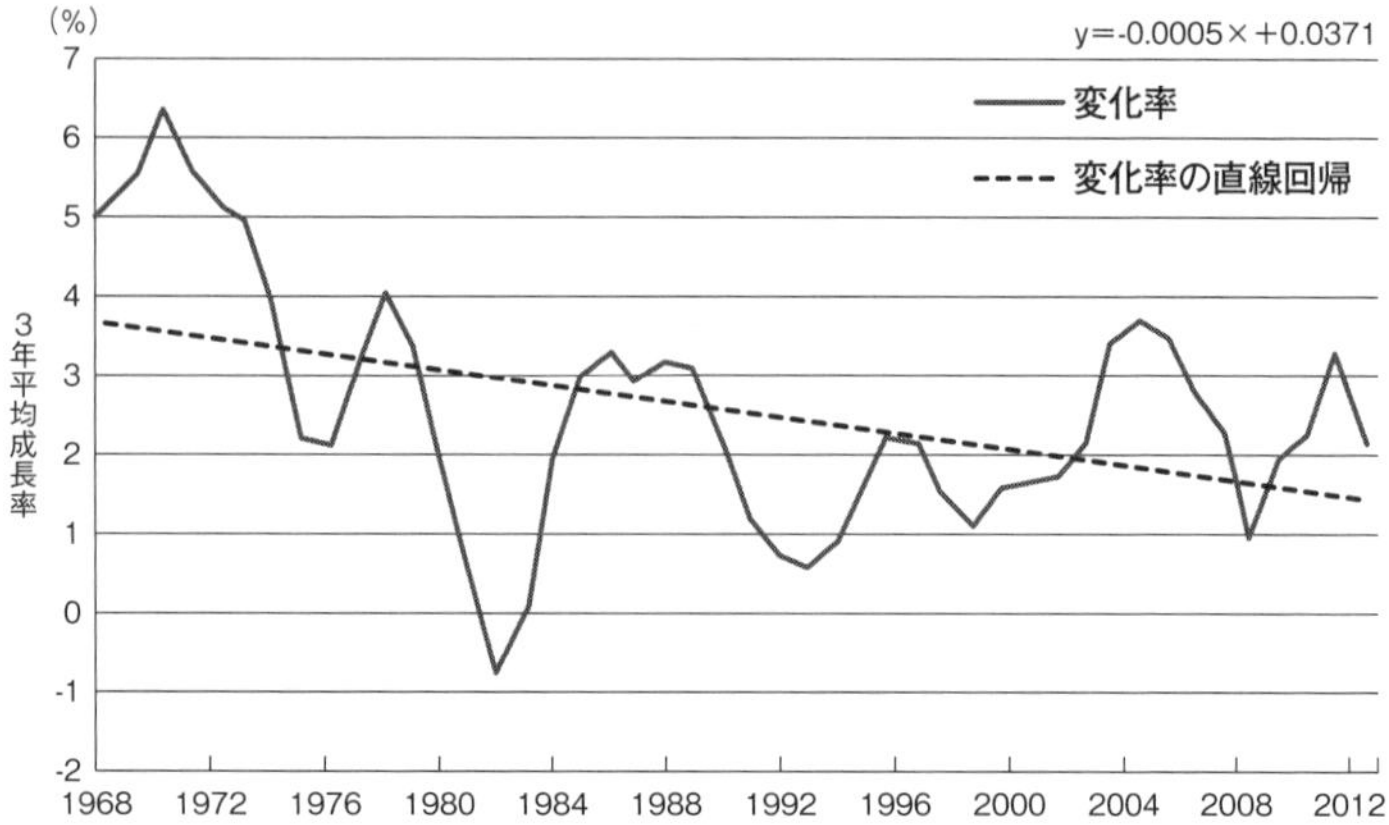

主要生産様式変化にともなうエネルギー消費量と人口密度の変遷

	1人当たりキロワット時	平方キロ当たり人口密度
他の動物同様、エサがあれば捕食する状態	100	平方キロ当たりで安定した数値が出ないほどまばら
狩猟・漁労・採集経済	300	0.02 to 0.10
農耕・牧畜経済	2000	40
工業経済	8000	400

原資料：イアン・ゴールディン編『この惑星は満員だ』（2014年、オックスフォード大学出版会刊）所収の「人間でいっぱいの惑星の新陳代謝」
出所：ウェブサイト『Econ Matters』、2015年5月12日のエントリーより引用

これから電力消費量のピークを迎える

この事実を、もう少し超長期の歴史的な見方で確認しておきましょう。図表3―7の下段です。

ほかの動物と同様だった時代の人間は、1時間に100キロワット程度のエネルギー消費をしていたと推定されています。そのころの平方キロ当たりの人口密度は安定した数字が出ないほどまばらでした。

次に、狩猟・漁労・採集経済、つまり狩りをしたり海や川で漁をしたり、あるいは木の実を拾い集めたり、積極的に食べ物を確保するようになって、人間のエネルギー消費量は一挙に3倍増しました。その結果、1平方キロ当たりの人口密度も0・02〜0・1人という数値が出るところまで増えたのです。これは安定した数字が出ていない状態に比べたら、はるかに大きい数字です。

さらに次の段階で農耕・牧畜経済になると、一挙に1人当たりのエネルギー消費量が2000キロワットと7倍近く増えていったのです。同時に、平方キロ当たりに住んでいる人の数も40人に増えました。実は、狩猟・漁労・採集といった自然の恵み任せだったころに比べて、はるかに計画的に生きていける農業経済になり、人間1人当たりのエネルギー消費量が最も大幅に増えた時代なのです。

農耕・牧畜経済から工業経済への変化は、もっと大きいという印象があります。ところが、実際は4倍になっただけで、狩猟・漁労・採集経済から農耕・牧畜経済への変化ほど大きくはなかったのです。ただ、40人だった平方キロ当たりの人口密度は、さらに400人へと10倍増しました。

その次が非常に興味深いわけです。

工業経済からサービス経済になると、極端に過疎化した土地から人類が撤退して自然にお返しするケースが増えるでしょう。人類が住み着いている場所1平方キロ当たりの人口密度は、4000人でおさまるかどうかというぐらい密集します。

ただ、1人当たりのエネルギー消費量が8000キロワット時からさらに増えるかというと、それはあり得ないと思います。なぜなら、消費の大半はエネルギー消費量の少ないサービスに変わるからです。そうなると、1人当たりのエネルギー消費量は8000キロワットから4000キロワットや3000キロワットに下がると考えるほうが自然でしょう。

人口密度はものすごく高くなっていき、人と人とのやりとり自体の価値が高まる世の中になります。どんな素材をどんなエネルギーを使って製品化したかということより、人と人との交流のほうに価値が生まれる時代になっていくのです。

そういう歴史的な転換点に、今我々は立っているのです。

図表3―8を見ると、さまざまな資源の中ですでに生産がピークを過ぎたものには、銑《せん》鉄《てつ》や鉄鉱石といったまさに近代工業生産の柱になった物資があります。それ以外に、カドミウムやトリウム、アスベストといったものも含まれています。そして、これから先ピークを打ちそうなものの筆頭が、電力なのです。

電力がピークを打つというのは、これまでの世界の歴史を見ていると考えられなかったことです。ところが、2005年あたりから消費量が横ばいになって、このまま減り始めたらかなり急速に減っていくことが予想されます。

今後も増え続ける電力需要を賄うためには、原発がどうしても必要などといっている人は、実際のデータをきちんと読んでいないのではないでしょうか。環境やコストのことを考慮するのであれば、石炭や石油より有害廃棄物の発生率が少ない天然ガスで十分賄えるのです。産出国も石油より世界各地に分散しています。しかもこれからの時代、エネルギー需要自体が減っていくので原油も天然ガスもさらに安価に購入できるのに、なぜ原発が必要なのかという話になります。

図表3-8

すでに消費量が大天井を打った基礎資源8品目

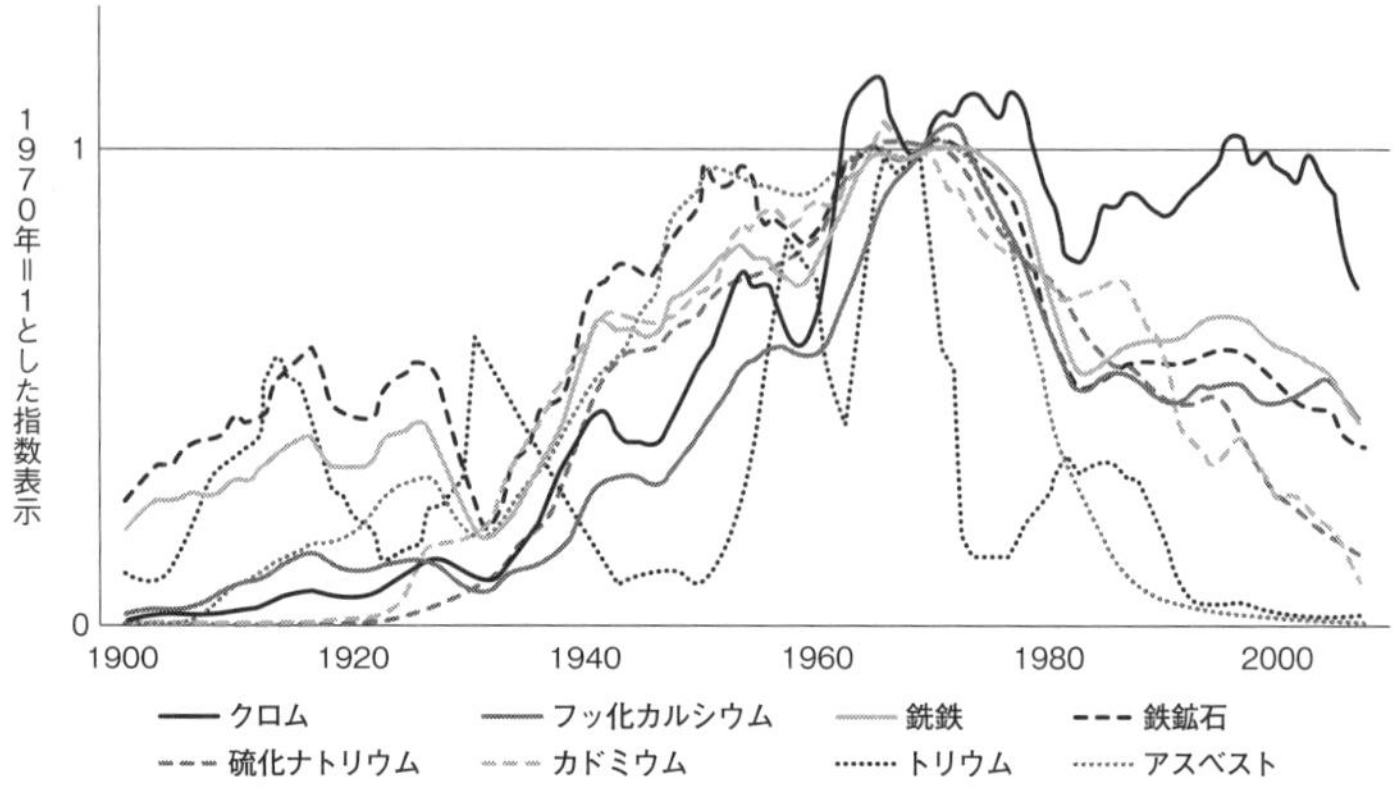

そろそろ消費量が大天井を打ちそうな基礎資源材8品目

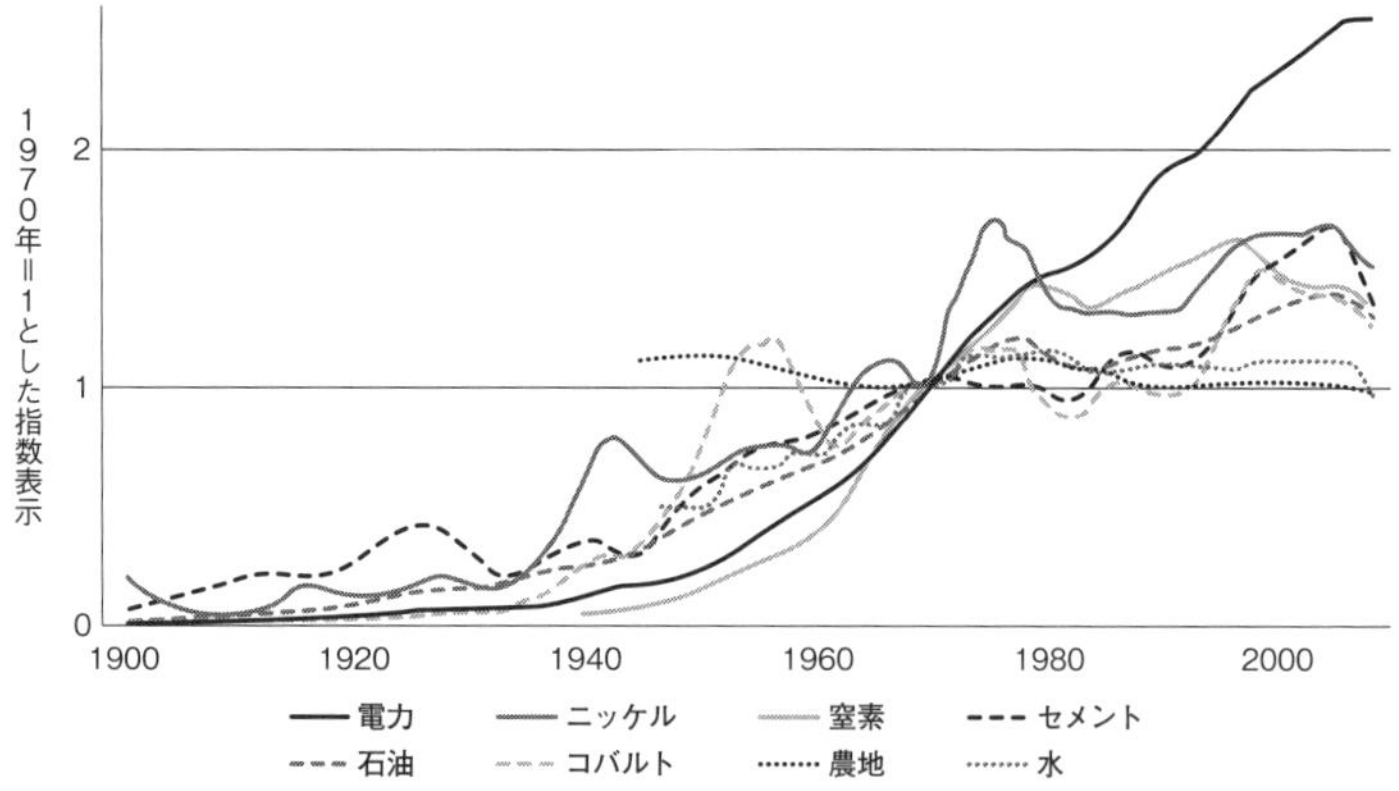

出所：ウェブサイト『Mauldin Economics』、2015年6月25日のエントリーより引用

かつての重化学工業の時代は、設備にものすごい量のエネルギーと素材を必要としていました。それから、情報エネルギー産業が華やかな時代になると、エネルギーや素材は必要としないけれど、メカニズムをミクロン単位で正確に仕上げるというところにお金がかかっていました。でも、そういうものはもう一巡したのです。

一巡してどうなったかというと、先進国の生産性上昇率がＩＴバブルといわれていた時代にピークを打っています。それから先は生産性の伸び率が下がってきているわけです。図表３―９でご覧いただけるとおり、現在世界の工業生産を支えているのは新興国で、なかでも中国だけが圧倒的にシェアが拡大しています。それ以外のインドなどは、束になっても中国１国にかなわない規模です。

ところが、中国が頑張っていた２００４〜14年までの時代は、中国が実力でその他諸国を圧倒していたわけではないことがわかり始めてきました。

それは先ほどから述べているように、ＯＰＥＣ諸国が原油売上の金額を自国通貨に換算せずにそのまま持っていたドル、いわゆるユーロダラーやオイルダラーと呼ばれる資金をそのときどきで儲かりそうな地域や分野に投資する手法が取られてきたわけです。それがＩＴやサブプライムローンなどのほかに、中国の工業生産にも向かっていたのです。

中国は国民の消費水準を高めることにはそっちのけで、どんどん投資を拡大することを

図表3-9

先進国と新興国の製造業世界シェア推移

1970〜2010年

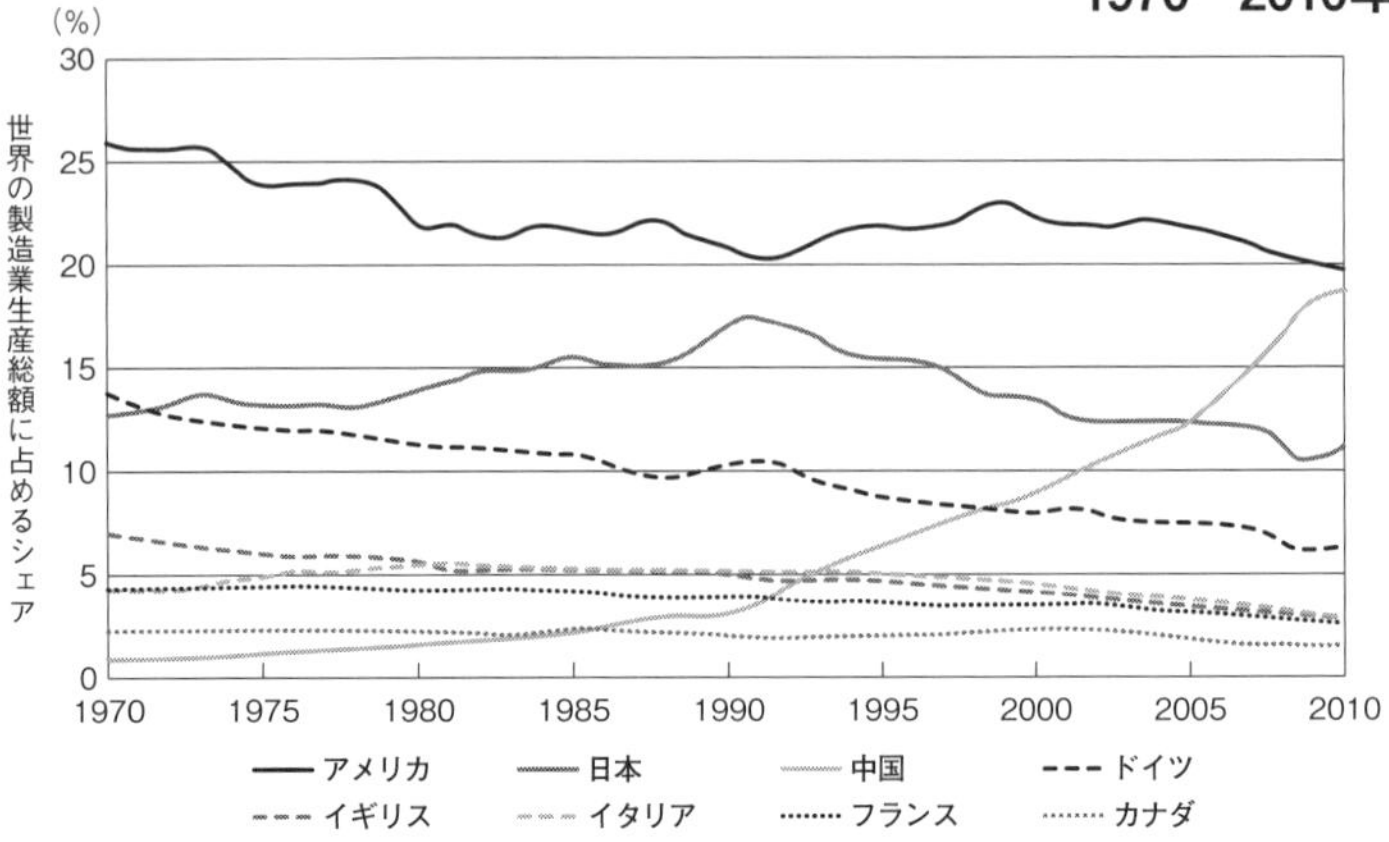

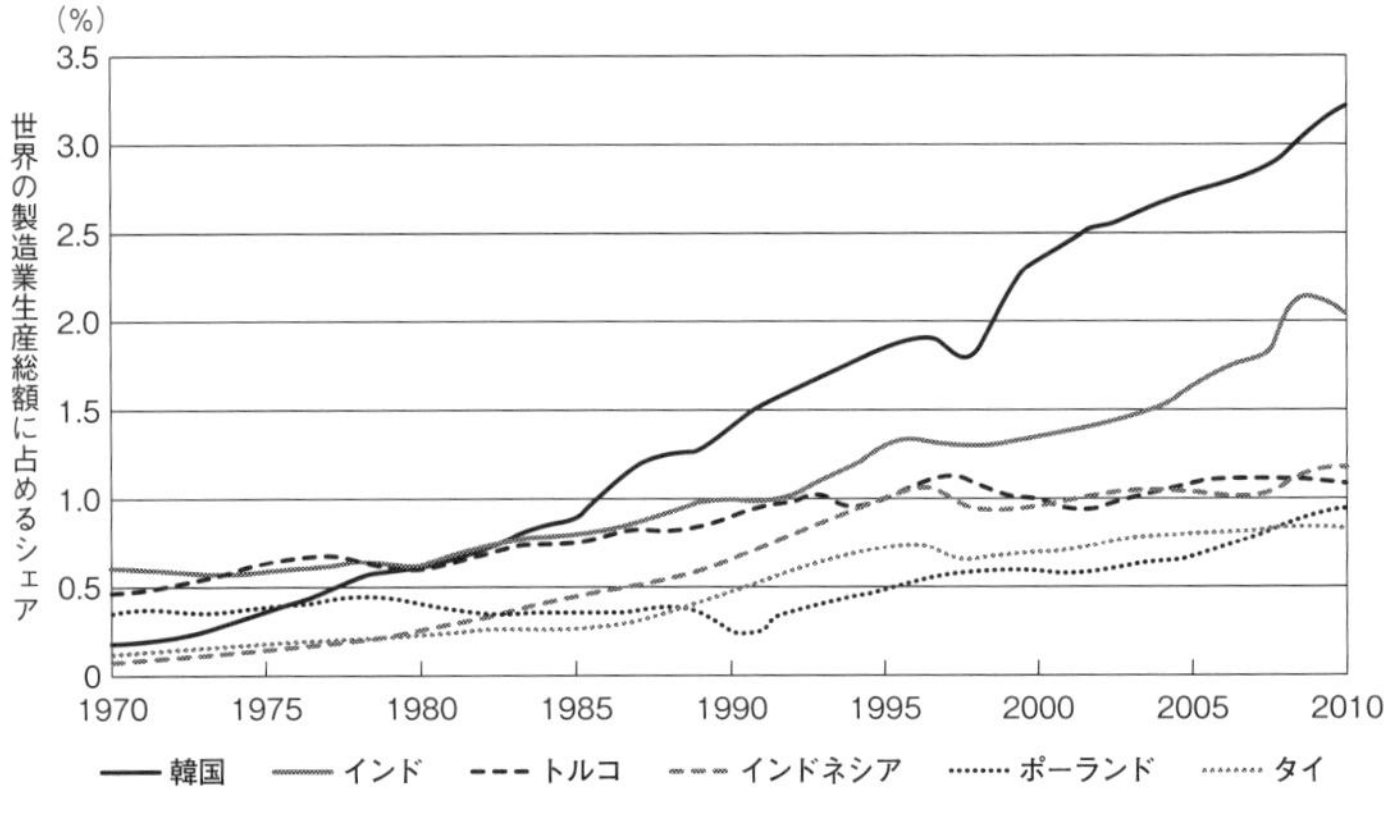

出所：ウェブサイト『Stealthflation』、2015年3月27日のエントリーより引用

自己目的化し、輸出を拡大していきました。輸出が伸びているから、表面的には国民経済自体が拡大しているように見える。けれども、その輸出は採算ぎりぎりでやっているため、国民の所得の向上にはさほど貢献していないものばかりでした。

図表3―10下段で製造業を中心とする第二次産業の生産高推移を見ると、2006年から2016年という期間を通じて一見順調な伸びが続いていた印象があります。2008年の国際金融危機の後に一過性の落ち込みはあったけれども、その後はまあ順調に伸びていたからいいじゃないかと思われていました。

中国製造業の世界制覇は空き巣狙い

ところが、これを先進諸国と新興国に分けると、新興国は少しへこみはあってもこの間ずっと順調に伸び続けています。しかし、先進国は国際金融危機前の2007～08年のピークの水準に未だに回復していません。それぐらい深刻な危機だったと見ることもできますが、すでに世界の製造業自体がピークアウトしていたのだと考えるべきではないでしょうか。

それでも、世界経済全体では製造業生産高が順調に伸びていることで、今まではごまかすことができていました。ではなぜ、ごまかせなくなったかというと、中国が採算度外視の過剰投資や輸出で国民経済全体を水膨れさせていたことが明るみに出たからです。

その危機的状況を表す1つが、同じく図表3―10上段にご紹介した貿易品の価格指数です。2014年5月は、2008年の国際金融危機と2011〜13年のユーロ圏ソブリン（ユーロ圏諸国の国債）危機を脱し、比較的安定していた時期です。

その間何が起こったかというと、製造業全体の横ばい状況と中国製造業の急成長です。なかでも、製造業をけん引していた中国は、世界の製造業生産総額に占めるシェアが1％から、たった40年で18％へと上がっていたのです。40年で1％から18％というのは、未曾《みぞ》有《う》の数字です。日本の経済成長期でさえ、そんなに伸びていません。

その中国で世界工業生産高に占めるシェアで何が激増したかというと、例えば粗鋼生産量があります。これはピークで46〜47％まで上がって、最近は生産量こそ伸び続けているもののシェアは横ばいという状態になっています。世界中の粗鋼生産高の半分近くをたった1国で生産しているのですから、もうこれ以上シェアは伸びないのが自然でしょう。

図表3―11上段には中国の月次粗鋼生産量とその世界シェアが出ています。現在の年間生産高は約8億トンですが、設備能力としては11億トンほどあります。そのうち過剰設備約1億トン分を廃棄したことによって、中国経済がまた復活するんじゃないかという話が

図表3-10

世界貿易品価格指数が2006年来の最低水準に下落

世界貿易品の米ドルベース単位当たり価格指数、2006～16年

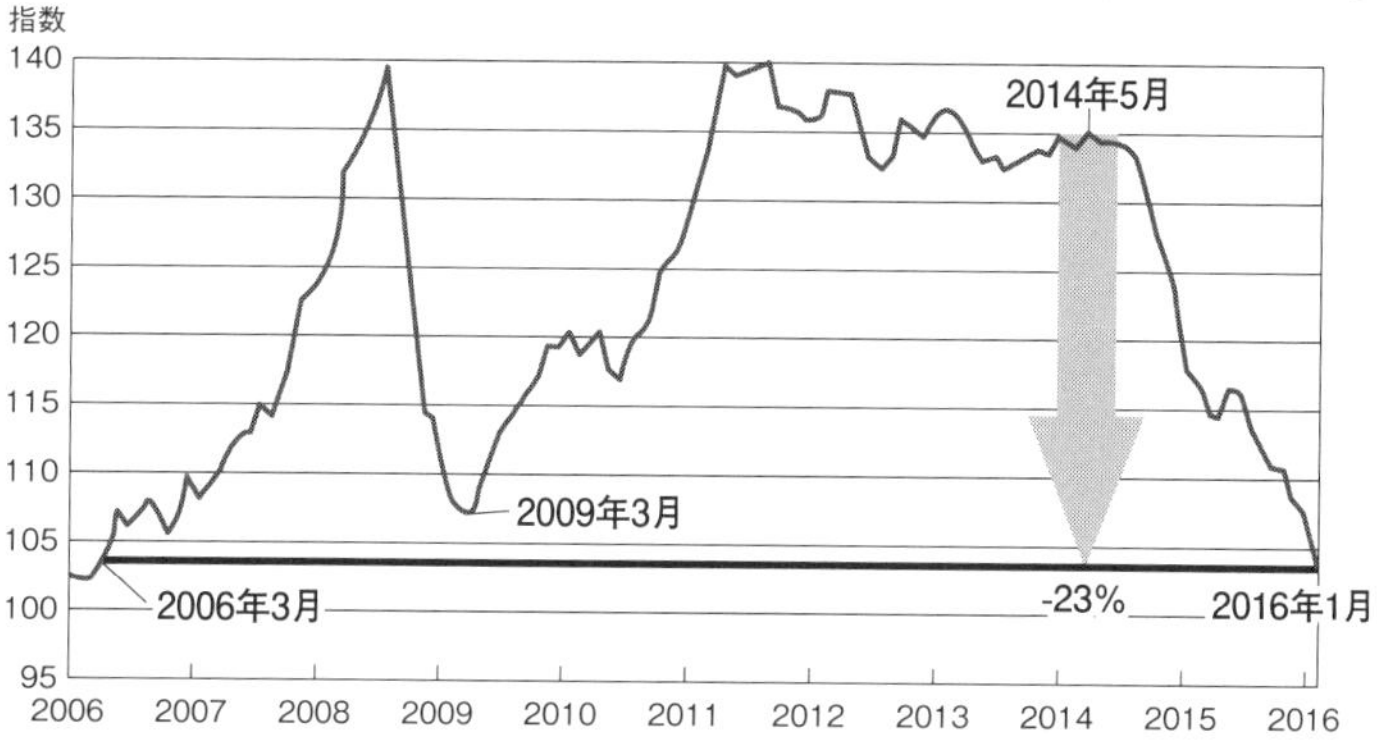

先進諸国製造業にとって過去10年は停滞の時代だった

製造業生産高指数、2006年1月～2016年6月

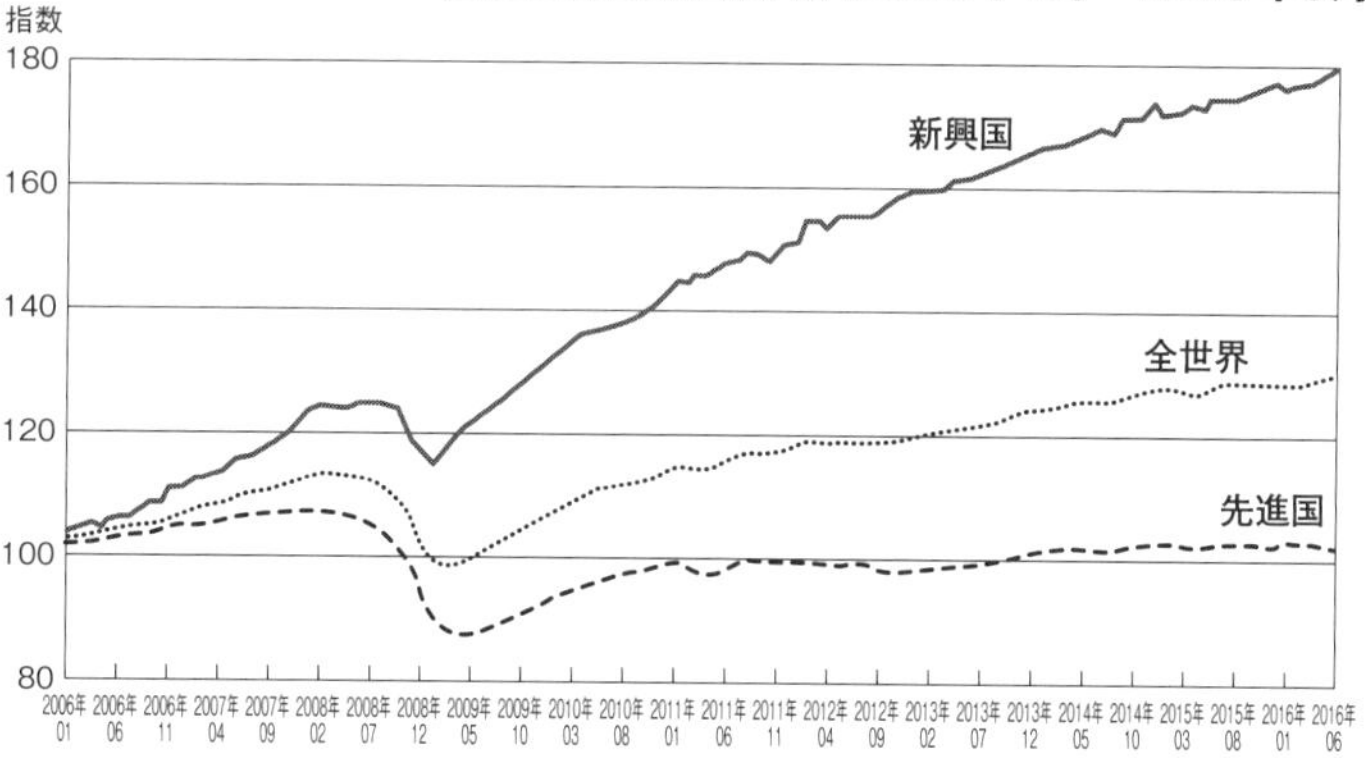

原資料：上下ともオランダ政府中央計画局経済政策分析課
出所：（上）ウェブサイト『Wolf Street』、2016年3月25日、（下）同8月24日のエントリーより

図表3-11

中国という怪奇現象：粗鋼生産高と対世界シェア

1950～2011年

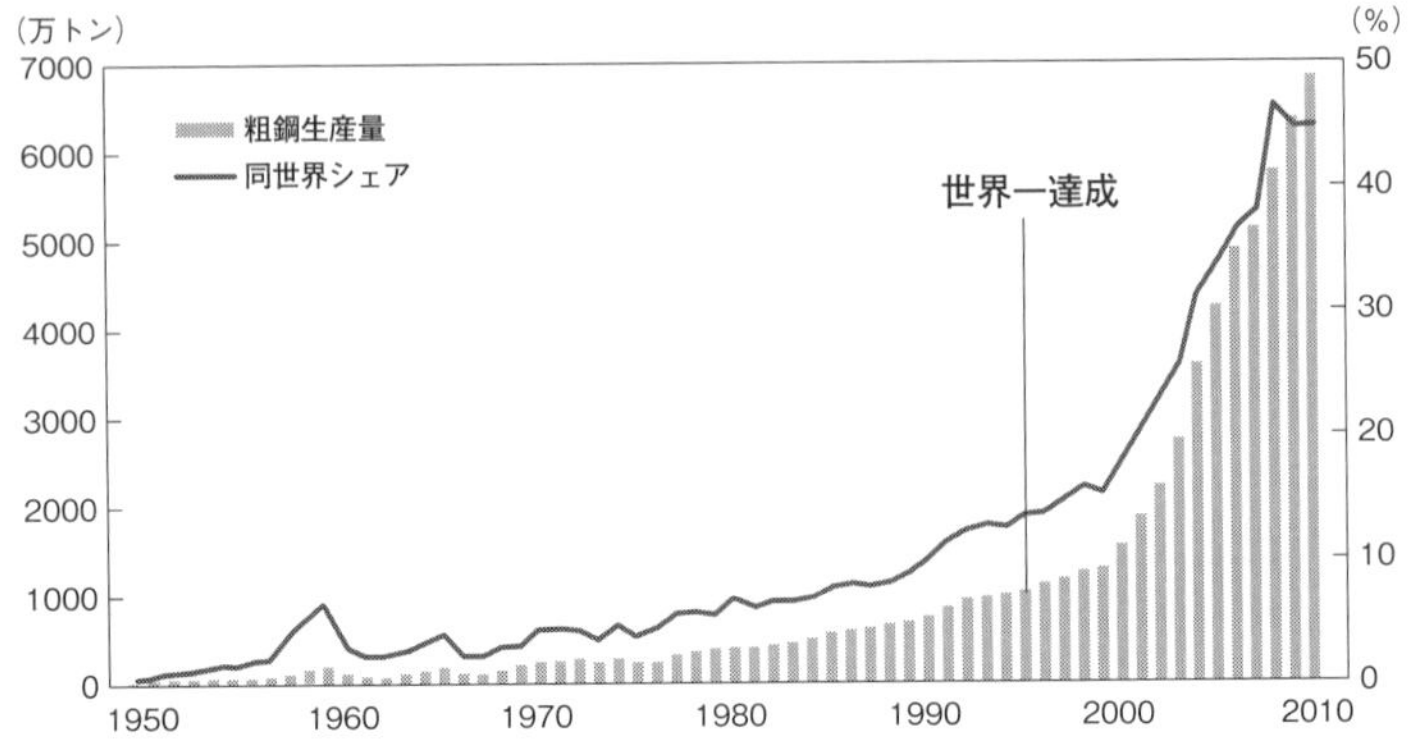

中国内需向け熱延鋼板現物平均価格 2009～15年

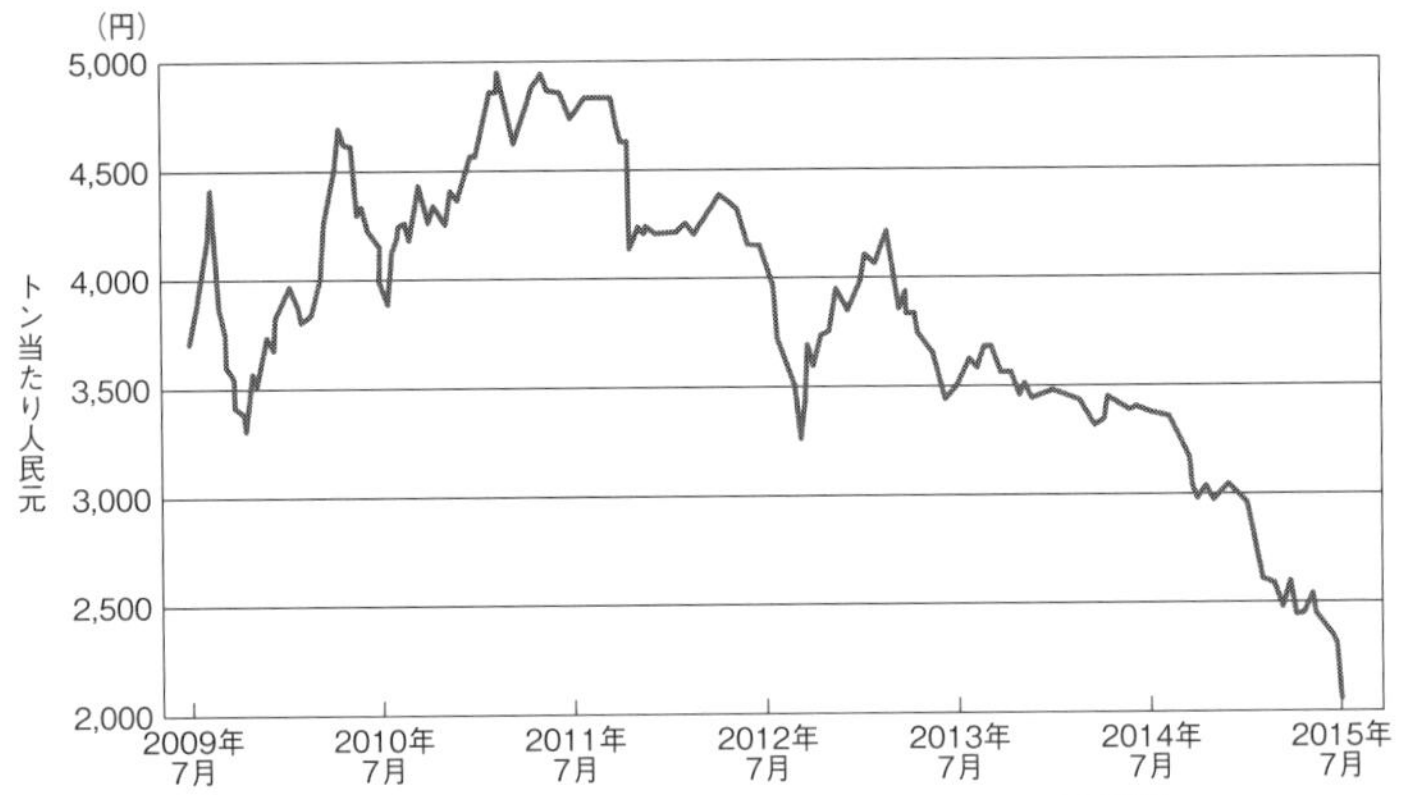

出所：ウェブサイト『The Telegraph』、2016年3月31日のエントリーより引用

出ています。それはもう明らかにあり得ないと断言できます。

図表3―11下段の一般的なタイプの鋼板である熱延鋼板の、中国での現物平均価格を見ると、約4年という短期間で5000人民元だったものが2000人民元まで下がっているのです。これだけ大量の過剰設備を抱えている業界で、これだけ価格が下がってしまったのですから、過剰設備のうちの3分の1を廃棄した程度で立ち直るなんてことはあり得ないと、すぐわかるわけです。

人口や経済規模に対する資源の消費量が尋常ではない

図表3―12に移りましょう。中国は、人口が世界全体の20%、経済規模はこのグラフ作成時点では13%だったのですが、その後の急成長で18%になっています。ただ、人口にしても経済規模にしても、世界の5分の1程度の国が、例えばコンクリートで世界の60%、銅48%、鉄鋼46%、アルミニウム54%、ニッケル50%ものすごい量を消費しています。それがどのぐらいすさまじいものかというと、アメリカで20世紀の100年間を通じて、セメントは45億トンしか使っていませんでした。ところが、中国は2011～13年の3年だけで66億トンも使っているのです。いったいどこに、それだけの需要があるのかという

話になるわけです。

さすがに中国内でも、直近の市況商品の消費量伸び率はかなり激減しています。例えば、粗鋼の消費量伸び率は2014年までの10年間の平均で12%だったものが、2014年の1年だけを見るとたった2%になっています。鋳鉄《ちゅうてつ》に至っては過去10年平均で20%近くだったものが4%に下がっているのです。セメントも年率で11%ぐらい伸びていたのが一挙に2~3%までに下がっています。中国内でも、製造業の生産活動が明らかに低迷する兆しがいろいろな形で表れているのです。

今、世界の中で公害を気にせず石炭を消費できるのは中国くらいですが、エネルギー消費全般が減速している中で、その減速に呼応して石炭の消費量も下がっています。これはある意味、深刻なことです。なぜなら、石炭は中国内で産出されるものが割安な上に、他国では公害に関する規制などで使えないものを、捨て値で購入できていたからです。

そういう格安の資源まで消費量が激減している事実からも、生産活動そのものが低迷していることがわかります。原油の消費量は中国、インド、アフリカ諸国がものすごい勢いで伸びていて、それ以外の国々は微増程度にとどまっていました。ところが、中国、インド、アフリカ諸国をさらに精査すると、本当に伸びていたのは中国1国だけだったことがわかります。1980年の日量180万バレルから2013年の1050万バレルまで伸

図表3-12

想像を絶する中国1国の資源消費量シェア

**だからこそ、中国経済の失速は、
商品市場全体の長期的な衰退を招かざるを得ない**

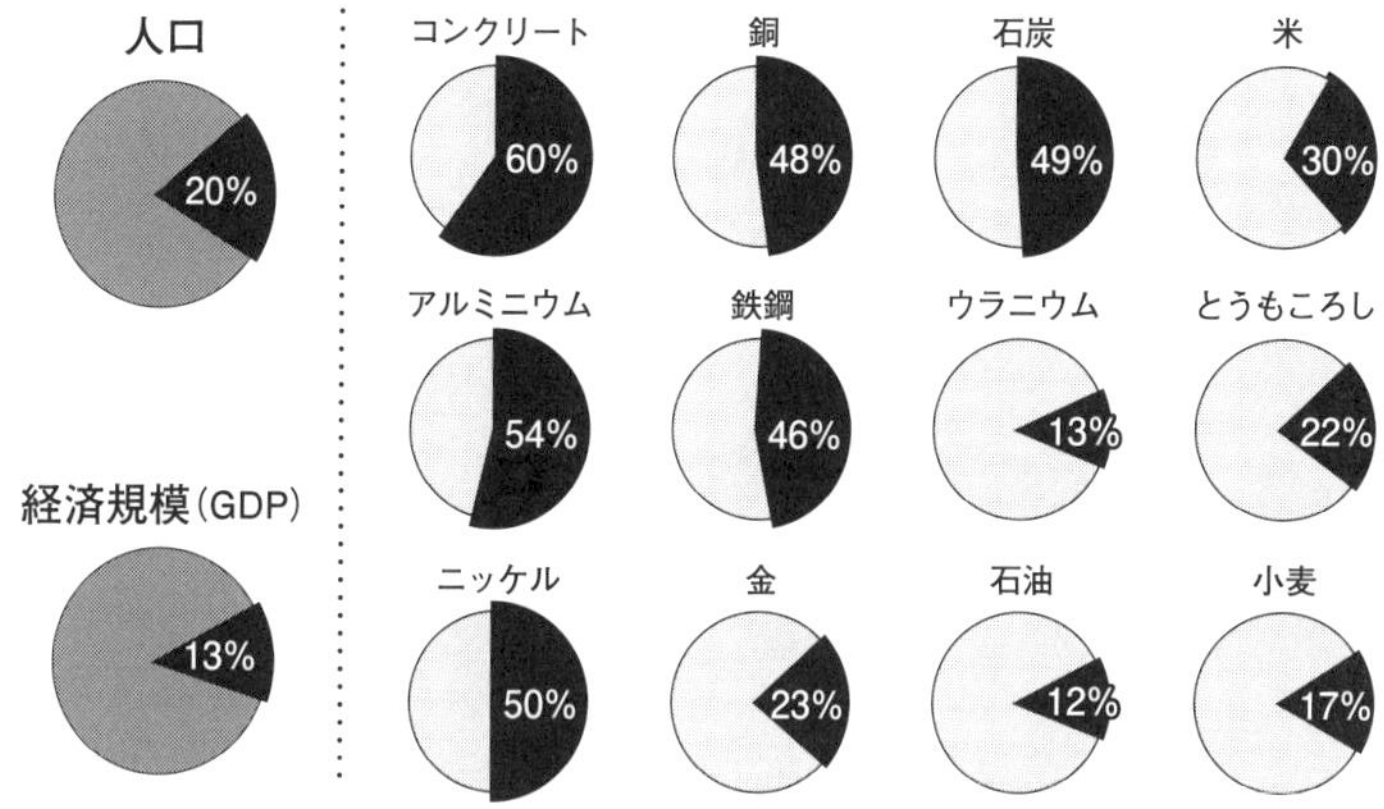

**中国は、アメリカが20世紀いっぱいで使ったより多くの
セメントを過去3年間で使った**

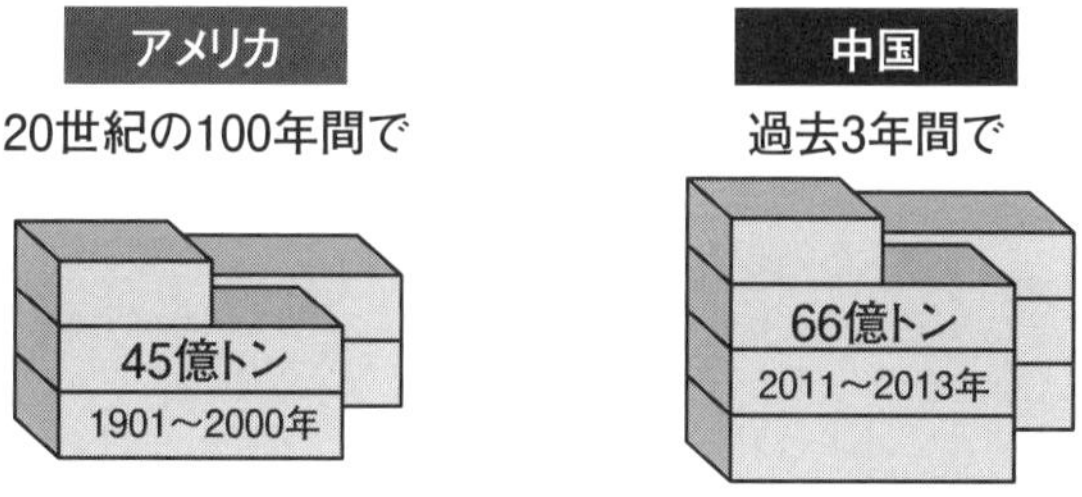

下段の原資料:アメリカ地質調査所『セメント統計　1900〜2012』、同『中国の鉱業　1990〜2013年』
出所:(上)ウェブサイト『Visual Capitalist』、2015年9月10日、
(下)『Things That Make You Go Hmmm』、2014年6月23日のエントリーより引用

びていたのです。それが、直近ではかなり落ち込んでいます。

中国ぐらい経済成長が急速に進んで、金融市場も広がっている国の有力産業の大手企業なら、ふつうあまり無理せずに設備拡大などの資金を調達できるものです。ところが、中国だけは事情が違います。中国の大手銀行はほとんどが事実上の国有企業ですから、あらゆる産業で国有の大手企業を優先して融資をつけているのです。

その結果、民間企業は経営もしっかりしていて拡大意欲があっても、ふつうの銀行融資や自社債の発行、あるいは株の増資という方法でなかなか資金調達ができません。そこで、日本流にいえば、ノンバンク金融機関や、外資系の金融機関からの割高な融資でつないできたところが本当に多いのです。

新興国の中でも、中国を除く新興国の総債務は穏やかな伸びにとどまっています。中国を除く新興国の株式時価評価額も穏やかな伸びで、国際金融危機以降はまったくの横ばいで推移しています。

ところが、中国の株式時価総額は、２０１４年にやっと国際金融危機直前の水準を超えた程度なのに、総債務がものすごい伸び方をしています。しかも、本来銀行業界が担うべき与信機能を大手銀行が果たさないまま、惰性で国有企業優先で採算のよくない融資をつけています。そのため、優良民間企業でさえも銀行以外の融資先から無駄な高金利を払う必要のある融資が増えているのです。

世界の銀行の総資産ナンバー1が中国という異常さ

つい4年前までの世界の利益額トップ10企業（具体的には2013年下半期から2014年上半期に出した通年決算で比較）のうち、金融業界でランクインした4行すべてが中国の大手銀行でした。直近のデータではまったく景色が違っていて、中国企業でトップ10に入っていたのは6位のアリババグループと7位のテンセントだけで、中国の銀行はすべて消え去っていました。ちなみに1から5位は、アップル、アルファベット（グーグルの持ち株会社）、マイクロソフト、アマゾン、フェイスブックの順でした。

つまり、ハードよりもソフトの価値のほうがはるかに高い業界に価値が移転していることを表しています。トップ20まで広げても中国の金融業界では、かろうじて中国工商銀行が残っているかどうかというところでしょう。世界経済は、それくらい様変わりしているのです。

結局、中国の銀行がボロ儲けできていたのは、絶対に返してくれることがわかっている国有企業に、安定した利率で貸し付けることができて、しかも預金者にはほとんど金利を払わずにすんでいたからです。それは最近始まったことではなく、何十年も前から預金者に金利らしい金利はほとんど支払わず、融資からはきちんと金利をとっていたのです。それが、国有企業の破綻も起こるようになり、貸したお金が確実に返ってくる融資先も激減していきました。そのため、怪しげなノンバンクがつくった理財商品に投資したり、海外に直接投資や融資をしたりしてみたものの、焦げ付いて利益が減っているわけです。

銀行業界というのは非常に少ない自己資本で莫大な総資産を維持しているので、総資産のほとんどが総債務みたいなものです。それがどう変化しているかを示す、図表3―13をご覧ください。アメリカの銀行業界総資産も激増しているのですが、中国はアメリカの3倍ぐらいのペースで伸び続けています。今や中国の銀行業界の総資産は、アメリカの銀行業界の総資産の2倍近い25兆ドルを超える水準になっているのです。これは、どう考えても異常な事態といえるでしょう。

また、中国の不動産業界への新規融資額が2016年になって激増しています。これは、本当に健全な融資先が少なくなってきていることを表しています。

ノンバンクが起債する形でつくった理財商品を、銀行が自行の窓口で販売して大衆に押しつけているわけで、それがすさまじい金額になっているのです。不思議なもので、中国の銀行は「うちの銀行に預金しても全然利子がつかないから」と預金者に理財商品を売り

図表3-13

米中銀行総資産(兆米ドル)推移　2004～2015年

2008年12月以降だけで、中国の銀行総資産は20兆9000億ドル増加している

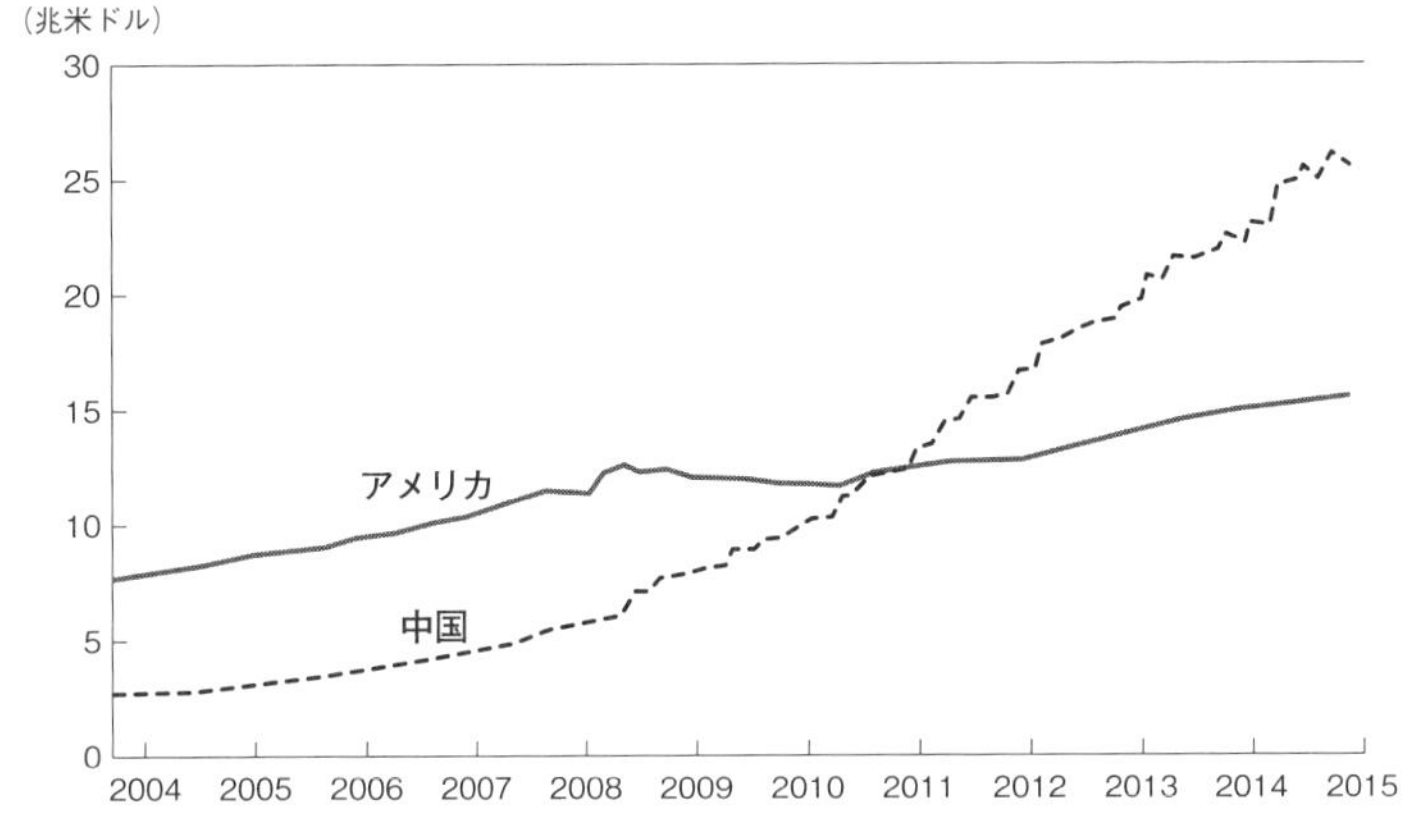

原資料：ブルームバーグ、ETM Analyticsの資料をStratfor.comが作図
出所：ウェブサイト『Financial Sense』、2016年4月27日のエントリーより引用

つけているのです。その一方で、理財商品を起債しているノンバンクへの融資は未収金の勘定に入っていて、そのまま返ってこない可能性も高いのです。

理財商品は2012年の段階では皆無に近かったのに、過去4～5年でものすごい金額に激増してきました。今もなお増え続けています。理財商品も含めた社会金融といった、金融業界以外に属する企業が組成した金融商品の流通残高は、すでに1兆ドルを超えているといわれています。

アメリカの銀行融資が激増した2006～07年あたりに比べると、

中国の銀行融資はすでにその水準をはるかに超えています。そのうえ、社会金融と称する金融業界外の企業が運用している金融商品がさらに加わることで、アメリカのピーク時に比べて、2・5倍ぐらいの規模になっているはずです。

中国の人口はアメリカの5倍あるものの、株や債券をふくむ金融市場はアメリカより少し小さいくらいの規模です。しかし、最近になって銀行融資と社会金融は、アメリカよりもはるかに大きくなっているのです。

中国の工業生産高は、2013~16年にかけてどんどん伸び率が低下しています。2013年にはまだかろうじて10%を超えていたため、GDPの目標値である7%は達成できると宣伝していました。ところが、今では「GDP成長率が6%台を確保できればいいではないか」という状況になっています。しかし、それすらも達成できるかは大いに疑問があります。

もう1つ非常に怖いのは、国有企業に官僚の子弟が続々入社していることです。彼らは本当に働かずにオフィスであぐらをかいて、あくびをしているだけの連中なのです。そうした国有企業がものすごい勢いで固定資産を伸ばしている一方で、民間の固定資産は直近になって伸び率が激減しています。2012年ごろまでは、まだ国有企業よりも民間企業の固定資産投資のほうが大きかったのですから、この民間設備投資成長率の鈍化ぶりは要注意です。

設備投資における民間企業優位が2015年あたりで逆転して、今では固定資産投資のうち、民間固定資産投資の成長率は5％を下回っています。国有企業は相変わらず15％ぐらいの固定資産投資を続けているのですが、民間はもうそろそろ怖くなって固定資産投資は増やさないようになってきているのです。

これから訪れる労働者人口の減少

日本ではすでに、生産力年齢を卒業した人たちが増え、人手不足の状態になっていますが、これからの中国も同じような状態に急激に変わっていくでしょう。2016年には生産力年齢から卒業した人たちがなんと年間900万人も増える一方、生産力年齢に入ってくる人たちが年間200万人減ってしまったのです。これから先、出産が多かった年、少なかった年によって多少のでこぼこはあるものの、毎年ほぼ変わらずに生産力年齢の人たちは減っていく状態になります。

労働力人口と高齢者人口の増え方の差が、2008年までは労働力人口の増え方のほうが大きくて、高齢者人口の増え方は少なかったので、総債務の負担は比較的軽かったのです。ところが、2009～16年までの8年間で見ると、労働力人口は全然増えなかったのに高齢者人口ばかりが6600万人も増えています。その一方で、27兆ドルも総債務が増えてしまったのです。27兆ドルというのはものすごい数字で、日本円にすると約3000兆円にもなります。これから先、これを挽回《ばんかい》する可能性があるのかといえば、かなりきびしいといわざるをえません。

中国は、国民経済全体はものすごい勢いで伸びてきたけれど、そのうち消費は国民経済全体の伸び率に比べると6～7割ほどの伸び率にとどまっています。では、何が伸びたかというと、総固定資本形成、要するに投資が伸びていただけなのです。

ふつうの国では、消費は国民経済全体の7割に近い数字で、投資が2割前後。そして、そのほか政府部門や輸出入の差額とかで国民経済は形成されています。中国の場合、2003年ぐらいまでは一応消費のほうが投資よりも大きかったのですが、2005年以降は一貫して消費総額よりも投資総額のほうが大きくなりました。しかもそのギャップが年々拡大する状態が2013年まで続いていったのです。2014年は、この傾向がちょっと緩和された程度なのです。

世界全体の投資総額のうち、26%が中国によるものです。中国の人口は世界で約20%を占め、国民経済の規模では18%ぐらいなので、明らかに投資が突出して大きいわけです。

中国経済の規模は、1999年に4兆2000億ドルだったものが、2011年には10兆7000億ドルと2倍を超える伸び方をしています。そのうち、消費は4兆2000億ドルの47％、約2兆ドルでした。それが1999〜2011年までの12年間で10兆7000億ドルの28％、ほぼ3兆ドルと、1・5倍にしかなっていないのです。ということは、消費は年率で4％強という低めの伸び方しかしていません。

中国の固定資産投資は、最近では明らかに国家部門、つまり政府と国有企業が必死になって引っ張り上げているけれど、民間企業はもう投資しないほうが安全だというぐらいに投資力が衰えています。民間企業の投資は、2016年半ばぐらいでもうゼロに近づいています。政府および国有企業は年率約20％というべらぼうな伸びを未だに続けていて、明らかに採算度外視の怖い投資をしているわけです。

そういう投資だけでどんどん伸びてきた中国株は、かなり乱高下していますが、直近はPER（株価収益率：株価が1株当たり利益の何倍かを示す）が60倍近くに上がっていて、とんでもなく割高なのです。昔、高度成長期の日本企業のPERは高過ぎるといわれていましたが、それでも30倍ぐらいでした。

中国の総債務と元利支払い額の対GDP比率がまたすごいことになっています。債務だけでもすでにGDPをはるかに上回っていて、2006年には130％弱だったものが、

2016年には200%近くに上がっているのです。その結果、元利支払い額の対GDP比率は、2006年に約20%だったものが2016年には30%を超えています。つまり、毎年の国内総生産の3割は過去の債務の元利払いのために使っているのです。

中国では膨張し続ける投資で初期には国内に人も車も通らないような道路とか、誰も渡らない橋とか無駄な設備をつくっていました。また輸出を拡大することでなんとかごまかしながら、国民経済全体として成長を続けてきたといえます。しかし、最近はアメリカやヨーロッパで消費支出があまり伸びておらず、最終消費財が売れなくなってきています。その一方で、ベトナムやインドネシアといった中国よりも労賃の安い国からの輸入も増えているので、中国の輸出はまったくといっていいほど伸びていないのです。

先進国と違い、中国のリタイア組には貯金がない

中国は生産年齢の人たちが減っていることのほかに、消費が増えない理由があります。先進国の場合、ふつうの給与水準の人でも、現役のうちに退職後に自分がやりたいことをやるための貯えをしている人がかなりの人数に達しています。そうした蓄積がほとんどないまま、退職してしまうのが中国の勤労者たちと、アメリカの黒人やヒスパニック系の人

たちなのです。

ちょっとした趣味に使える資金があるかないかで、退職後の人生の充実度というのは、かなり違ってきます。また、国内の格差もすごいわけです。

例えば、中国で国有企業に入社すること自体、ある意味で終身年金をもらうようなものです。つまり、国有企業に入ったら、たいして働かなくても給料がいい。それでいて、国有企業だから、退職年金もすごく手厚い。要するに、1度の入社試験で、終身年金がもらえない、もらえるといった境界線が引かれるのです。

しかも、国有企業に入りやすいのは、国や党、人民解放軍の幹部の息子や娘ばかりです。そうでない人たちは入社試験を取り仕切っている係の役員に賄賂を出す必要があります。でも、誰に賄賂を渡せば有効かを見分けるのがものすごく難しいそうです。

というのも、誰に出しても、「こんな金受け取れない」と怒る人は1人もいなくて、みんな喜んでもらって、「努力するよ」というからです。でも、努力するというのはあくまでも努力であって、入社試験に関係のない人に賄賂を渡しても何の役にも立たないわけです。実際に取り仕切っている人に渡せば、それなりの考慮をしてくれて、枠があれば入社できる。でも、誰が取り仕切っているかは、誰に聞いても教えてくれません。要するに、なんらかのコネがないと、有効な賄賂を渡す相手さえ見つけられないのです。

もう1つの大問題は、未だに農村に生まれた人は、何十年も都市で労働者として働いても都市戸籍をとることができないため、働けなくなったら田舎に帰らなくてはいけないのです。そのまま住み続けようとしても、きちっとした住所も持てないので難民的な生活を送らざるをえない。そういう大不公平があるのです。

今、国有企業も効率化を図るために、縮小したり合併したりしています。それがうまくいくかどうかといえば、かなりきびしいでしょう。というのも、国有企業の縮小・合併イコール、自分が手足として使っている連中の金づるを断つことになるからです。もし、習近平が毛沢東以上の権力を握ることができれば、それが実現する道も開けてくるでしょう。

ただ、習近平のスローガンは「小康社会」、つまり少しゆとりのある社会です。「大躍進」や文化大革命のころの「造反有理」に比べると、穏やかであまり異論の出る余地のない「おとな」の旗印ですが、それだけに強大な権力基盤をつくるための熱狂的な支持を確保できるかどうかには疑問が残ります。

第4章

大同団結したヨーロッパは、世界の辺境に逆戻り

量的緩和によってインフレ率はむしろ下がっている

ヨーロッパは、欧州中銀の総資産がどんどん伸びているのに、株価は下がっている状態にあります。これはある意味、非常に健全なことなのです。何が健全かというと、ヨーロッパでもアメリカや日本と同様、中央銀行がどんどん資産を拡大すればするほど、人はインフレを警戒してものを買わなくなるので、マクロ経済の指標は下がっています。

アメリカでは、マクロ経済の指標が下がれば下がるほど、企業が自社株買いや増配はする。ただし将来に向けた積極投資をしなくなるため、株価だけが上がっていくという末期症状になっています。それに比べてヨーロッパは、マクロ指標が下がると同時に株価も下がっていくという、まだ健全な状態を維持しています。

しかし、ヨーロッパ諸国でもアメリカ的な末期症状に近づいている気配が少しずつ出てきています。1つは、今までものすごい量的緩和をやっていたアメリカの連邦準備制度が、2015年を境に総資産を横ばいにしています。つまり、量的緩和はもう実質上フェードアウトしているわけです。それに比べて、欧州中銀はちょうどアメリカが横ばいにしたころから急激に総資産を増やし始めています。図表4-1上段のグラフでご覧いただけるとおりです。総資産を増やすのは何が目的かというと、低迷しているインフレ率を上げたいから増やすわけです。

ところが、図表4―1下段のグラフを見ていただくとわかるように、欧州中銀が本格的に総資産を増やし始めてから、インフレ率はむしろ低下しています。それに従って、製造業の新規受注も減っているのです。

これは結局、世界の先進諸国の中央銀行が一斉にインフレ率を高めれば経済は回復するという思い込みのもと量的緩和を実施したけれど、先進諸国の国民はそこまでバカではなかったことを実証したデータといえるでしょう。インフレになれば、自分たちが稼いだ勤労所得と今までの勤労所得の蓄積である貯蓄が実質ベースでは目減りしていくのを理解していたのです。その目減り分のほうが、毎年の勤労所得の増加分よりも小さければ、名目で見ると資産も所得も拡大しているはずです。しかし、実質で見ると減少していることがわかるのです。

それがわかれば、人は当然それにふさわしい対応をします。

中央銀行が増刷した紙幣で各国の国債を買ったり、有力企業の社債を買ったりして資産規模を増やしています。日本の場合、ETF（上場投信）投資で株まで買ったりしたところで、一般大衆はそれにつられなかったわけです。「インフレになったらものが高くなる

図表4-1

連邦準備制度の総資産がほぼ横ばいの間に、欧州中銀の総資産は約1兆ユーロ増加

2002〜16年

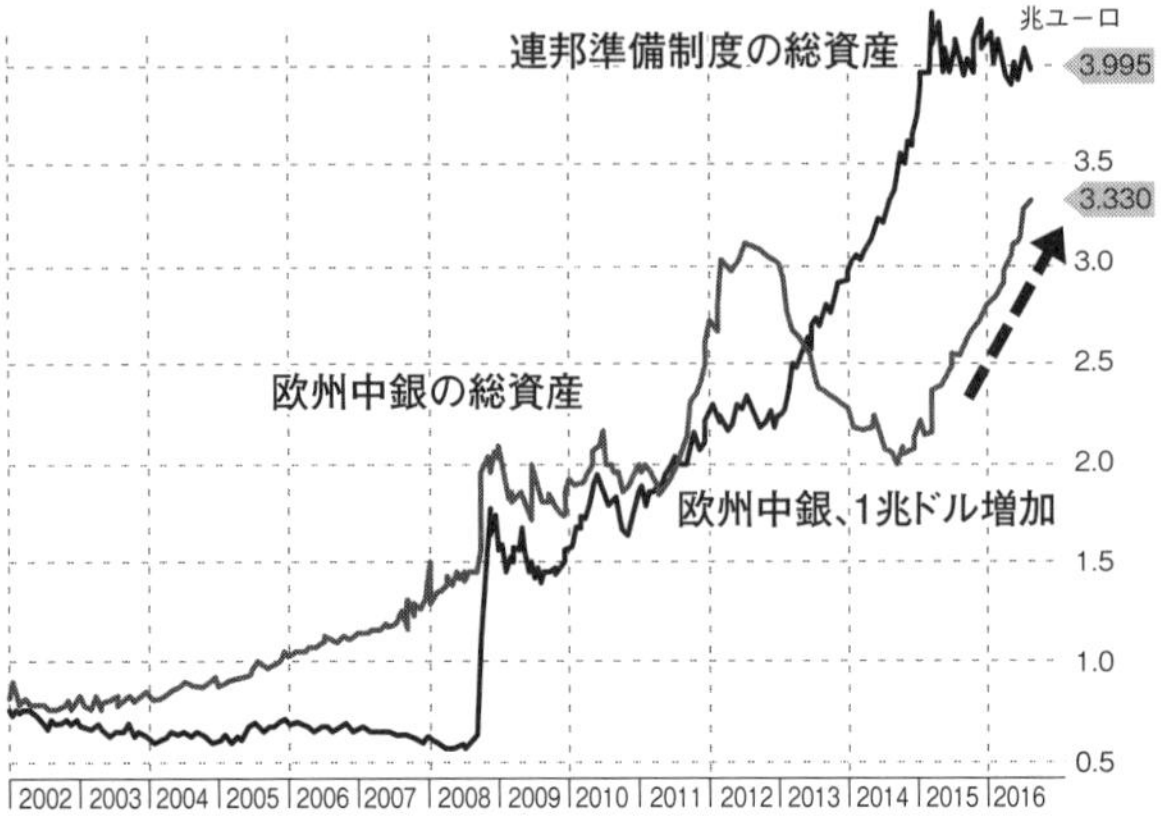

中銀の資産拡大は、実体経済の刺激になんの効果もなし

2015年12月〜2016年9月

出所：ウェブサイト『Zero Hedge』、2016年9月5日のエントリーより引用

から、今のうちにものを買っておかなきゃ」とは思わずに、「インフレが起きたら実質的な所得が減るから、それに備えてもっと財布のひもを引き締めなきゃ」と思っていたのです。つまり、中央銀行が総資産を増やせば増やすほど、インフレ率は低下していったのです。

ユーロ圏の発足が世の中を悪くしていった

ユーロ圏やイギリス経済がなぜ不振かというと、バランスシートが水膨れしているからです。とにかく今は、銀行本来の業務である融資ではなく、株や投資信託を買ったり、国債を買ったりしています。つまり、金融業界が自分で事業会社に融資ができず、金融商品で運用している状態になっているからです。大ざっぱにいって、運用3割対融資7割ぐらいの比率になっているのです。

金融業界が健全なときなら、銀行は手もとにある資金の大部分は融資に回していて、そのほかの現金や投資運用は、本当に薄皮1枚ぐらいの程度にとどめたものでした。

それが、本来の目的である融資に使えないお金がどんどん貯まってしまう状態が拡大しているのです。その最たるものがイギリスの中央銀行であるイングランド銀行の調査によるイギリス金融業界の銀行総資産です。これが、GDPの4・5倍ぐらいになっているのです。

日本の場合、全体としては、国債という国の借金だけでGDPの250%か280%ほどのとんでもない数字になっています。ですが、日本の銀行は意外や意外、資産の水膨れは小さく、GDPの約2倍にとどまっているのです。アメリカの場合も、国や一般企業はもう捨て鉢の閉店セールに突入しているけれど、銀行は案外健全です。それに対して、イギリスやフランスの銀行はとんでもないお金を集めていて、そのお金を融資で運用できずに投資商品に回したりしています。そのため、これはもう相場がたっと下がったときにとんでもない被害をこうむることになるのです。

その点についていえば、やはりユーロ圏の発足で、かなり世の中が悪くなっています。図表4―2の上段をご覧ください。これはイタリアがまだリラという通貨を使っていたころ、自国通貨安が起こっても、公共事業の拡大で景気を活性化できたことを示しています。かつては財政赤字のGDP比率が上昇すると、リラが安く米ドルが高くなって財政赤字の対GDP比率もほぼ自動的に減っていたのです。つまり、リラが安くなると輸出の国際競争力が拡大して、公共事業だけに頼らずに景気を活性化できていたのです。

初めは計算だけのための仮想通貨として1998年にユーロが発足し、2001年から

図表4-2

リラ時代には「リラ安」と財政出動に効果があった

1980～99年

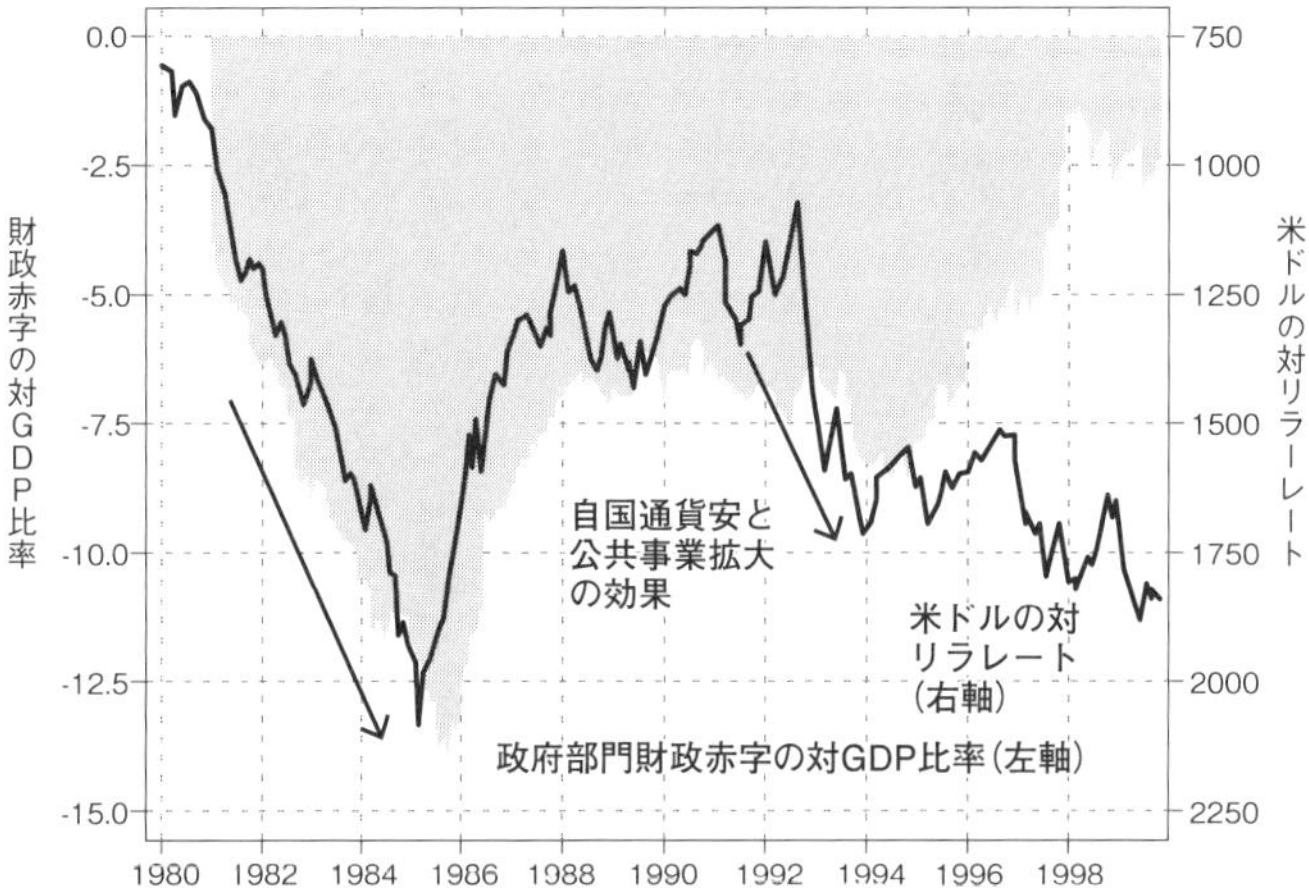

原資料：Gavekal Data、Macrobond社

イタリアはユーロ圏入りしてなんの得もなかった

1996～2016年
国民1人当たりGDP(購買力平価で換算した米ドル)

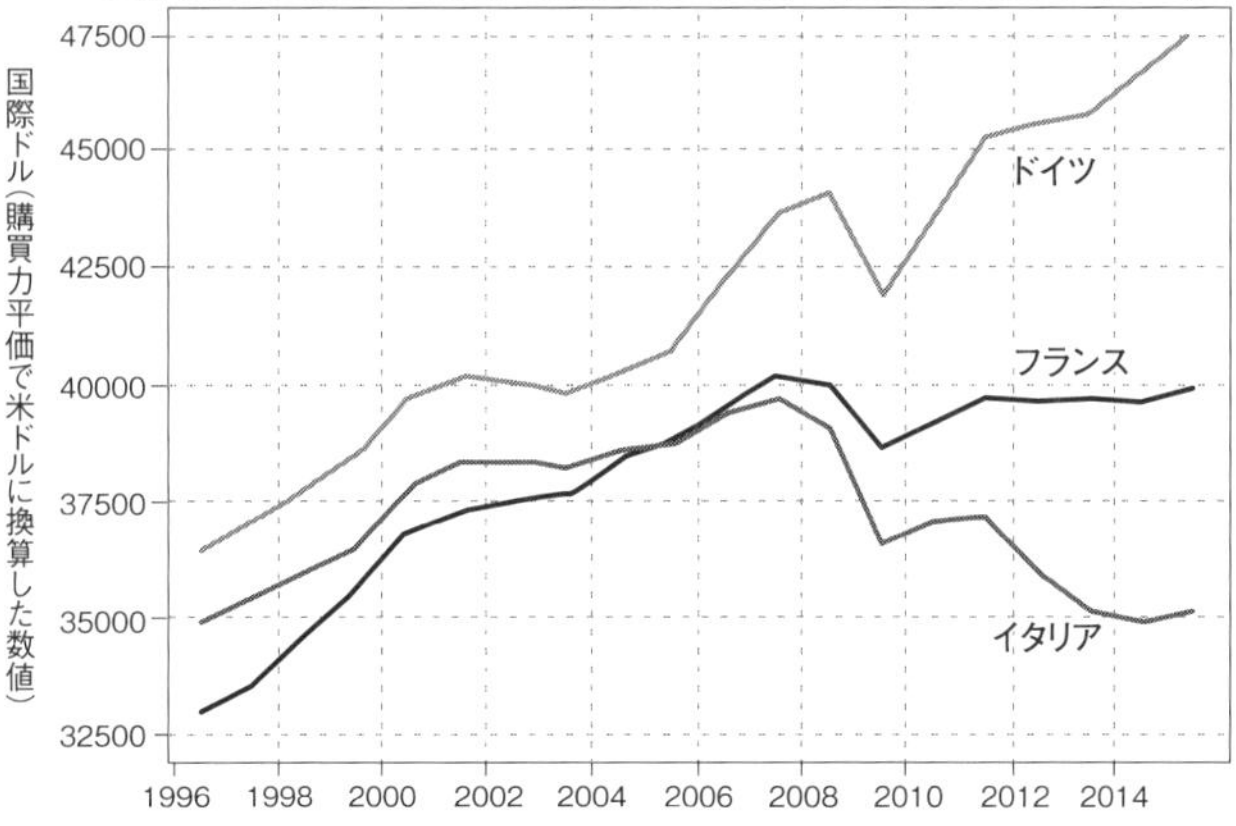

原資料：Conference Board TED、Gavekal Date、Macrobond社
出所：ウェブサイト『Market Oracle』、2016年9月1日のエントリーより引用

実際のユーロという通貨が流通し始めました。それ以来、ユーロ圏は全部ユーロという単一通貨になっています。そのため、イタリア1国が自国のリラを安くすれば、財政赤字が減って経済回復できるという手段が使えなくなったのです。

それから先のことが出ているのが、図表4―2の下段です。ユーロ圏入りしてから、国民1人当たりのGDPがどう変わったかというと、イタリアの場合、少し下がっています。フランスが微増で、ドイツだけがかなり顕著に上がっているのです。

これはなぜかというと、経済的に強いドイツ、まあまあのフランス、弱いイタリアがすべて同じ通貨を使っているためです。ドイツはユーロで輸出すると割安だからどんどん輸出が増えるけれど、イタリアはユーロで輸出すると、自国経済に比べてユーロが強すぎるので少しも輸出が伸びない環境になってしまったのです。

イギリスのEU離脱はどういう影響を及ぼすのか

EUを離脱するイギリスの国民投票の結果は、イギリスおよびユーロ圏諸国にどんな影響を及ぼすでしょうか。なかなかおもしろいことになりそうです。イギリスがEU圏を離脱した結果については、2つの可能性が考えられます。

1つは、イギリスは今までユーロ圏には加盟していませんでしたが、EUに加盟していたので、イギリス国民はヨーロッパ大陸のほとんどの国をパスポートなしで行き来できていました。また、ユーロ圏へのモノの輸出入もほぼフリーパスで行っていました。こうした有利な立場も活用して、イギリスのヨーロッパ金融業界における地位は、全体としてかなり高かったという制度的な要因を重視する見方です。

EU離脱でその特権がなくなって、イギリスがヨーロッパ金融市場に占めるシェアが下がることで、かなり大きな打撃を受けるという観測が出てくるわけです。市場関係者のあいだでは、ドイツやフランス、スイスといった比較的金融業の大きな国がイギリスの離脱によって、漁夫の利を得ると主張する人が多いようです。

イギリスのヨーロッパ金融業界に占める地位の高さを、具体的なデータで確認しておきましょう。図表4―3です。

まず銀行業の規模で比較すると、イギリスだけが10・2兆ドルと突出して大きく、ドイツやフランスでもイギリスの7割弱の規模しかありません。その次のオランダとなると、イギリスの約4分の1です。ただ、スイスだけはヨーロッパのありとあらゆる同盟に加盟していないので外してあるため直接比較はできません。もしここにスイスの金融業界が入ってくると、イギリスとドイツの中間ぐらいの規模になると思います。

このようにまず規模が大きい上に、イギリスの金融業界はヨーロッパ諸国での保険業務や資産運用業務でも高い地位を占めています。外国為替取引やデリバティブに至っては、ほかの国はだいたい2～3％のシェアなのに、イギリスだけが36～37％のシェアと他国を圧倒する存在感を示しています。外国為替取引でのシェアも似たようなものです。

このイギリスの突出した強さが、ＥＵに加盟しているという経済的な枠組みのおかげなのか、そうではないのかを考えると、イギリスがＥＵから離脱しても、金融業にとってほとんどマイナスはないという結論に達します。むしろ、今までＥＵに縛られていたことから解放されるので、もっと動きやすくなることも十分ありえると思います。

その最大の理由は、アメリカ人が実は日本人と同じぐらい外国語が下手だということです。日本に来るアメリカ人は、アメリカ人の中でかなり特殊な人たちが多いので、アメリカ人はみんな外国語をふつうにこなすことができると思っている日本人がたくさんいます。ところが、世界中の中学校、高校で外国語教育をほとんどしないのは、今やアメリカぐらいなものです。

イギリスは、さすがにヨーロッパ大陸が近いのでフランス語やドイツ語、イタリア語のうち、1カ国語ぐらいは話せる人が多いのです。イギリスの金融業界に占める非常に大きな地位は、アメリカ英語とヨーロッパ各国言語との仲立ちをして通訳ができるのはイギリ

図表4-3

イギリスが圧倒的に強いEU圏の金融サービス業界

ロンドンは、銀行業でEU圏随一のシェアを持つだけではなく、外国為替、デリバティブ取引、保険、資産運用でも突出した地位を占めている

2016年現在の銀行業規模（単位：兆ユーロ）

主要金融部門での世界シェア

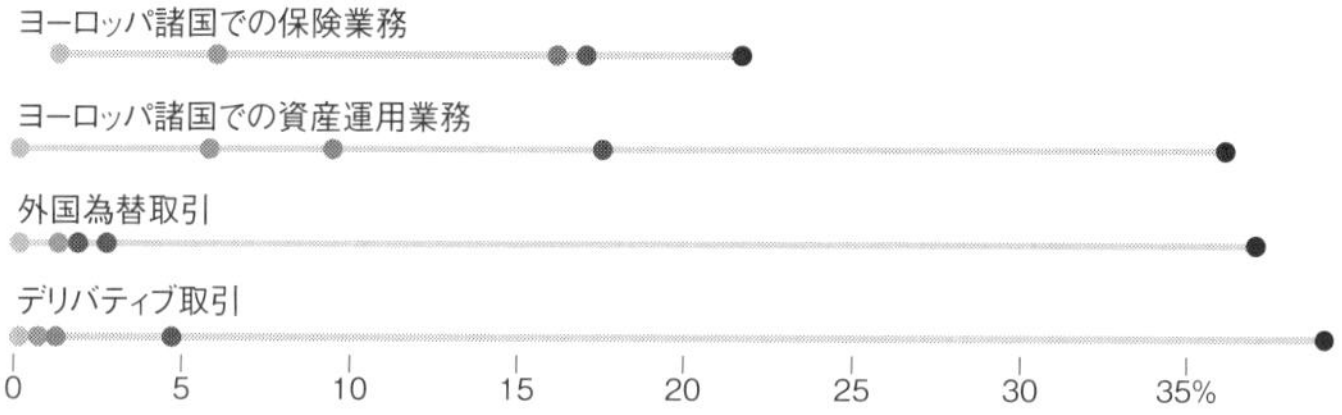

各年4月の1日平均外国為替取引額、2001、2004、2007、2010、2013、2016年

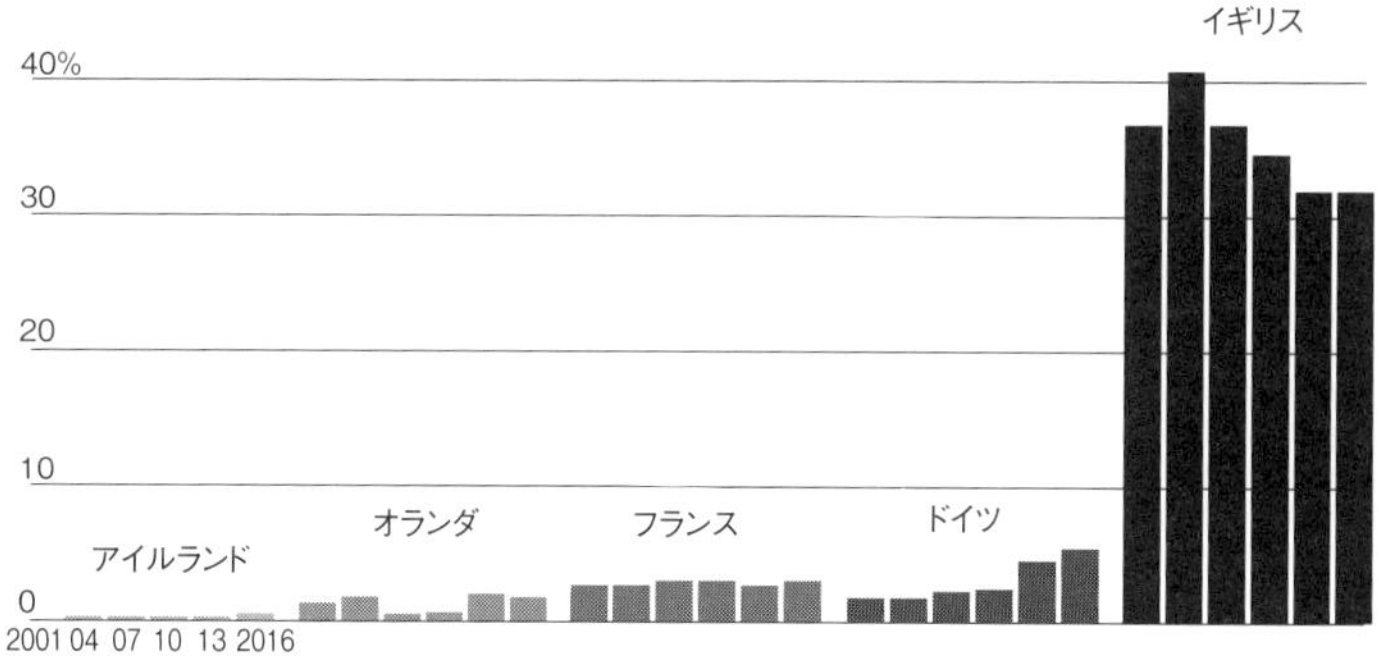

原資料：ブリューゲル（ベルギーのシンクタンク）、ヨーロッパ資産運用業者協会、インシュァランス・ユーロップ、国際決済銀行
出所：Reuter通信ウェブサイト、2017年7月12日のエントリーより

ス人という場合が多いことによるところが大きいのです。

私がイギリスの投資銀行にも、アメリカの投資銀行にも勤めた実体験からいえることですが、例えば、アメリカのセールスマンと一緒に、英語が母国語ではないヨーロッパ各国に行ったとき、アメリカ人のセールスマンは日本人セールスマンと同じぐらい役に立ちません。でも、イギリス人セールスマンだと、イタリアに行くときにはイタリア語ができる人が来るし、フランスやドイツに行くときにも、それぞれの言語のできるセールスマンがついて来てくれるので、通訳として十分役に立つのです。

その点については、イギリスがEUに加盟していようといまいとまったく関係ありません。だから、イギリスにとってEUからの離脱は、かなり高い手切れ金を払わされても、行動の自由は拡大するし、ヨーロッパ諸国言語とアメリカ英語の通訳ができるという有利な地位はそのままなので、ほとんど痛みはないはずです。

イギリスはアメリカ以上の金融立国

ただ、イギリスはアメリカ同様、否、それ以上に金融業の肥大化が大きくて、金融業の付加価値額がほかの産業に比べて突出して高いのです。

イギリスが今抱えている最大の問題は、金融業はしっかり稼いでいるのに、その稼いだお金が金融業界に勤めている高給取りのビジネスマンのふところに滞留したまま、国民経済全体に行き渡っていないこと。もう1つが、ヨーロッパとアメリカの仲介をするという機能自体にはまったく影響はないとはいえ、ユーロ圏そのものが2008年の国際金融危機直前のピークから7~8年たって、やっとそのピークを回復したという程度で、なかなか成長軌道に戻れていないことです。

ユーロ圏そのものの市場価値が下がっている中で、アメリカとユーロ圏との通訳としてのイギリスの役割が、どこまで貴重なものになりうるのか。あるいは貴重なものであり続けるのかという点が焦点となってきます。

さらにもう1つ、アメリカとBRICS諸国（中国、ロシア、インド、ブラジル、南アフリカ）を仲立ちする機能も、イギリスがいちばん強かったのです。

ブラジルは直接関係ないけれど、中国は香港を通じて昔からコネがあるし、ロシアにも昔からつながりがあります。インド、南アフリカに至っては昔植民地だったわけです。その意味で、イギリスはユーロ圏だけでなく、BRICS諸国とアメリカとの仲介役としても重視されていました。ですが、BRICSそのものが総撤退みたいな格好になると、それもあまり意味がなくなります。

ヨーロッパの銀行業は深刻な経営危機に瀕している

そもそもユーロ圏自体がどのぐらいもつのかという話が、真剣に議論すべきポイントだと思います。すでに相当低迷しているのは間違いありません。アメリカとユーロ圏の固定資産投資額の指数を見ると、アメリカは2015年の段階で2008年の国際金融危機直前の水準を上回っています。ところが、ユーロ圏はまだ85%の水準にとどまっている状況です。

もう1つ、消費も2008～09年にかけて一時低迷した後、アメリカは順調に回復して、指数で110あたりを推移しているのに、ヨーロッパはやっと100に戻った程度です。

要するに、国際金融危機は、アメリカが震源地だったにもかかわらず、被害はユーロ圏のほうがアメリカよりもはるかに深刻で、未だに完全には立ち直っていないのです。アメリカはすでに立ち直っていてその先を行っている。けれども、今度はその先でもっと深刻な事態、つまり、株式市場自体がもう「閉店セール」に入っている状態ということは前述しています。

ユーロ圏の今の低迷ぶりは、それよりはるかに前の段階で立ち止まっているのですから、いかに深刻かがわかると思います。

ユーロ圏の17カ国内では国境を巡って輸出入の制約はないに等しく、ほぼフリーパスで圏内ならどこの国からどこの国へも輸出できます。そのユーロ圏内諸国への輸出総額は、1999年にユーロが仮想通貨として導入されて以来、かなり順調に上がり続けてきたものの、2008年の国際金融危機で激減しました。その後、もう一度戻ってきましたが、2011年にユーロ圏のソブリン危機が起きて下落に転じて以来、一度も回復していません。

ユーロ圏の深刻さを非常によく示しているのが、図表4―4のユーロ圏の大手金融機関に対するアンケート調査の結果です。欧州中央銀行も、アメリカや日本と同じような量的緩和をしてばらまいた札束でユーロ圏各国の国債を買ったことで、金融市場には相当お金が出回っているはずです。

それなのに、アンケートでは、企業への融資をかなり増やしたところがほんの少しで、いくらか増やしたというところでさえ10%台です。ほとんど増やしていないが80%を超えているのです。住宅ローンに至っては、かなり増やしたというところはゼロで、いくらか増やしたが10%ぎりぎりで、ほとんど増やしていないが90%ほどになっています。

つまり、欧州中央銀行がせっせと量的緩和をして、ばらまいた札束を受け取った金融機

図表4-4

ユーロ圏の金融機関は、量的緩和で得た資金をほとんど融資にまわしていない

欧州中銀の資産買い入れプログラムに参加して資金を増やしたユーロ圏の大手銀行経営者に対する「過去数カ月で、貴行は企業や個人世帯への融資を増やしましたか」という質問への回答比率

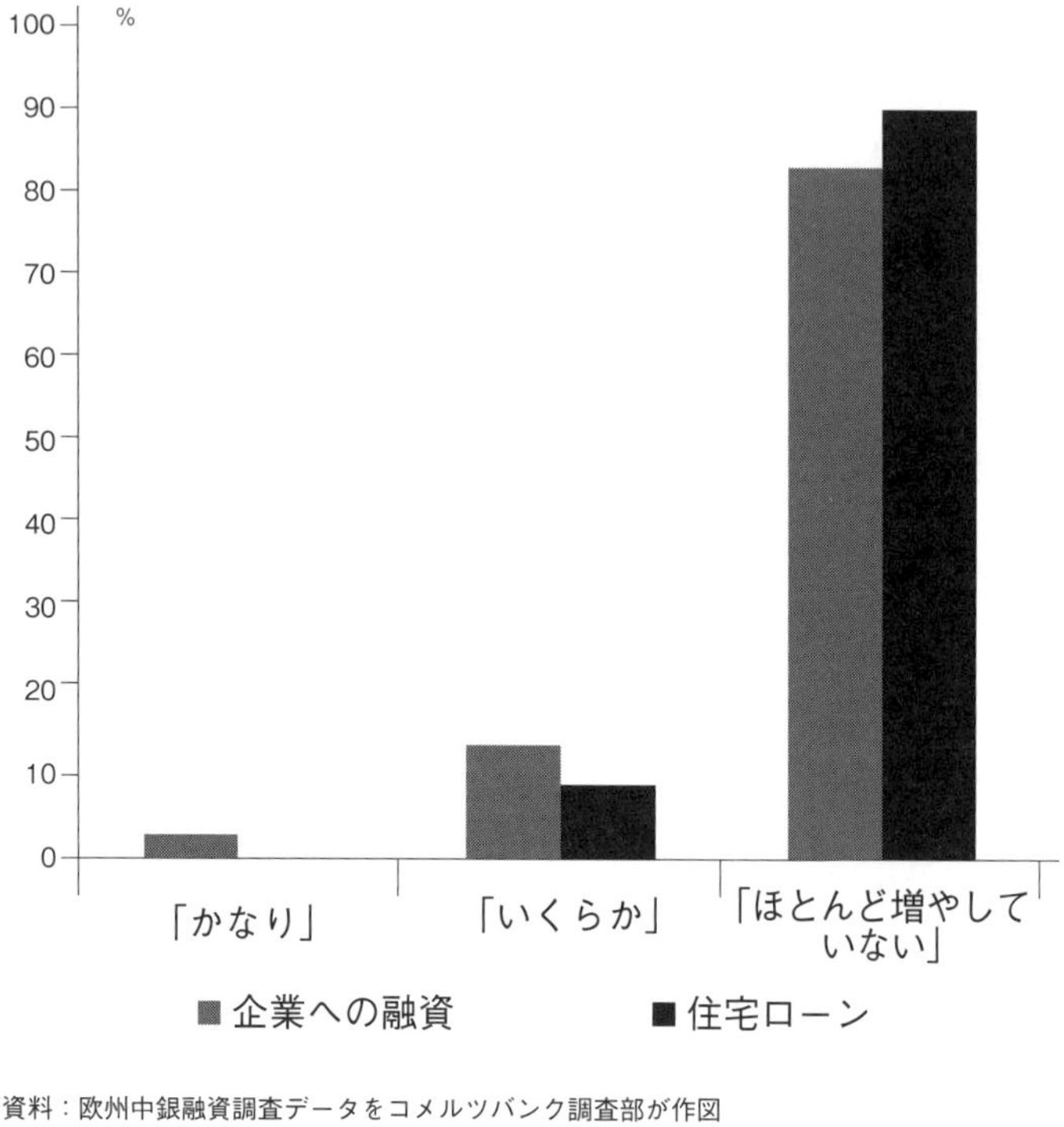

原資料：欧州中銀融資調査データをコメルツバンク調査部が作図
出所：ウェブサイト『Zero Hedge』、2016年2月15日のエントリーより引用

関は融資にはほとんど使わずに、金融商品の運用でなんとか息をついているのです。

2016年の第1四半期に、ものすごい勢いでドイチェ銀行の株価が下がって大騒ぎになりました。実はあのとき、金額でいうと時価総額がいちばん大きく下がったのは、イギリス最大の投資銀行であるHSBCでした。HSBCは私がかなり長い間勤めていた銀行で、よくいえば堅実、悪くいえば冒険しないタイプなので、めったに時価総額が激減することはなかった銀行です。

このときも、下落率としては19%と小さ目でしたが、HSBCは時価総額がほかのヨーロッパの銀行に比べて桁違いに大きいため、19%下がっただけでも金額でいうと、1100億ユーロも下がってしまったのです。

このことが何を意味しているかというと、イギリスも含めてヨーロッパ主要国の銀行業界全体が相当深刻な経営危機に瀕しているということです。なぜかというと、まず、ヨーロッパは自国領域内に大きな油田がありません。伝統的に石油ガス業界に対する融資を、国境を超えて大量に実行している銀行が多いのです。特にオランダは、自国内ではまったく石油を産出しません。

イギリスは、ノルウェーと共同で持っている北海油田はあるものの、それぐらいで、それ以外の国で大きな油田を持っている国は全然ないのです。そのため、ものすごい金額を石油、ガス業界に向けて融資しています。この融資自体は、2014年からの石油価格の下落のため、債務不履行までには至っていないものの、あまり成功していないし、今後債権回収に苦労する案件が出てくるのは間違いありません。

また、アイルランド、スペイン、イタリア、ポルトガル、ギリシャ、キプロスといったユーロ圏ソブリン危機のときに大騒ぎした国々は、みんなエネルギー供給の大半を石油に頼っています。そして、石油ガス業界の開発案件への融資も巨額に達している銀行が多いのです。例えば、2011~13年のユーロ圏ソブリン危機で特定の国が危ないという話が、どうして出たのか。それは、それまでバレル当たり100ドルを超えていた原油価格が2014~15年あたりになると20ドル台半ばぐらいまで下落するのを、ユーロ圏諸国の国債の評価で先取りしていたからだと思います。

実際に、ブレント同等品質の原油の1バレル当たり価格は、1980年代に一度大きく上がって、2010年代の初めにまたバレル当たり100ドルを超える高さになったものの、ロシアによるウクライナ侵攻から、雲行きが変わってしまいました。ふつうなら戦争が起きると原油価格が高くなる情勢のはずだったのに原油価格は下がったのです。その下落を3年も前から予測していたのが、2011年に始まったユーロ圏ソブリン危機だと思われます。

その理由は、ソブリン危機で問題視された国々がほぼ例外なく、エネルギー需要に占める原油依存度の高い国々であることにはっきり表われています。

労働生産性に比べて賃金がべらぼうに高いPIIGS

エネルギー需給とともに大きな問題は、55〜64歳の世代が今までの蓄えでは食べていけないので、この年齢層の労働力参加率が高まっていることです。これは世界中の先進国共通の問題です。

1990年代末には、55〜64歳世代のたった36〜37%しか労働に参加していませんでした。それが、直近の2015年には、ほとんどふつうの生産力人口と同じぐらいの比率になっています。つまり、男女合わせて56〜57%になっているので、男性だけなら60%を超えていると思われるのです。

すると、ふつうの生産力年齢の人たちの正規の仕事が少なくなるため、若い世代でパートタイムになる人が増えるのです。これは世界中どこでも起こっている現象です。特に先進諸国で強烈に起こっていて、アメリカや日本も相当ひどいことになっています。ただ、それでもまだ基幹産業と呼ばれる分野で世界の一流として通用する企業がいくつかあるため、なんとかなっています。

しかし、イギリスとユーロ圏は、基幹産業で一流企業と呼ばれるものがほとんどなくなっているのです。かろうじて残っているのが、ドイツの高級自動車とスイスの高級時計ぐらいです。スイスの時計はあまり大きな金額にはならないので、今やヨーロッパで基幹産業の大手が残っているのは、ドイツの高級自動車ぐらいでしょう。

だから、そういう国々でふつうの生産力年齢の人たちは、高齢者がどんどん就業するようになったため、正規職員になれるはずがパートタイムになってしまっていて、所得が激減しているのです。ふつうの生産力年齢のパートタイム人口が14％から22％に増えたのは、相当深刻な変化です。

それもさることながら、ユーロ圏になってから何がいちばん大きな問題かを、図表4－5が示しています。ドイツ以外のほとんどの国で、労働生産性の上昇率に比べて賃金給与の上昇率が高過ぎたのです。特に、スペインやイタリア、ポルトガルといったＰＩＩＧＳと呼ばれるユーロ圏ソブリン危機の当事者となった国々で、労働生産性はほとんど上がってないのに賃金だけがべらぼうに上昇していったのです。実はフランスもそれに似たような状況になりました。

ドイツだけが比較的ましで、労働生産性に対してそれほど賃金は値上がりしてない。そ

図表4-5

ユーロ圏内主要国の賃金・労働生産性ギャップ

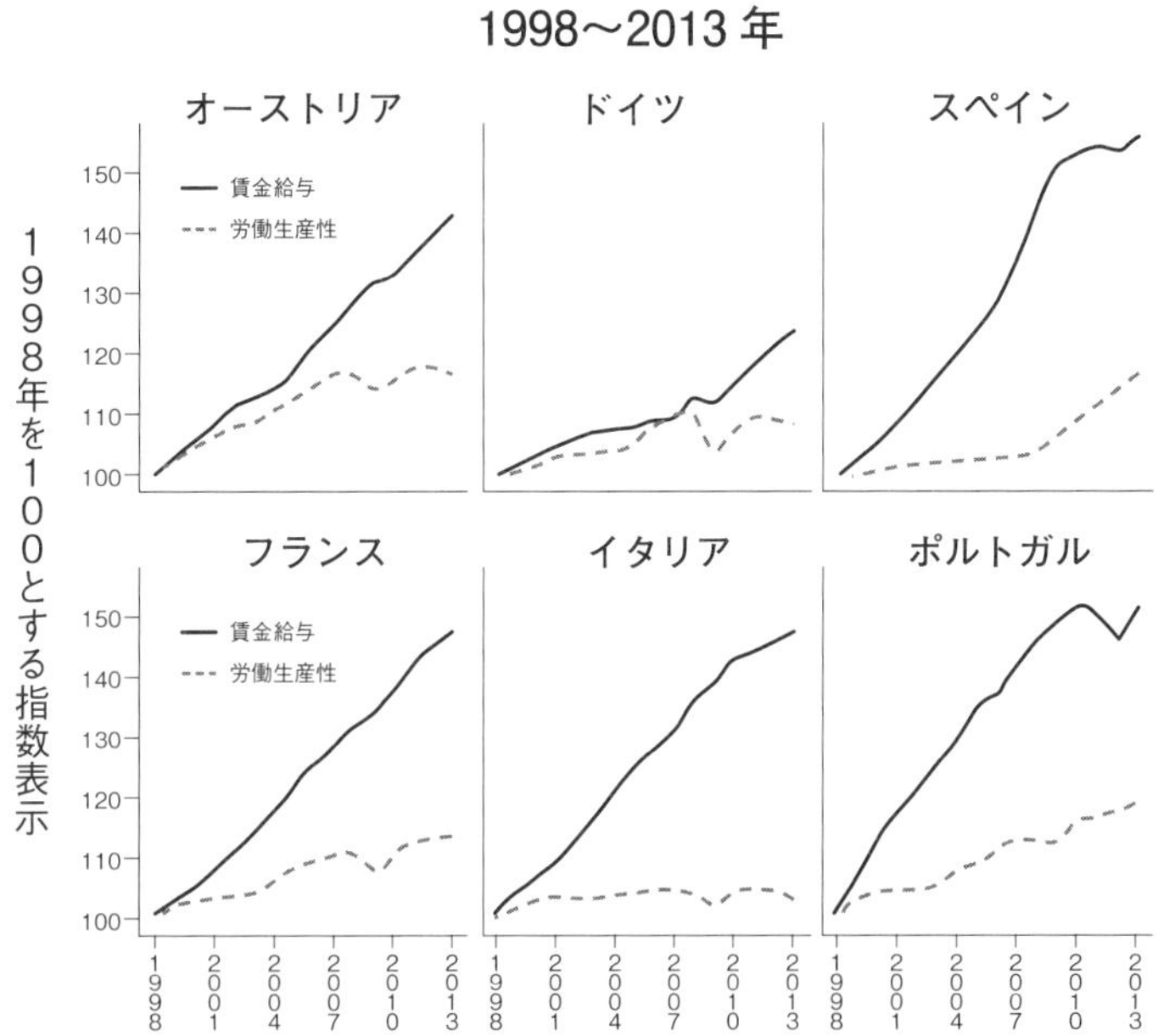

注：1998 年を 100 とする指数表示。労働生産性は雇用者 1 人当たり GDP と定義。賃金上昇率は名目ベース。労働生産性との比較によって、労働コストが推計できる。（生産性と労働コストの対比は、欧州中銀ドラギ総裁の 2013 年のコメントにもあるとおり、もっとも普遍的に用いられている国際競争力の指標のひとつだ。）ギリシャは労働生産性がほぼポルトガル並みの伸びにとどまったのに対し、賃金給与が 2008 年時点で 180 を上回り、同じ Y 軸の範囲に収まらないので、除外した。だが、ギリシャでもユーロ圏ソブリン危機後の賃金給与はピークの 180 前後から約 20%低下して、160 まで落ちた。

原資料：欧州委員会『年次マクロ経済データベース（AMECO）』

出所：ウェブサイト『Conversable Economist』、2015年8月14日のエントリーより引用

の結果、ドイツは世界の国際収支の中で勝ち組に入っているわけです。ルクセンブルクやオランダのほうがもっと顕著な勝ち組ですが、ドイツも勝ち組に入っている。それ以外のほとんどの国々はみんな負け組です。労働生産性が伸びてないのに賃金が高くなっているので、輸出競争力が下がるのは当然といえば当然なのです。

ただ、そんなドイツでさえも、今本当に投資先がなくなっています。つまり、国民が自分たちの収入の中から貯蓄に回す分は少しずつ上がっている一方で、企業が投資に回す分は、GDPに対して24%だったのが直近で18%ぐらいに下がっています。金融でうまく運用しようとしても、うまくいっていないのです。

そもそも投資が伸びなければ、特に製造業は伸びるはずもなく、投資は実際徐々に減っているのですから、当然金融業でうまく運用しようとしても結果は知れているわけです。

もう1つ大きいのが、同じユーロ圏の中で国民ごとに納税者意識がいかに違うかを示す図表4―6の上段です。ドイツは国民の税金未納分が納税された金額に対して2・3%しかなかったのに、ギリシャは国民の税金未納分が納税された金額とほぼ同じで9割近くあるのです。こんなに納税意識が違う国々が、同じユーロという通貨を使っていてもうまくいくわけがありません。

また、図表4―6の下段を見ると、ギリシャではもうすでにかなり長いこと、賃金給与よりも年金のほうが個人家計に占める比率が高かったのです。２０１２年には、賃金給与は33％ぐらいなのに年金は42％と、年金のほうが個人家計の収入に占める比率がはるかに高い状態でした。２０１３年～15年にはそれがもっと高くなっています。こんなことが延々と続くわけがないのです。続くはずがないものを、ユーロ圏の中でなんとか助けてやって続かせているという状態が、もう６～７年も続いているのです。

ユーロ圏のＧＤＰに対する経常収支の比率にしても、赤字はＰＩＩＧＳと呼ばれるポルトガル、イタリア、アイルランド、ギリシャ、スペインの５カ国に顕著なわけです。ギリシャの公共部門就業者数は、国際金融危機後、30％も減少しています。「ギリシャも切り詰めるところは切り詰めて頑張っていますよ」という話ですが、そもそもギリシャという人口１０００万人ほどの小さな国で、政府の支出に依存している就業者数が２００９年の時点で90万人もいたことが異常事態なのです。

１０００万人のうち６割が就業しているとすると６００万人です。６００万人のうち90万人というのは相当高い比率です。30％も減少しているといっても、まだかなり高水準にとどまっているのではないかと推測されます。

図表4-6

税金未納分のすでに納税された金額に対する比率

ドイツ対ギリシャ、2010年現在

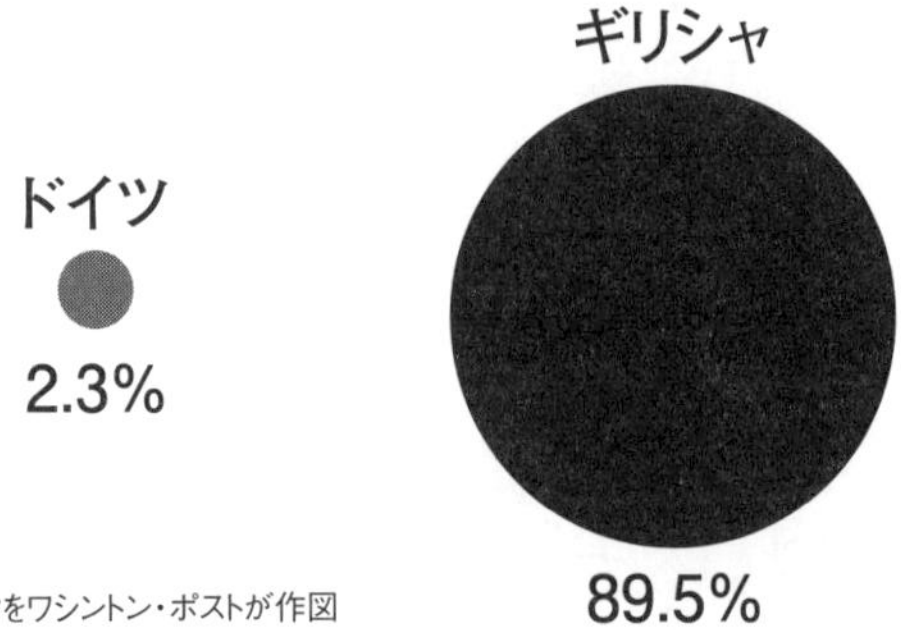

原資料：OECDデータをワシントン・ポストが作図

ギリシャ個人家計の収入源内訳推移、2012〜15年

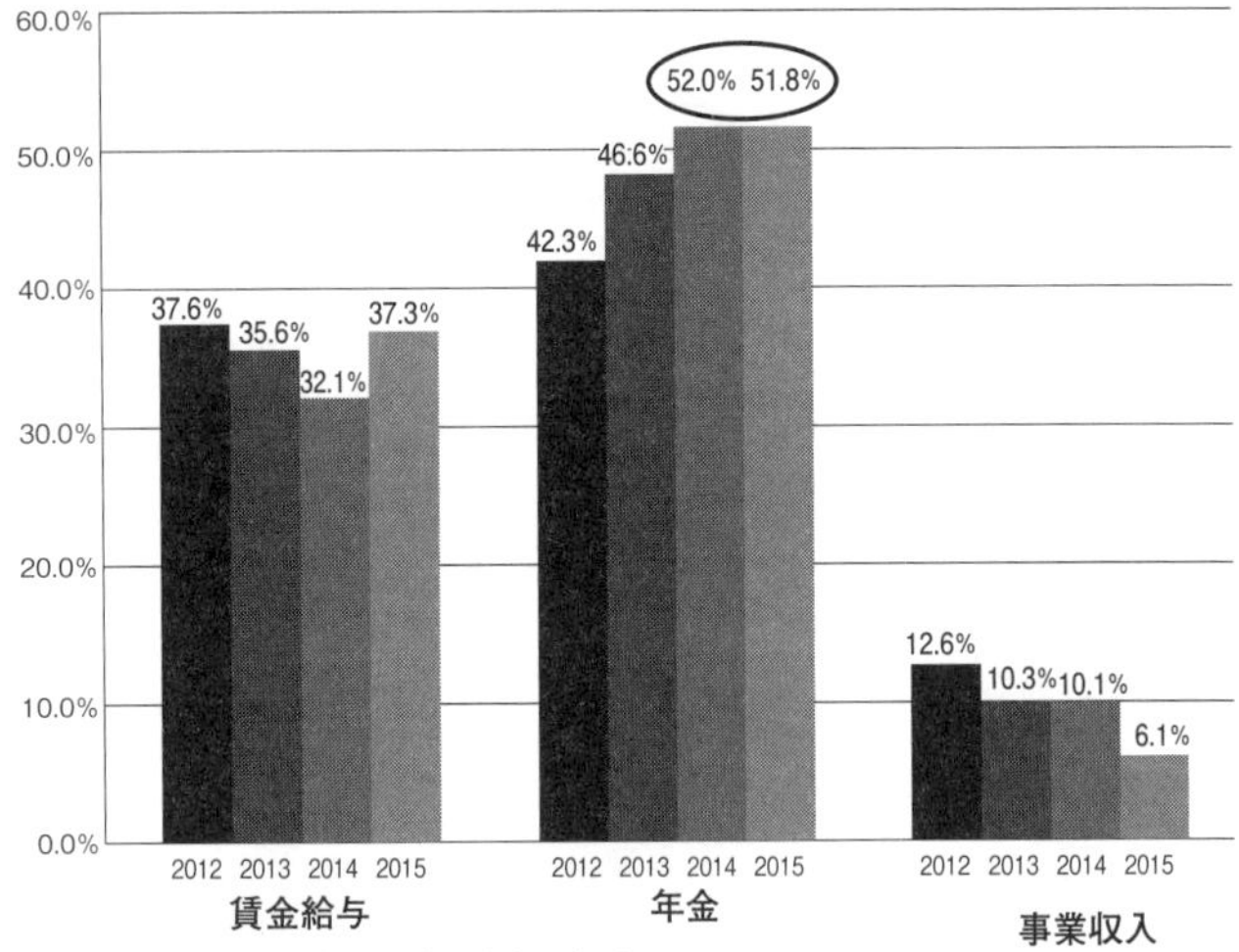

原資料：ギリシャ中小企業専門職総連合研究所
出所：（上）ウェブサイト『Market Oracle』、2015年7月13日、（下）『Bloomberg Business』、2016年7月4日のエントリーより引用

ユーロ圏？　EU圏？　そもそも複雑なヨーロッパ

ユーロ圏とかEU圏とか、ヨーロッパがどういう圏におさまっているかというのがわかりづらいと思います。図表4―7はヨーロッパ内のどの経済同盟や圏域に入っている、入っていないというのが一発でわかる図になっているはずなのですが、皮肉なことに一発でわかるのは国同士が同盟とか連合とか共同体を構築しようとすると、いかに複雑な利害がからんでくるかということです。出入りがけっこうあって、結局それぞれの国は維持しながら、大きな連合の構成員になるのは、かなりややこしいことがわかります。

元来ヨーロッパは、歴史的に見て大同団結すれば強くなるという時期は一切なかった大陸なのです。

そもそも、ギリシャという都市国家群は、ヨーロッパにおける古代文明発祥の地とされています。ところが、ギリシャが1国だったことは古代文明のころにはまったくなく、アテネやスパルタ、テーベといったそれぞれの都市国家が、お互いに戦争している状態がふつうでした。ただし、ペルシャという大勢力が来たときだけは連合して、なんとか侵略を食いとめていたわけです。

ローマだけはものすごく異常に拡大し、ヨーロッパ大陸で大国がそのまま強国であった唯一の例です。その後は、400年代に西ローマ帝国が滅亡して、バラバラに分裂していきました。その後、強くなった国は、不思議なぐらいそれまで大きな同盟だったり、大きな国だったりしたものが、分裂したときにのし上がっているのです。

その最初の例といえるのが、十字軍から産業革命初期に至る時期のヨーロッパで、金融にかけてはいちばん強かったヴェネツィアです。その次がおそらくジェノヴァで、両方とも都市国家です。

ヨーロッパのアジア、アフリカ、南北アメリカ進出のきっかけとなったポルトガルは、スペインと同じピレネー山脈の西側のイベリア半島の中で同君連合をつくって1人の皇帝に支配されていたり、スペインに完全に支配されてスペインの中の一地方になったり、そういう時代がずっと長かった国です。だから、スペインを介することなく直接トルコやインド、東洋の豊かな国と交易したいという理由で、頑張ってアフリカの喜望峰回りの航路を発見して、インド洋に直接交易路を求めて強くなった国なのです。

その次に強くなったスペインは8世紀半ば以降イスラム圏でしたが、15世紀末のレコンキスタというイスラム再征服運動によって、キリスト教国となりました。イザベラ女王がコロンブスを西回りのインド航路発見のために派遣したのは、イスラム教徒の最後の拠点

図表4-7

ヨーロッパを「ひとつにまとめる紐帯」の複雑さ

イギリスがEU離脱の方針を決定したことは、ヨーロッパ諸国のあいだで長年にわたって継承されてきた貿易、移民、共通通貨の再点検を迫っている

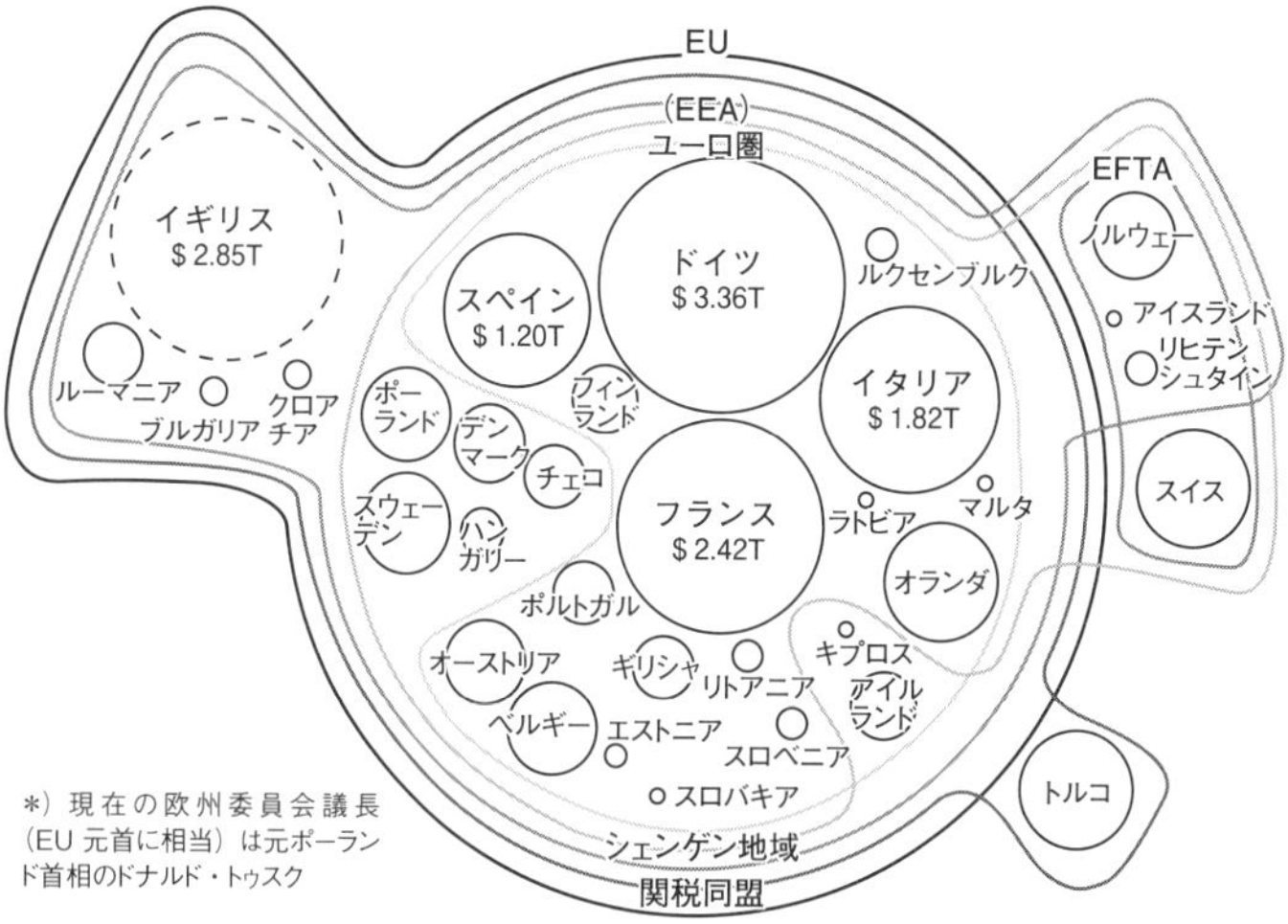

*）現在の欧州委員会議長（EU 元首に相当）は元ポーランド首相のドナルド・トゥスク

EU*
商品とサービスと資本と人の「自由な移動」をふくむ共通ルールの順守を確認した28カ国からなる単一市場

ユーロ圏
共通通貨ユーロを使っている19カ国

ヨーロッパ経済圏(EEA)
貿易決済システムを統一しているが、人の移動には緊急停止条項あり

ヨーロッパ自由貿易連合(EFTA)
その他諸国との通商条約を共同で結んでいる自由貿易圏

関税同盟
関税なしでの商品の移動ができ、輸入手続きも統一されている

シェンゲン地域
26カ国が参加するパスポートなしで旅行できる地域

注：国名下の数値は2015年現在のGDP（単位：兆米ドル）
原資料：EU,ETRA（人材移動コンサル企業）、IMFのデータをブルームバーグ・グラフィックスが作図
出所：ウェブサイト『Zero Hedge』、2016年9月16日のエントリーより引用

であった、グラナダのアルハンブラ城を陥落させたばかりの時期でした。

一時スペインの王朝が途絶えたときに、神聖ローマ帝国の皇帝だったハプスブルク家のもとで、神聖ローマ帝国とスペイン王国とが同君連合を形成していた時代がありました。それは神聖ローマ帝国でいえばカルル5世、スペイン王でいえばカルロス1世のときでした。彼が亡くなるときに、「いくらなんでも神聖ローマ帝国とスペインの両方一度に統治するのは、俺ぐらいの力量があればできるけれど、俺の息子にはとうていできない」と考えて、スペインはフェリペ2世という自分の息子に任せて、神聖ローマ帝国は自分の弟であるフェルディナントに任せたのです。

2つの国に分かれてから、スペインはポルトガルと争って植民地征服に乗り出しました。アジア方面はポルトガルに負けていたけれど、ラテンアメリカの開拓ではポルトガルよりはるかに優位に立ちました。

その後、経済における覇権を握ったのがオランダです。しかし、世界最初の近代市場経済の国として世界経済の覇権を握ったころのオランダは、まだヨーロッパ大陸の中で独立国として認められていませんでした。

ずっと神聖ローマ帝国やスペインの植民地だった時代があって、その植民地時代は今のオランダとベルギー全部を総称してネーデルラントと呼ばれていたのです。しかし、スペイン王国の圧政に抵抗して独立運動が起こり、ネーデルラントのうち新教プロテスタントだったオランダだけが、特に宗教的弾圧もひどかったので最後まで頑張って独立を獲得したのです。その独立運動をやっている最中に、オランダはヨーロッパ経済の覇権を握ったのです。一方、ベルギーはカトリックが多かったので、妥協してスペインにとどまりました。

イギリスは昔フランス王朝とフランス王国の王位を争ったり、フランス王家の有力な家臣一族がイギリスでプランタジネット朝という独自の王朝をつくったりしていました。誇張していえば、フランスの出店みたいな国でした。それが、ヘンリー8世というエリザベス1世の父親が、「イギリス国王になる人間はイギリス国内で生まれた人間でなくてはいけない」という遺言を残したのです。ヨーロッパ大陸の政治に干渉しないかわりに、ヨーロッパ大陸に干渉されることもないというスタンスを貫くようになってから、国としても成長し、経済力も高まっていきました。

ユーロが1つの国になることはありえない

こうした事情を見ていくと、ヨーロッパで多くの国が寄り集まって1つの連合や同盟をつくって強くなったという例は今まで一度もなかった。けれども、分裂すればするほど、強くなっていったことはたびたびあったわけです。

例えば、スペインからバルセロナを中心としたカタロニアが独立するのは、サッカー1つ見ただけでもすばらしいことです。スペイン代表とカタロニア代表が出てくることになれば、レアル・マドリードとバルセロナの両方がクラブワールドカップなどでそれぞれの国の代表になれるのです。

また、ピレネー山脈を隔ててフランス側にもスペイン側にも、ふつうのヨーロッパ言語とまったく言語体系が異なるバスク人という人たちがいます。彼らは今国境で隔てられ、それぞれ違う国に分離されていますが、民族は同じで共通語がバスク語なので、それがバスクとして独立するとします。もしそうなったら、その国はスペインバスクにしてもフランスバスクにしても、とにかく料理のうまい男性が多いことで有名なので、世界一の美食国家になるかもしれません。

ヨーロッパがユーロ圏として統一して、国境のない1カ国になるのは、言語体系の複雑さを考えただけでも幻想であることがわかります。まったく違うことばを使う人たちが、1つの国の中で穏やかに平和に共存していけるかというと、1世紀や2世紀の間だけだったらあり得るかもしれません。しかし、それが永続するかというと極めて難しいように思うのです。

ヨーロッパ諸国はむしろ国としての単位が小さくなったほうが強いことが歴史的に証明されています。特に言語体系の違う国々の間では絶対にそういえるのです。ことばはそれだけで独立した存在ではなくて、文化的、文明的な伝統を丸ごと背負って成立しているものだからです。

ヨーロッパの移民問題の意外な側面

アメリカ、イギリス、フランスがイラクやシリアを頻繁に空爆するようになってから、中東諸国からヨーロッパへの難民、移民が激増していきました。

そうした人たちがどこに行くかというと、やはりドイツに行く人数が桁違いに大きいわけです。その人数は、1999年には9万5000人だったのが、2015年にはなんと44万2000人にまで増えていったのです。こんなべらぼうな伸び方はほかに例がなく、スウェーデンでも1万1000人から15万7000人ほどです。伸び率としては高いけれど、人数はそんなに多くありません。オーストリアやフランスに至っては伸び率ももっと低いし、人数もそんなに多くないのです。

なぜ、こんなに違うのかというと、ドイツは明確に中東に対する空爆を非難しているからです。フランスやイギリスは、アメリカと一緒になって積極的に空爆をしました。それは、フランスはシリア、イギリスはイラクに昔から石油権益があって、それを失うのが怖かったから、アメリカと一緒に空爆をしたのです。積極的に空爆してくる国に行きたいと思う避難民はほとんどいないはずです。自由に選べるのであれば、ドイツやスウェーデン、オーストリアといった、自国を直接攻撃しない国に行きたいわけです。

実は、ドイツはそれまで受け入れていた難民の数は意外なほど少なく、多くなったのはイラク戦争以降です。それは難民自身がフランスやイギリスには行きたくないという側面もありました。もともとはそんなに多くなかったことについては、帝国主義の時代に中東に植民地を持っていなかったことも影響しているようです。中東諸国にはあまりドイツ語を話す人々がいないので、日常生活の不便を考えてのことだったのでしょう。

また、難民を受け入れないのは、実は人口経済的にいうと損な決断なのです。なぜなら、難民は全人口の中で18歳以下、つまり、これから労働力になる効率のいい人たちが多いからです。さらに女性の比率も高いのです。若い人たちと女性は、人口増加に寄与するので、それを受け入れずに完全に国境を閉ざしてしまうのは、あまり得な選択ではないし、世界的な評判も悪くなります。難民の多くはこれから働く人たちが多いので、私は受け入れるべきではないかという気がします。ただ、移民一般については、労働力の需給を攪乱《かくらん》するほど大量の受け入れには慎重に対応すべきだと思っています。

２０１７年10月の総選挙期間中に、副首相の要職を兼任する麻生太郎財務大臣が、執拗《しつよう》に北朝鮮からの「武装難民」の恐怖を煽っていました。難民というのは、自国で平和に暮らしていけなくなった人々が、受け入れ先を求めて外国に行くことです。そういう人たちが、初めから武器を携行して他国領土の一部なりとも占領して独立国を樹立しようと押しかけてくるとでもいうのでしょうか。荒唐無稽《こうとうむけい》と評するほかありません。テロや破壊活動を目的とした特務工作員が難民に紛れて潜入するのであれば、現行法の下で犯罪として対処すればいいだけのことです。

ヨーロッパなどに移民や難民として移住した世帯の中からイスラム過激派の戦士や、テロリストになる人物が現れたことはあります。移民・難民として生活する中できれいごとの建前とはまったく違う偏見や差別に直面してイスラム過激思想に共鳴した事例も聞いたことがあります。しかし、初めから移民や難民に偽装した特務工作員として潜入した事件など聞いたことがありません。

「ゴルゴ13」程度の低俗な冒険劇画を、知的教養を深めるために読んでいる麻生大臣の個人的な資質の問題なのかもしれません。それにしても、日本の保守的政治家としては珍しく漫画アニメに造詣《ぞうけい》が深いといわれる人の、このまったく無意味に危機感を煽る発言には失望せざるをえません。

ユーロ圏はこれからどんどん小国に分裂していったほうが、世の中全体も産業的にもうまくいくと思っています。ヨーロッパ全体で有力産業がほとんどもうなくなってしまっているのに比べると、イタリアやスペインは、観光客の受け入れのホスピタリティという点では、毎年ランキング上位に入る国です。これらの国がさらにサービス業主体の経済になれば、それぞれのお国柄の特徴が出て、底力を見せるのではないでしょうか。

福祉国家スウェーデンで広がる貧富の差

今、自国民がEUの経済政策を最も好意的に評価しているのが、ポーランドです。次がイタリアで、ドイツに関していうと世論調査の結果、半分が好意的に評価しているという状態です。逆に、スペイン、イギリス、フランス、ギリシャは、EUに対する評価が否定的です。

このEUの経済政策への見方は、生産高ギャップに対する見方だといえます。生産高ギャップとは、本来このぐらいの生産高を上げられるはずなのに、実際はこの程度にとどまっているという差を表すものです。その生産高ギャップが小さければ小さいほどEU批判は少なく、生産高ギャップが大きければ大きいほど、ギリシャのようにEU批判が強くなります。経済がうまくいっていれば、EUに対する批判は少ないし、経済がうまくいっていなければ、批判が多い。この結果は当然のことです。EUのように加盟諸国の上に君臨する立場から経済政策を打ち出してしまうと、それはもう国政の段階では変えようがないのでしょう。

そうすると、そういう不満がどんどん鬱積《うっせき》していって、ギリシャなんかでもアメリカの大都市ほどではないにしても、少しずつ略奪、暴動といったことが起こっているのです。

もう1つおもしろいのは、図表4―8としてご紹介する所得成長率の鈍化、あるいはマイナス成長への転換に占める諸要因を計量的に分析した結果と、国家債務の変動を比較したデータです。

このデータでおもしろいのが、スウェーデンがいちばんうまくいっていると見えるところです。就業人口に占める市場再分配前所得の伸び率がゼロないし、マイナスの人々の比率があります。要するに、ふつうに稼いでくる所得だけでは家計が横ばいかマイナスになるので、福祉などで再分配を受ける必要がある人たちの比率が、先進諸国で軒並み70％前後、イタリアでは97％、アメリカでも81％になっているのに、スウェーデンだけが20％にとどまっているのです。これは一見したところすばらしいという印象を受けます。

それともう1つ、スウェーデンの場合、もともと福祉国家としての再配分のために、国家債務のGDPに対する比率がかなり高いほうから出発しています。それがどんどん下がってきて、2015年には40%を切るぐらいに減っているのでいいことずくめに見えます。イギリス、アメリカ、オランダ、イタリア、それにフランスといった国は、国家債務のGDPに占める比率が急激に上がっている中で、スウェーデンだけは下がっているのです。

しかし、実際には表面上は万々歳に見えるスウェーデンにおいて、もともと大きかった世帯間の資産格差がさらに大きくなっているのです。もともとスウェーデンは個人の所得にかなりばらつきがありますが、強引に所得の再配分をするので再分配後の所得はほぼ平均化して、所得格差がつかない社会です。

だからといって、それで金持ちと貧乏人の格差が縮まるかというと全然そんなことはありません。むしろ、金持ちの家に生まれた人は、平均的な所得をもらっているだけで資産がどんどん増えていきます。一方、貧乏人の家に生まれた人は、所得を再分配されてしまうと、たとえ本人が有能で所得が大きくなっても再分配後は平均的な所得しかもらえないので、貧乏なままです。

その意味で、福祉経済学の専門家の間で、スウェーデンは、所得格差は低いけれども資

図表4-8

スウェーデン以外(!)の諸国の国家債務は2008年の国際金融危機後激増していた、1995～2015年

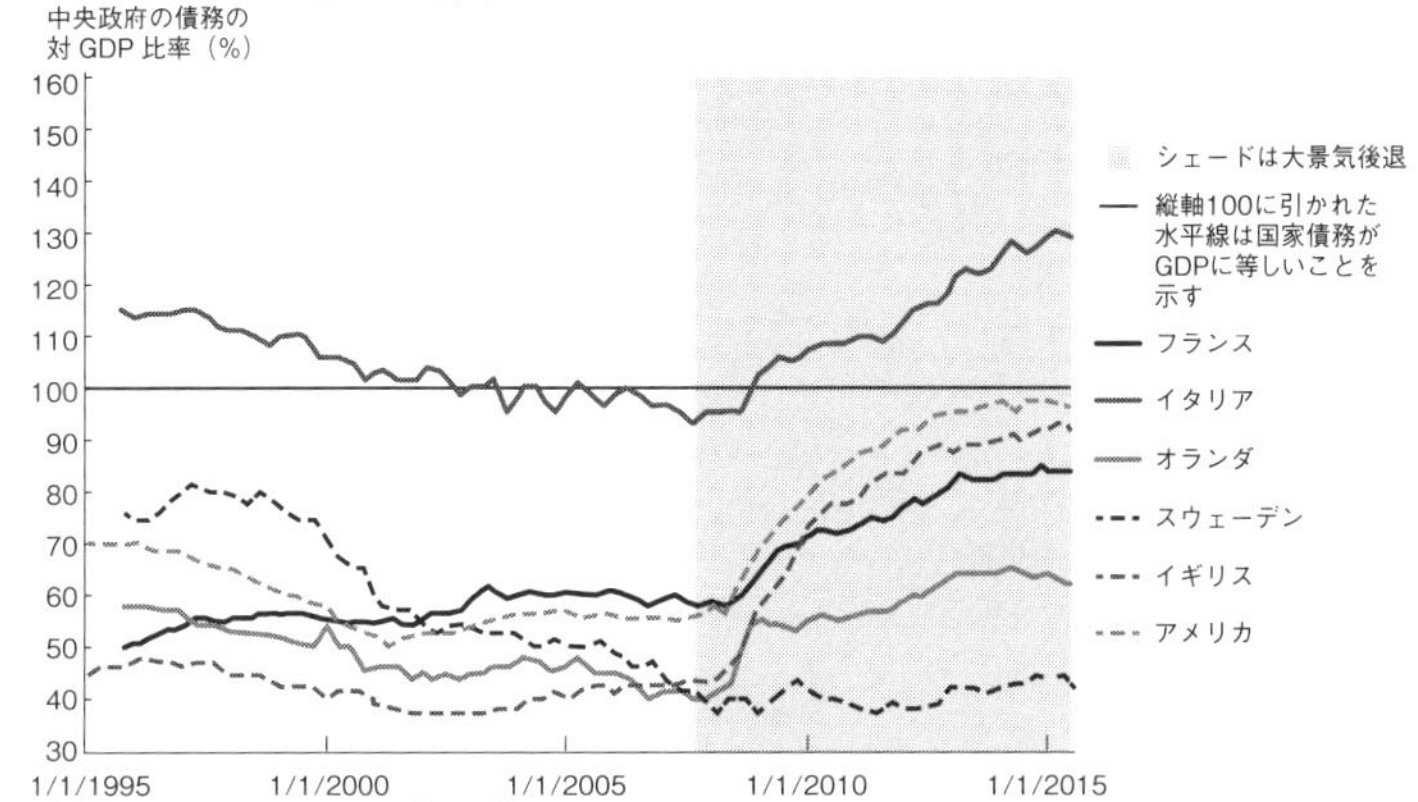

原資料：OECD、マッキンゼー・グローバル・インスティテュート
出所：『The Bawerk.net』、7月15日のエントリーより引用

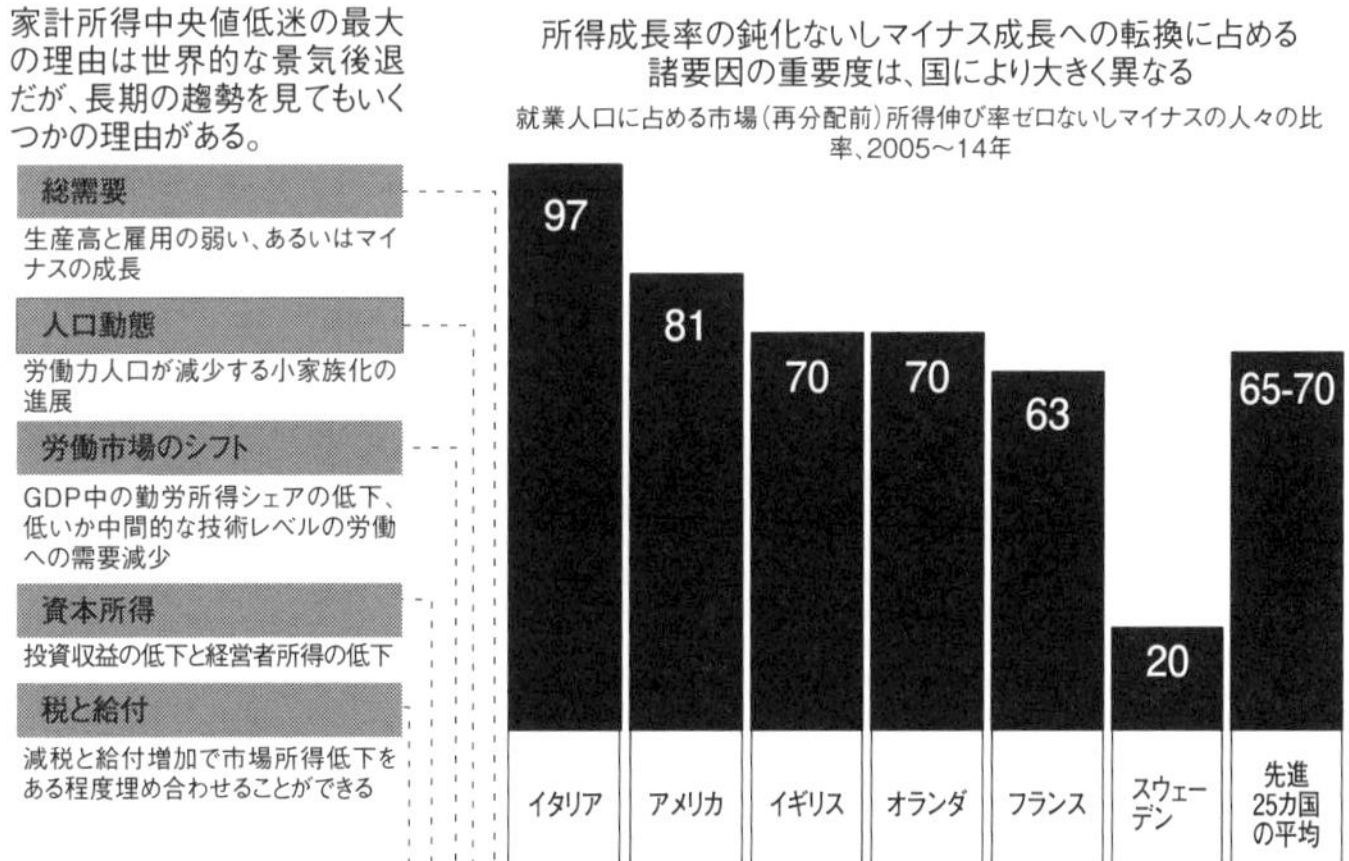

これら諸要因の所得低成長への貢献度 2005～14年の可処分所得変化率への寄与度	イタリア	アメリカ	イギリス	オランダ	フランス	スウェーデン	先進25カ国の平均
総需要	-2	+4	+3	+6	+4	+7	+4
人口動態	-6	-1	-1	-5	-3	-5	-3
労働市場のシフト	+4	-7	-8	-15	0	+10	-2
資本所得	-1	+1	+1	+2	0	0	0
税と給付	-2	+5	+4	+10	+3	+5	+4

出所：ウェブサイト『Bloomberg Business』、2016年2月4日

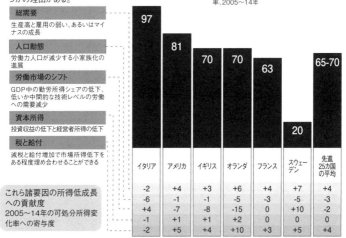

産格差が高いことで悪名高い国なのです。でも、日本ではほとんど話題になっていません。

終章

最後の砦、
金に直結する
世界最強の出城が日本円

感化される力の核心にあるのは誤解力

製造業の時代がいよいよ終焉を迎え、本格的にサービス業の時代になっていくとき、その主役は何かというと、これまで未来学者などは知識産業だと予想していました。しかし、知識産業の主な作業はＡＩで代行できます。そして、実際に働いて消費する人が実在しない産業は花形にはなりえないのです。

知識産業でなければ何かというと、私は情緒産業が主役の時代になると思っています。情緒産業の非常に大きなポイントは、これまでのように経済的な覇権を求めずに、感化力の最大化を求めることになります。覇権は上からの力でねじ伏せるという意味合いがあります。

感化力とは、感化する力でもあり、感化される力でもあります。このように、感化力と覇権の概念はまったく違ってくるのです。また、感化される力には、理解する力とともに、誤解する力が含まれています。そして、この誤解する力から、思いがけない新しいモノが生まれるのです。

日本文化でたとえると、生ものを食べることにタブーが存在していた地域をふくめて、世界中で寿司が食べられるようになったのは、感化する力のおかげでしょう。しかし、世界各国それぞれにお国自慢があって、この感化する力はそもそも優劣の序列をつけるような判断にはなじまないのではないでしょうか。

一方、感化される力にはかなり地域や国民性で差があり、頑強に外国からの影響を排除する国も比較的オープンに受け入れる国もあります。今まで存在しなかったものを自然と受け入れられる順応力という点では、日本人はかなり優れているのではないでしょうか。日本人は海外からいろいろなものを受け入れて（感化されて）、それを自分たちでまったく違うものに変えてきました。

古代、日本にあった律令制度は、中国の律令制度を忠実に守り運用していたわけではなく、まったく違うものでした。例えば、摂政や関白という位は中国には存在しなかったのに、日本ではそれが実権を握るほど大きな役職になりました。また、中国の律令制度では科挙《かきょ》という厳格な試験が成績順に役職を割り振っていました。ところが、日本ではこの科挙が定着しませんでした。あるいは、中国ではもう廃れている宮廷音楽が、日本で雅楽として残っています。これが中国の宮廷音楽そのままかというと、メロディやテンポにだいぶ日本的なアレンジが加えられているようです。

料理にしても、世界中のさまざまな国の民族料理をいろいろ受け入れると、まず受け入れたところでバラエティが出てきます。そこからなるべくその国のオリジナルを再現しようとする人たちと、日本的なアレンジを加えようとする人たちが出てきて、とにかくどんどん多元化、多岐化していくのです。また忠実な再現を心がける人たちの間からも、誤解力を発揮してオリジナルとはだいぶ違うものをつくることもあり、そこからも多様化していきます。

改めて強調したいのは、こうした感化力の中でも、感化される力のかなり重要な部分が、理解力であると同時に、誤解力であるという事実です。例えば、イスラム教に帰依している女性は、髪の毛を人に見せることができません。そのため、ヒジャブというかぶりものをかぶらなくてはいけません。そのため、特にキリスト教系の女性から、おしゃれもできないし、イスラム教徒女性の行動の自由を奪うという批判が出たりします。

ところが、日本独自の発達を遂げたコスプレというフィルターを通すと、戒律とおしゃれを両立することができるのです。実際に、イスラム圏の若い女性たちの中には戒律を破りたくない、でもおしゃれもしたいという人たちがたくさんいます。そして、漫画やアニメのキャラクターのコスプレの髪型なら、地毛やかつらよりも、布地を裁断してつくったほうがはるかに本物に近いということで、ものすごくはやっているそうです。

実はこのコスプレ、もともとアニメのキャラクターの衣装を着て、それになりきるという意味ではありませんでした。日本でいう時代劇のことを英語ではコスチュームプレイといいます。つまり、現代人が普段着で演じたのでは違和感があり、その時代の衣装をまとって演ずるほうがいい劇のことです。

このコスチュームプレイという熟語を聞いた日本人が、衣装を使って遊ぶことだと誤解し、さらにそれを短縮したのがコスプレということばだったのです。

コスプレ、地下アイドルが世界を救う

しかし、今では漫画やアニメの登場キャラクターそっくりの格好をして遊ぶことを指すコスプレの意味が、完全に日本語として定着しています。もとは誤解で生まれたコスプレということばが定着すると、まったく関係がなかったイスラム圏でおしゃれはしたいけれど、戒律を破りたくないという若い女性の需要にぴったり合うものができ上がるのです。

こういうことが、感化される力の中で、理解力だけでなくて誤解力も発揮してどんどん発展していくと、それこそＧＤＰに貢献するような規模になっていくと思っているのです。実際、世界的に見ると、コミケやハロウィンのたびにあちこちで出没するコスプレ参加者の市場はバカにできない規模になっています。

最近、ある週刊経済誌の特集で、非正規社員の稼ぎ方というルポルタージュを掲載していましたが、その中に、まさにこれからの情緒産業時代で活躍していくであろう人たちのおもしろい話が出ていました。

例えば、地下アイドルの姫乃たまさんという方がいて、彼女は昔ふうの表現でアングラ的なことをやるアイドルではありません。プロダクションにも属さずマネージャーもつけず、自分で経理もやって出演交渉もやる。こういう人がサービス産業全盛の時代に生き残れる人たちなのかなと思います。そういう人たちがどんどん出てくる世の中になっていく。

また、漫画家の新井英樹さんという、かなりとがった漫画を描く人がいます。昔でいえば、『ガロ』というサブカル系漫画誌の専属的な漫画家にそういう人たちがけっこういました。今の時代、『ガロ』みたいな雑誌の流通部数が激減し、事実上の廃刊状態になっていると、ああいう奇妙な味のものを描く漫画家がどうやって生きているんだろうと不思議でした。これからはそういう人こそが、マスではないけれど、ごく限られたコアな固定客によって支えられていくのでしょう。

ほかにも、鳥居とだけ名乗っている女流歌人の詠んだ和歌ばかりを集めた本が、なんと4000部とか5000部という短歌集としては異例の売れ行きです。彼女自身、ものすごい悲惨な生い立ちで、現在20代半ばだそうですが、未だにセーラー服を着ているのです。

彼女は家庭環境がすさまじく学校でもいじめられて、いわゆる形式卒業をさせられて、中学は一応卒業したことになっているけど、ほとんど何の教育も受けていません。そのため、拾った新聞を読んでいちいち知らない文字が出てくると、この漢字おもしろそうだなと思って、漢和辞典や国語辞典をひいて意味を確かめることを1人でやってきた人です。だから、ものすごい感性の高い和歌が書けるのだと思います。私がサービス産業の主役は知識産業じゃなくて情緒産業だというときに、イメージとして思い浮かべるのはそういう人たちです。

主役でも脇役でもなく、その他大勢がそのままスターになる

彼らが、どんどん独立採算で仕事をやって、そんなに贅沢はできないかもしれないけど、一応生きていける。そういう目で見ると、欧米ではサービス産業までチェーン化していますが、日本はそういう世の中には絶対ならないという確信があります。つまり、アメリカ型の、サービス産業さえチェーン化して大きくなったものが勝つという世の中にはならないと思うのです。

私はアップルという会社をそれほど評価していませんが、唯一評価できるのは、iPo

dを出したときに、1曲ごと買えるようにしたことです。あれで音楽産業はガラッと変わりました。それまでは、2～3年に1度スタジオにこもって、電子工学的な装飾音をつけたCDアルバムを出すと、それで一生食っていける時代でした。

でも、実際に生で演奏しているのを聴くと、こんなひどいのかと思うような連中が大金を稼いでいた世の中だったのです。1曲ずつ買って聴けるようになってからは、CDで何百万枚という大ヒットが出なくなって、その結果としてみんなライブをやらざるをえなくなりました。そうすると、生の音で勝負しなければいけないから、音楽産業は1990年代に比べると、今のほうがはるかに生でいい曲を聴かせられるアーティストが増えています。

地下アイドルや歌人・鳥居が活躍するジャンルは個人単位として見ると、どう考えてもGDPに寄与する規模ではありません。そして、その愛好家が1万人、10万人と増えていくというのも、残念ながら幻想でしょう。アメリカ的な巨大化願望を払拭《ふっしょく》できていない発想かもしれません。コアなファンは100人単位から、せいぜい1000人台までだと思いいます。そうすると、GDPへの影響は微少にとどまるのでしょうか。

そうではありません。1人ひとりのアーティストに付くファンの人数は少なくても、アーティストの人数が10万人とか100万人になればいいのです。そうなればGDPへの寄与も莫大なものになっていくでしょう。

こうした趣味や嗜好《しこう》が限りなく多様化していく市場の原形は、すでに江戸時代にできています。江戸時代にいろんな芸ごと、習いごとがあって、それぞれ流派ごとに名取とか家元というのがありました。こうした制度は、要するに素人芸が純然たる民間同士の競争の中で権威づけされていったものなので、別に徳川幕府が茶道の家元の鑑札を認めたという話ではありません。あくまでも民間組織同士が競合して、お互いに認め合う師匠と弟子がいてこそ成立するものです。こうした師弟や同好の士のつながりがいろんな分野で構築されていくと、かなりの力になると思うのです。

これからの情緒産業の時代、世界でトップランナーになれるのがまさに我々日本人であることは間違いないのです。

今後、持つべき貨幣は金と円だけ

日本以外の国の人たちは、今からすぐにでも金（ゴールド）に投資したほうがいいと私は思っています。「日本以外の国の人たち」と限定した理由は、日本国内での金価格は未だに1980年の高値を抜いていないからです。図表5―1をご覧ください。

上段は金1トロイオンスの価格を米ドルと円で比較したものです。米ドルでは1980年当時の3倍近い価格になっていますが、円では未だに1980年当時の天井より約2割安く買えるのです。

1980年1月に、当時の米ドル価格で金1トロイオンスが800ドルになったことがありました。このとき、「もうこれから先、こんなに高くなることは二度とないだろう」といわれるほどの高値でした。ところが、2011年8月にトロイオンス当たりの米ドル価格が1900ドル目前まで上昇したのです。これが灰色の折れ線グラフです。黒の折れ線はトロイオンス当たりの円価格を示していて、これで見ると1980年1月の金価格は、トロイオンス当たり16万5000円ぐらいです。いちばん直近でトロイオンス当たりいくらかというと15万円前後で、日本円で見ると1980年1月の高値を抜いていません。

これは何を意味しているかというと、その当時高値づかみをした人は、未だに元をとっていないのです。逆に、その当時一生に1回のチャンスを逃し、もう二度と金を買うチャンスは来ないかと思った人にとって、世界中のどこの国の通貨でも、今や金価格は1980年1月の価格の2~4倍になっているのに、日本円で見るとまだ割安なのです。

これは金を買う絶好のチャンスです。

それと同時に、日本だけがほとんど何の資源もなく、その加工による付加価値で繁栄し

図表5-1

黄金の国ジパング復活の兆し

米ドルと円表示のトロイオンス当たり金価格
1979～2016年

1980年1月を100とした米ドルと円表示の金価格指数
指数1980～2016年

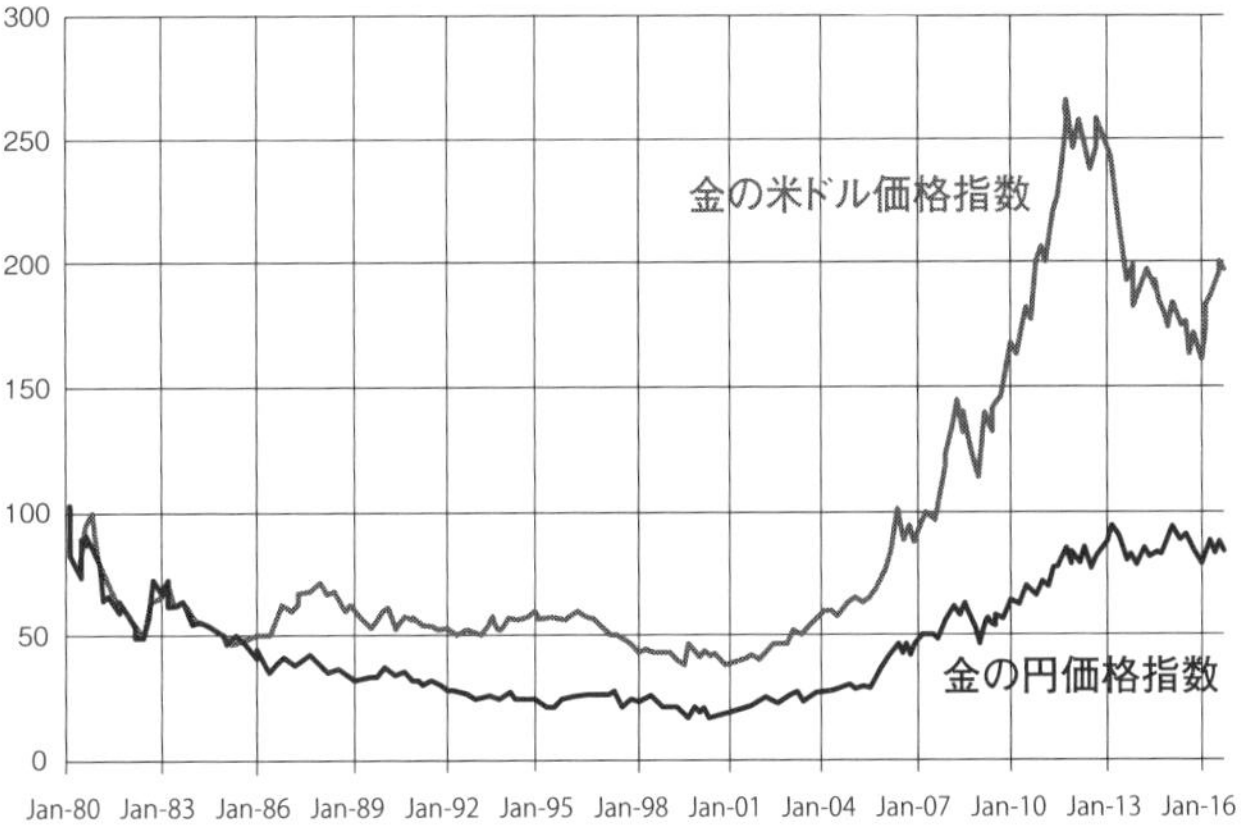

出所：ウェブサイト『Market Oracle』、2016年11月26日のエントリーより引用

てきた国だということを意味しています。モノ離れが進むと、資源国の通貨は弱くなります。ところが、日本は他国から資源を輸入してその資源に加工する技術を磨いて成長してきたので、外国為替の変動相場制への移行後も、モノ離れとは無縁にずっと自国通貨である円が上昇してきたというわけです。

金の円価格が上がっていない、むしろ下がっているのです。1970年代末から2010年代半ばにかけて、日本円はほかのあらゆる通貨に対して常に上がり続けてきました。これからも日銀がどんなにバカなことをやらかしても、賢い国民が日銀に煽られてやたらとモノを買ってインフレを起こすようなことさえしなければ、円は金と同じぐらい強いか、それ以上に強くなるでしょう。

現時点で、日本は世界でいちばん安く金が買える国です。世界中で日本以外のどこの国にも、1980年当時より安く金を買える通貨はありません。だから、今すぐこのお値ごろ感が消えないうちに金に投資するという考え方があります。これも、非常にすなおな選択だと思います。

しかし、下段のグラフもチェックすると、いかに円で表示した金価格が安定した推移をしてきたかがわかります。過去の経済史を振り返ると、世界経済の覇権国の通貨は、決まり文句のように「金と同じくらい安定した価値を持つ」と形容されてきました。イギリスポンドしかり、米ドルしかりです。

結局のところ、世界中で流通し、あらゆる価値の基準として受け入れられてきた貨幣は、金の現物なのです。そうすると、過去約40年間にわたって、これだけ安定した価値を維持してきた円は、これから先も、金と同じぐらい、あるいは金より強くなることがあり得るので、金を買うのは待っていてもいいという考え方もあるでしょう。

これから世界のほとんどの国では、自国通貨の金に対する価格が下がると思われます。おそらくその予測は正しいので、今のうちに現金を金に替えておいたほうがいいでしょう。ただ、日本に関しては、今はまだ割安だから金を買ってもいいし、これからもずっと円は強いはずだから円のまま持ち続けても大けがはしないと思います。

金本位制という名の金固定相場制は、金投資のチャンスではなくピンチ

金本位制ということばが一人歩きしていますが、実は近代以降、社会において本来の金本位制が行われたことはありません。実際に金《かね》の価値が金《きん》の重みで量られていたのは、古代から中世初期ぐらいまでのことです。

近代になってからの金本位制の実態は何かというと、金の固定相場制のことでした。例えば、1934〜71年、ニクソンによる金ドル交換停止宣言まで、金のトロイオンス当たりの価格は35ドルという水準に固定されていました。アメリカ経済が順調に伸び続けてドルの価値がまったく下がらないのであれば、水準が決まっていること自体には問題はないわけです。

しかし、実際は戦後の復興景気を終えてから、アメリカの経済は日本やドイツに追い上げられて相対的な地位が下がっただけでなく、基幹産業においても首位の座を奪われるところもどんどん出てきました。それなのに、金がずっと35ドル台で固定されていたのがむしろおかしかったのです。それがいよいよ限界を迎え、固定相場が廃止された直後から、金の価格はどんどん上がり始めたわけです。

20世紀以降の金相場には、これまでに2回大きなピークがありました。1つが1980年初頭に800ドルをつけたとき、もう1つは2011年に1900ドル直前まで上がったときです。

図表5―2に金の購買力指数が出ています。これは、黒の線で示した金地金の価格指数を濃い灰色の線で示した各時代の卸売物価指数で割ったものです。それを見ると、金の購買力指数はこの20年ほとんど下がったことがありません。薄い灰色の線です。ほぼ安定し

ている時期がかなり長かったものの、その中で20〜30年、あるいはそれ以上の期間下がりっぱなしという時期もありました。どういう時期かというと、金銀複本位制や、金本位制です。金の名目価格は固定されているのに、貨幣価値はインフレで目減りするので、金の購買力も下がっていた時期です。

それ以外の時期、特に各国中央銀行が紙幣を大量にばらまくようになってからは、購買力指数がものすごく上がっています。つまり、卸売物価指数は急激に上がっているけれども、金価格というのは、それをさらに上回る上昇を記録しているので購買力は高まっているのです。

結局、金価格は法律で固定されているときだけは上昇しないが、それ以外の時期には長い目で見れば必ず上昇するということです。金はストック量がはっきりとわかっていて、しかも、年間の生産量はストック量のたった1・5〜1・7%ぐらいしかありません。つまり、ストック総量はほとんど増減しないわけです。

その変わらない総量に対して需要はどうかというと、まず世の中が豊かになるにつれて装飾品原材料としての需要が増加します。さらに、金融市場が混乱すればするほど、価値保全能力の高い金融資産としての金需要も拡大します。世界の金融資産総額に占める金のシェアは、金本位制のころはとても高く全体の5%ぐらいでした。金本位制が廃止されて

図表5-2

超長期金地金購買力推移、1560～2015年

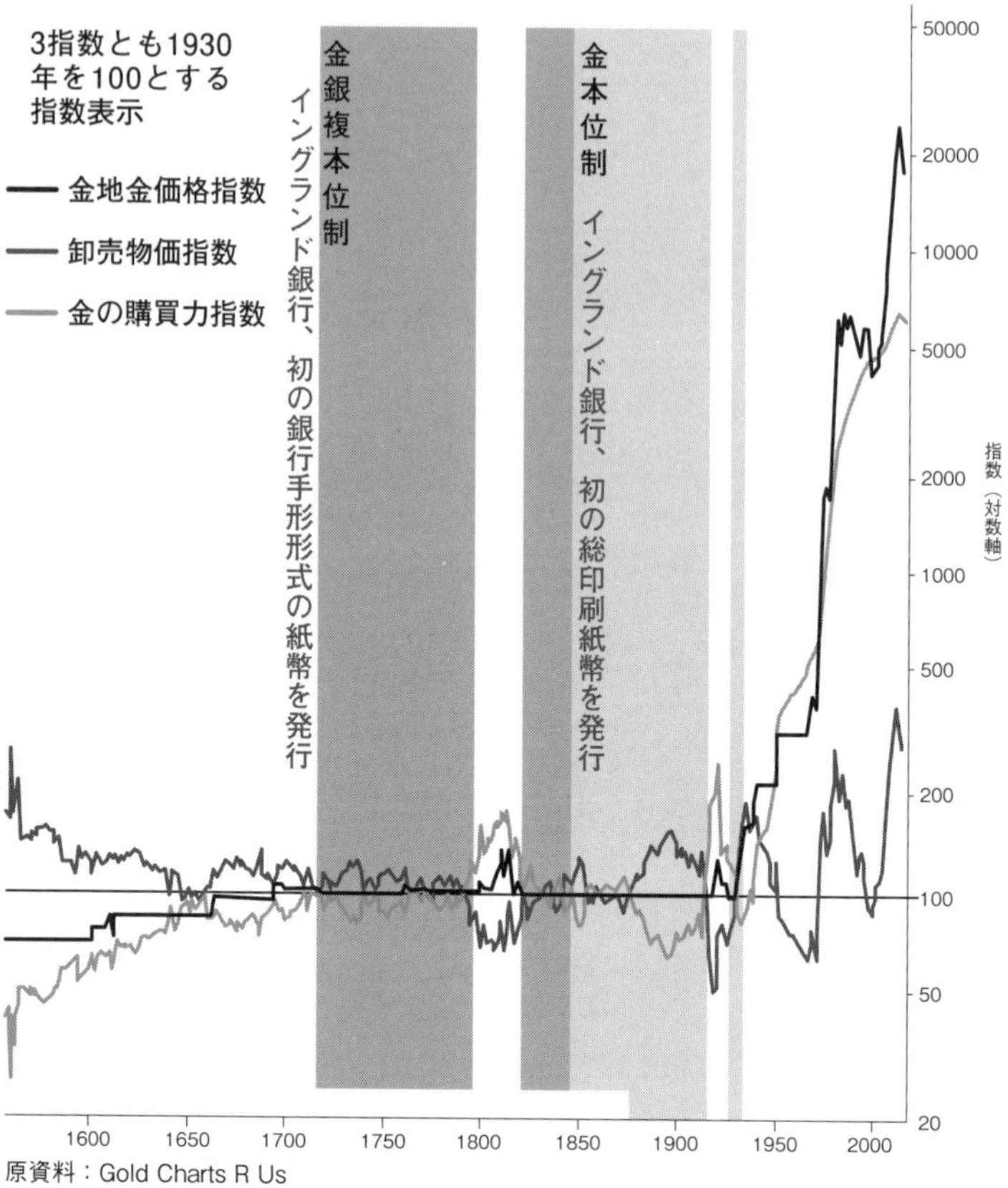

原資料：Gold Charts R Us

出所：ウェブサイト『Bullion Star Blog』、2016年10月28日のエントリーより

以降、どんどん下がっていき、2001年あたりに0・3％ぐらいまで下がりました。その後、2011年ごろに1％近くまで上がり、その後また下がっているのです。

金融資産としての金の魅力は高い価値保全能力

金融資産としての金の保有高が金融資産全体に占めるシェアは下がっているものの、金1トロイオンスあたりで買える石油の量は、オイルショックで石油価格が急騰したころに一過性でかなり下がりました。しかし、それ以外の通常の経済環境においては徐々に上がってきました。また、国際金融危機のときにも一過性でかなり下がったのですが、その後は順調に上がり続けています。現在、金1トロイオンスで買える石油の量は30バレルを超えており、第二次オイルショック後の原油価格大暴落のころとほぼ同じ水準になっているのです。

このように、金は資産としての価値を非常に高い水準で保っていて、ほかのさまざまな資産と交換する際、とても有利な率で取引できるのです。

アメリカの政府債務が今19兆5000億ドルで、これはアメリカの国内総生産よりほんの少し大きい程度です。それに比べて世界中に存在する米ドルの総額はたった5兆ドルと、アメリカ政府の債務の4分の1ぐらいしかありません。それに比べると、金は7兆7000億ドルと、世界中の現金および現金同等物の中で、米ドルを上回る最大のシェアを持っているのです。つまり、それだけ流通性が高いというわけです。

冒険主義的な日銀の金融政策は脅威か

世界の中央銀行が総資産をどんどん拡大していて、スイス国立銀行のように中央銀行の総資産がGDPより大きいという国もあれば、日銀のように日本のGDPの8割ぐらいの総資産をもうすでに持っているという国もあります。

そこで気になるのが、中央銀行はほかの銀行と同じように、否、ほかの銀行以上に極端に総資産に対してレバレッジをかけるということです。つまり、銀行そのものの資本は本当に小さいのに、紙幣という返済期限のない借用証をたくさん刷って、「いつか必ずお返しします」という口約束だけで、特定の金額を書いた紙切れを渡しているのです。つまり、それは債務です。

特に、日銀は高いレバレッジをかけていて、自己資本に対する借金の倍率が2007年に40倍ほどだったのに、直近では120倍を超えています。世界の有力中央銀行の中でいちばんレバレッジが高く、しかもGDPに対する総資産の比率もスイス国立銀行に次いで大きいのです。このように、日本の中央銀行は非常に大きな冒険を2つやっているのです。総資産の対GDP比率においても、自己資本に対する借入金の大きさにおいても、極端にリスキーな冒険をしている状態といえます。

ここからが見方が分かれるところですが、日銀がこんな大冒険をあちこちでやっていたら、いつかは日銀が発行している銀行券、日本円の紙幣の価値は暴落するから、どう考えても資産は金《きん》で持ちましょうねという話に行き着くわけです。しかし、そうではなく、日銀はこの一見絶体絶命のピンチを切り抜けられる方策については、すでに第1章でお話ししました。

それでも、日銀があんなに変なことばかりやっているから、いずれ日本円はべらぼうに安くなると思っている人は、迷うことなく金を買っておけばいいのです。金の購買力は、1500年ぐらいから世界史を延々と見てもめったに下がっていません。まず、買ったときの価値は最低限保つし、ほとんどの時代に長期保有すれば買ったときよりも高くなるものだということがはっきりしているのです。

金は現物で買うべし

今アメリカが中央銀行の資産を圧縮しようとしています。中途半端な圧縮じゃなくて、今の半分とか3分の1にするということになったら、金を買えば間違いないというセオリーも通用しなくなる局面が出てくるかもしれません。そうなれば、世界的にかなり深刻なデフレになる可能性があります。そして、金の価格は上がらないでしょう。ただ、デフレで金の価格が暴落するかというと、そんなことも絶対ないのです。下げることは下げるけれども、ふつうの商品並みには下げないから、相対的な価値でいうとやはり、商品価格一般よりは金のほうが上をいくと思っていいでしょう。

では実際、今から金を買おうとした場合、どう動いたらいいのか。近い将来使う予定のある資金まで突っ込んで、ドカンと一度に買うのは得策ではありません。もし買うのであれば、使う当てのない余裕資金を、少しずつ金に替えていき、価格など気にせずそのまま保管しておくのがいちばん妥当な線ではないでしょうか。ただし、金ＥＴＦ（上場投信）ではなく絶対に現物で買うことです。なぜなら、金のＥＴＦはきちんと金の価格をトラックできていないからです。あれはもう一種の詐欺です。

おわりに

さて、勝者総取りの殺伐とした資本主義経済が崩壊し、その他大勢がその他大勢のままスターになる平和で情緒あふれる市場経済に転換するという見取り図を、どうお読みになったでしょうか。「こんな世の中になるといいなとは思うけど、とうてい経済・軍事両面で圧倒的な力を持つアメリカに勝てそうな気がしない」と思われた方が多いかもしれません。

残念ながら日本の知識人は、保守派であれ、リベラル派であれ、アメリカ社会の建前のほうばかり見ていて、現実のアメリカがいかに腐り果てた社会になっているかを直視していません。誰かが、あるいはどこかの国がアメリカに勝つ必要などまったくなく、アメリカは勝手に崩壊への道をたどるのです。しかも、大方の知識人が予想もしていないほどのスピードで。

今我々に問われているのは、否応なく自壊していくアメリカが滅んだあとの世界をどう思い描くのか、その構想力です。現代社会は変わり得るものですし、これから先の10年間は大変革の時期となるでしょう。この本をお読みになったことをきっかけに、「どう変えればもっとよい世界になるのか、積極的に考えてみよう」と思われる方が少しでも増えていただければ、これにまさる喜びはありません。

大明帝国鄭和提督の第1回アフリカ遠征から600年、
応仁の乱勃発から550年、
マルティン・ルターの95カ条の提題から500年、
プロイセン帝国の義務教育の勅令発布から300年、
マルクス『資本論』第1巻刊行から150年、
ロシアプロレタリア大革命から100年、
EC（のちのEU）発足から50年の
2017年12月初旬の吉き日に

増田悦佐

●著者略歴

増田　悦佐（ますだ・えつすけ）

1949年東京都生まれ。一橋大学大学院経済学研究科修了後、ジョンズ・ホプキンス大学大学院で歴史学・経済学の博士課程修了。ニューヨーク州立大学助教授を経て帰国。ＨＳＢＣ証券、ＪＰモルガン等の外資系証券会社で建設・住宅・不動産担当アナリストなどを務める。『米中地獄の道行き　大国主義の悲惨な末路』『中央銀行がわかれば、世界経済がわかる』（ともにビジネス社）、『戦争と平和の経済学』（ＰＨＰ研究所）など著書多数。

最強の資産は円である！

2018年２月３日　第１刷発行

著　者　増田 悦佐
発行者　唐津 隆
発行所　株式会社ビジネス社
〒162-0805　東京都新宿区矢来町114番地 神楽坂高橋ビル5階
電話　03-5227-1602　FAX　03-5227-1603
http://www.business-sha.co.jp

印刷・製本／三松堂株式会社　〈カバーデザイン〉大谷昌稔
〈本文組版〉エムアンドケイ
〈編集担当〉本田朋子　〈営業担当〉山口健志

ISBN978-4-8284-2000-4